中华人民共和国
行政诉讼法

（实用版）

中国法制出版社
CHINA LEGAL PUBLISHING HOUSE

■实用版

编辑说明

运用法律维护权利和利益，是读者选购法律图书的主要目的。法律文本单行本提供最基本的法律依据，但单纯的法律文本中的有些概念、术语，读者不易理解；法律释义类图书有助于读者理解法律的本义，但又过于繁杂、冗长。"实用版"法律图书至今已行销多年，因其权威、实用、易懂的优点，成为广大读者理解、掌握法律的首选工具。

"实用版系列"独具五重使用价值：

1. **专业出版**。中国法制出版社是中央级法律类图书专业出版社，是国家法律、行政法规文本的权威出版机构。

2. **法律文本规范**。法律条文利用了本社法律单行本的资源，与国家法律、行政法规正式版本完全一致，确保条文准确、权威。

3. **条文解读详致**。本书中的【理解与适用】均是从庞杂的相互关联的法律条文以及全国人大常委会法制工作委员会等对条文的权威解读中精选、提炼而来；【典型案例指引】来自最高人民法院公报、各高级人民法院判决书等，点出适用要点，展示解决法律问题的实例。

4. **附录实用**。书末收录经提炼的法律流程图、诉讼文书、办案常用数据等内容，帮助提高处理法律纠纷的效率。

5. **附赠电子版**。与本分册主题相关、因篇幅所限而未收录的相关文件，均制作成电子版文件。扫一扫封底"法规编辑部"即可免费获取。

中国法制出版社
2023 年 9 月

《中华人民共和国行政诉讼法》理解与适用

《中华人民共和国行政诉讼法》于1989年由第七届全国人民代表大会第二次会议通过，1990年10月1日起实施。这部法律规定了行政诉讼程序的基本规则，实施以来，在解决行政争议，推进依法行政，保护公民、法人和其他组织的合法权益等方面，发挥了重要作用。同时，随着社会主义民主法制建设的深入推进，行政诉讼制度与社会经济发展不协调、不适应的问题也日渐突出。人民群众对行政诉讼中存在的"立案难、审理难、执行难"等突出问题反映强烈。为解决这些突出问题，适应依法治国、依法执政、依法行政共同推进，法治国家、法治政府、法治社会一体建设的新要求，2014年11月1日第十二届全国人民代表大会常务委员会第十一次会议通过了《关于修改〈中华人民共和国行政诉讼法〉的决定》，对《行政诉讼法》予以修改完善。

2014年《行政诉讼法》修改的主要内容包括：

一、关于保障当事人的诉讼权利

行政诉讼面临的"三难"，最突出的是立案难。公民、法人或者其他组织与政府机关及其工作人员产生纠纷，行政机关不愿当被告，法院不愿受理。为通畅行政诉讼的入口，2014年修改从五个方面完善对当事人的诉权保护：

1. 明确人民法院和行政机关应当保障当事人的起诉权利。

人民法院应当保障公民、法人和其他组织的起诉权利，对应当受理的行政案件依法受理。行政机关及其工作人员不得干预、阻碍人民法院受理行政案件。被诉行政机关负责人应当出庭应诉。不能出庭的，应当委托行政机关相应的工作人员出庭。

2. 扩大受案范围。

人民法院受理公民、法人或者其他组织提起的下列诉讼：（1）对行政拘留、暂扣或者吊销许可证和执照、责令停产停业、没收违法所得、没收非法财物、罚款、警告等行政处罚不服的；（2）对限制人身自由或者对财产的查封、扣押、冻结等行政强制措施和行政强制执行不服的；（3）申请行政许可，行政机关拒绝或者在法定期限内不予答复，或者对行政机关作出的有关行政许可的其他决定不服的；（4）对行政机关作出的关于确认土地、矿藏、水流、森林、山岭、草原、荒地、滩涂、海域等自然资源的所有权或者使用权的决定不服的；（5）对征收、征用决定及其补偿决定不服的；（6）申请行政机关履行保护人身权、财产权等合法权益的法定职责，行政机关拒绝履行或者不予答复的；（7）认为行政机关侵犯其经营自主权或者农村土地承包经营权、农村土地经营权的；（8）认为行政机关滥用行政权力排除或者限制竞争的；（9）认为行政机关违法集资、摊派费用或者违法要求履行其他义务的；（10）认为行政机关没有依法支付抚恤金、最低生活保障待遇或者社会保险待遇的；（11）认为行政机关不依法履行、未按照约定履行或者违法变更、解除政府特许经营协议、土地房屋征收补偿协议等协议的；（12）认为行政机关侵犯其他人身权、财产权等合法权益的。除上述规定外，人民法院受理法律、法规规定可以提起诉讼的其他行政案件。

3. 明确可以口头起诉，方便当事人行使诉权。

起诉应当向人民法院递交起诉状，并按照被告人数提出副本。书写起诉状确有困难的，可以口头起诉，由人民法院记入笔录，出具注明日期的书面凭证，并告知对方当事人。

4. 强化受理程序约束。

人民法院在接到起诉状时对符合本法规定的起诉条件的，应当登记立案。对当场不能判定是否符合本法规定的起诉条件的，应当接收起诉状，出具注明收到日期的书面凭证，并在7日内决定是否立案。不符合起诉条件的，作出不予立案的裁定。裁定书应当载明不予立案的理由。原告对裁定不服的，可以提起上诉。起诉状内容欠缺或者有其他错误的，应当给予指导和释明，并一次性告知当事人需要补正的内容。不得未经指导和释明即以起诉不符合条件为由不接收起诉状。

人民法院既不立案，又不作出不予立案裁定的，当事人可以向上一级人民法院起诉。上一级人民法院认为符合起诉条件的，应当立案、审理，也可以指定其他下级人民法院立案、审理。

5. 明确人民法院的相应责任。

对于不接收起诉状、接收起诉状后不出具书面凭证，以及不一次性告知当事人需要补正的起诉状内容的，当事人可以向上级人民法院投诉，上级人民法院应当责令改正，并对直接负责的主管人员和其他直接责任人员依法给予处分。

二、关于对规范性文件的附带审查

公民、法人或者其他组织认为行政行为所依据的国务院部门和地方人民政府及其部门制定的规范性文件不合法，在对行政行为提起诉讼时，可以一并请求对该规范性文件进行审查。前述规定的规范性文件不含规章。

人民法院在审理行政案件时，经审查认为上述规范性文件不合法的，不作为认定行政行为合法的依据，并向制定机关提出处理建议。

三、关于完善管辖制度

为了解决行政案件审理难问题，减少地方政府对行政审判的干预，在总结现行做法的基础上，根据党的十八届三中全会关于探索建立与行政区划适当分离的司法管辖制度的精神，增加规定：经最高人民法院批准，高级人民法院可以根据审判工作的实际情况，确定若干人民法院跨行政区域管辖行政案件。对国务院部门或者县级以上地方人民政府所作的行政行为提起诉讼的案件由中级人民法院管辖。

四、关于完善诉讼参加人制度

1. 明确原告资格。

行政行为的相对人以及其他与行政行为有利害关系的公民、法人或者其他组织，有权提起诉讼。有权提起诉讼的公民死亡，其近亲属可以提起诉讼。有权提起诉讼的法人或者其他组织终止，承受其权利的法人或者其他组织可以提起诉讼。

2. 进一步明确被告资格。

公民、法人或者其他组织直接向人民法院提起诉讼的，作出行政行为的行政机关是被告。经复议的案件，复议机关决定维持原行政行为的，作出原行政行为的行政机关和复议机关是共同被告；复议机关改变原行政行为的，复议机关是被告。复议机关在法定期限内未作出复议决定，公民、法人或者其他组织起诉原行政行为的，作出原行政行为的行政机关是被告；起诉复议机关不作为的，复议机关是被告。两个以上行政机关作出同一行政行为的，共同作出行政行为的行政机关是共同被告。行政机关委托的组织所作的行政行为，委托的行政机关是被告。行政机关被撤销或者职权变更的，继续行使其职权的行政机关是被告。

3. 增加诉讼代表人制度。

2014年修改前的《行政诉讼法》规定了共同诉讼，但未规定诉讼代表人制度。为了提高司法效率，增加规定：当事人一方人数众多的共同诉讼，可以由当事人推选代表人进行诉讼。代表人的诉讼行为对其所代表的当事人发生效力，但代表人变更、放弃诉讼请求或者承认对方当事人的诉讼请求，应当经被代表的当事人同意。

4. 细化第三人制度。

2014年修改前的《行政诉讼法》有关第三人的规定较为原则。实践中，行政诉讼涉及第三方利益的情形逐渐增多，完善第三人制度有利于解决行政争议。增加规定：公民、法人或者其他组织同被诉行政行为有利害关系但没有提起诉讼，或者同案件处理结果有利害关系的，可以作为第三人申请参加诉讼，或者由人民法院通知参加诉讼。人民法院判决第三人承担义务或者减损第三人权益的，第三人有权依法提起上诉。

五、关于完善证据制度

2014年修改前的《行政诉讼法》有关证据的规定较为简单，总结现行做法，作如下补充修改：

1. 明确被告逾期不举证的后果。

针对被告不举证或者拖延举证的情况，增加规定：被告不提供或者无正当理由逾期提供证据，视为没有相应证据。但是，被诉行政行为涉及第三人合法权益，第三人提供证据的除外。

2. 完善被告的举证制度。

为了查明事实，增加规定：被告在作出行政行为时已经收集了证据，但因不可抗力等正当事由不能提供的，经人民法院准许，可以延期提供。原告或者第三人提出了其在行政处理程序中没有提出的理由或者证据的，经人民法院准许，被告可以补充证据。

3. 明确原告的举证责任。

2014年修改前的《行政诉讼法》没有规定原告的举证责任。但在有些情况下，如果原告不举证，就难以查清事实，作出正确的裁判。因此，需要原告承担一定的举证责任，增加规定：在起诉被告不履行法定职责的案件中，原告应当提供其向被告提出申请的证据。但有下列情形之一的除外：(1) 被告应当依职权主动履行法定职责的；(2) 原告因正当理由不能提供证据的。在行政赔偿、补偿的案件中，原告应当对行政行为造成的损害提供证据。因被告的原因导致原告无法举证的,由被告承担举证责任。

4. 完善人民法院调取证据制度。

为了规范人民法院依申请调取证据行为,增加规定:与本案有关的下列证据,原告或者第三人不能自行收集的,可以申请人民法院调取:(1)由国家机关保存而须由人民法院调取的证据;(2)涉及国家秘密、商业秘密和个人隐私的证据;(3)确因客观原因不能自行收集的其他证据。

5. 明确证据的适用规则。

为了规范证据使用,增强判决的公正性和说服力,增加规定:证据应当在法庭上出示,并由当事人互相质证。对涉及国家秘密、商业秘密和个人隐私的证据,不得在公开开庭时出示。人民法院应当按照法定程序,全面、客观地审查核实证据。对未采纳的证据应当在裁判文书中说明理由。以非法手段取得的证据,不得作为认定案件事实的根据。

六、关于完善民事争议和行政争议交叉的处理机制

有些行政行为引起的争议,往往伴随着相关的民事争议。这两类争议依照《行政诉讼法》和《民事诉讼法》分别立案,分别审理,浪费了司法资源,有的还导致循环诉讼,影响司法效率,不利于保护当事人的合法权益。根据实践中行政争议与相关民事争议一并审理的做法,增加规定:在涉及行政许可、登记、征收、征用和行政机关对民事争议所作的裁决的行政诉讼中,当事人申请一并解决相关民事争议的,人民法院可以一并审理。在行政诉讼中,人民法院认为行政案件的审理需以民事诉讼的裁判为依据的,可以裁定中止行政诉讼。

七、关于完善判决形式

2014年修改前的《行政诉讼法》规定了维持判决、撤销判决、履行判决和变更判决等四类判决形式。这些判决形式已不能完全适应审判实际需要,应予修改完善。

1. 以判决驳回原告诉讼请求代替维持判决。

根据审判实际需要，规定：行政行为证据确凿，适用法律、法规正确，符合法定程序的，或者原告申请被告履行法定职责或者给付义务理由不成立的，人民法院判决驳回原告的诉讼请求。

2. 增加给付判决。

根据审判实际需要，规定：人民法院经过审理，查明被告依法负有给付义务的，判决被告履行给付义务。

3. 增加确认违法或者无效判决。

根据审判实际需要，规定：行政行为有下列情形之一的，人民法院判决确认违法，但不撤销行政行为：（1）行政行为依法应当撤销，但撤销会给国家利益、社会公共利益造成重大损害的；（2）行政行为程序轻微违法，但对原告权利不产生实际影响的。

行政行为有下列情形之一，不需要撤销或者判决履行的，人民法院判决确认违法：

（1）行政行为违法，但不具有可撤销内容的；（2）被告改变原违法行政行为，原告仍要求确认原行政行为违法的；（3）被告不履行或者拖延履行法定职责，判决履行没有意义的。

行政行为有实施主体不具有行政主体资格或者没有依据等重大且明显违法情形，原告申请确认行政行为无效的，人民法院判决确认无效。

4. 扩大变更判决范围。

根据审判实际需要，规定：行政处罚明显不当，或者其他行政行为涉及对款额的确定、认定确有错误的，人民法院可以判决变更。人民法院判决变更，不得加重原告的义务或者减损原告的权益。但利害关系人同为原告，且诉讼请求相反的除外。

八、关于增加简易程序

2014年修改前的《行政诉讼法》未规定简易程序。增加简易程序，有利于提高审判效率，降低诉讼成本。总结现行做法，增加规定：人民法院审理下列第一审行政案件，认为事实清楚、权利义务关系明确、争议不大的，可以适用简易程序：（1）被诉行政行为是依法当场作出的；（2）案件涉及款额2000元以下的；（3）属于政府信息公开案件的。除上述规定以外的第一审行政案件，当事人各方同意适用简易程序的，可以适用简易程序。发回重审、按照审判监督程序再审的案件不适用简易程序。

适用简易程序审理的行政案件，由审判员一人独任审理，并应当在立案之日起45日内审结。

人民法院在审理过程中，发现案件不宜适用简易程序的，裁定转为普通程序。

九、关于加强人民检察院对行政诉讼的监督

最高人民检察院对各级人民法院已经发生法律效力的判决、裁定，上级人民检察院对下级人民法院已经发生法律效力的判决、裁定，发现有本法第91条规定情形之一，或者发现调解书损害国家利益、社会公共利益的，应当提出抗诉。

地方各级人民检察院对同级人民法院已经发生法律效力的判决、裁定，发现有本法第91条规定情形之一，或者发现调解书损害国家利益、社会公共利益的，可以向同级人民法院提出检察建议，并报上级人民检察院备案；也可以提请上级人民检察院向同级人民法院提出抗诉。

各级人民检察院对审判监督程序以外的其他审判程序中审判人员的违法行为，有权向同级人民法院提出检察建议。

十、关于进一步明确行政机关不执行法院判决的责任

当前，行政机关不执行法院判决的问题仍较为突出。为增强法律规定的可执行性，增加规定：行政机关拒绝履行判决、裁定、调解书的，第一审人民法院可以采取下列措施：

（1）对应当归还的罚款或者应当给付的款额，通知银行从该行政机关的账户内划拨；（2）在规定期限内不履行的，从期满之日起，对该行政机关负责人按日处50元至100元的罚款；

(3) 将行政机关拒绝履行的情况予以公告;(4) 向监察机关或者该行政机关的上一级行政机关提出司法建议,接受司法建议的机关,根据有关规定进行处理,并将处理情况告知人民法院;(5) 拒不履行判决、裁定、调解书,社会影响恶劣的,可以对该行政机关直接负责的主管人员和其他直接责任人员予以拘留;情节严重,构成犯罪的,依法追究刑事责任。

2017年6月27日,第十二届全国人民代表大会常务委员会第二十八次会议对《行政诉讼法》作出了修正,在第25条增加了一款作为第4款,对人民检察院提起行政公益诉讼作出了规定。

目 录

中华人民共和国行政诉讼法

第一章 总　则

2	第一条　【立法目的】
	［行政诉讼法的立法目的］
3	第二条　【诉权】
	［什么是"行政行为"］
4	第三条　【行政机关负责人出庭应诉】
6	第四条　【独立行使审判权】
	［人民法院依法独立行使］
7	第五条　【以事实为根据，以法律为准绳原则】
	［以事实为根据，以法律为准绳］
8	第六条　【合法性审查原则】
9	第七条　【合议、回避、公开审判和两审终审原则】
	［合议制度］
	［回避制度］
	［公开审判制度］
	［两审终审制度］
10	第八条　【法律地位平等原则】
11	第九条　【本民族语言文字原则】
	［使用本民族语言文字进行诉讼的原则］
12	第十条　【辩论原则】

1

　　　　　　　　[维护当事人在行政诉讼中的辩论权]
　13　　第十一条　【法律监督原则】

第二章　受案范围

　15　　第十二条　【行政诉讼受案范围】
　　　　　　　　[行政处罚案件]
　　　　　　　　[行政强制措施和行政强制执行案件]
　　　　　　　　[行政许可案件]
　　　　　　　　[对行政机关确认自然资源的所有权或者使用权的决定不服的案件]
　　　　　　　　[对征收、征用决定及其补偿决定不服的案件]
　　　　　　　　[对不履行法定职责不服的案件]
　　　　　　　　[认为侵犯经营自主权或者农村土地承包经营权、农村土地经营权的案件]
　　　　　　　　[认为行政机关滥用行政权力排除或者限制竞争的案件]
　　　　　　　　[认为行政机关违法要求履行义务的案件]
　　　　　　　　[认为行政机关没有支付抚恤金、最低生活保障待遇或者社会保险待遇的案件]
　　　　　　　　[认为行政机关不依法履行、未按照约定履行或者违法变更、解除政府特许经营协议、土地房屋征收补偿协议等协议的案件]
　　　　　　　　[认为行政机关侵犯其他人身权、财产权等合法权益的案件]
　22　　第十三条　【受案范围的排除】

第三章　管　辖

　23　　第十四条　【基层人民法院管辖的第一审行政案件】

24	第十五条　【中级人民法院管辖的第一审行政案件】
	［其他法律规定由中级人民法院管辖的案件］
25	第十六条　【高级人民法院管辖的第一审行政案件】
26	第十七条　【最高人民法院管辖的第一审行政案件】
26	第十八条　【一般地域管辖和人民法院跨行政区域管辖】
	［一般地域管辖］
	［法院跨区域管辖案件］
28	第十九条　【限制人身自由行政案件的管辖】
	［原告所在地］
28	第二十条　【不动产行政案件的管辖】
	［不动产行政案件管辖］
29	第二十一条　【选择管辖】
30	第二十二条　【移送管辖】
	［移送管辖］
	［移送案件的效力］
31	第二十三条　【指定管辖】
	［指定管辖］
31	第二十四条　【管辖权转移】

第四章　诉讼参加人

32	第二十五条　【原告资格】
34	第二十六条　【被告资格】
35	第二十七条　【共同诉讼】
	［因同一行政行为引起的共同诉讼］
	［因同类行政行为发生的共同诉讼］
37	第二十八条　【代表人诉讼】
37	第二十九条　【诉讼第三人】

3

		[同被诉行政行为有利害关系]
		[同案件处理结果有利害关系]
		[判决第三人承担义务或者减损第三人权益的，第三人有权依法提起上诉]
38	第三十条	【法定代理人】
39	第三十一条	【委托代理人】
40	第三十二条	【当事人及诉讼代理人权利】
		[律师的权利]

第五章 证　　据

41	第三十三条	【证据种类】
		[书证]
		[物证]
		[视听资料]
		[电子数据]
		[证人证言]
		[当事人的陈述]
		[鉴定意见]
		[勘验笔录、现场笔录]
43	第三十四条	【被告举证责任】
		[举证责任]
		[证据失权]
44	第三十五条	【行政机关收集证据的限制】
45	第三十六条	【被告延期提供证据和补充证据】
		[延期提供证据]
		[补充证据]
46	第三十七条	【原告可以提供证据】
46	第三十八条	【原告举证责任】

49	第三十九条	【人民法院要求当事人提供或者补充证据】
50	第四十条	【人民法院调取证据】
		[法院调取证据]
51	第四十一条	【申请人民法院调取证据】
52	第四十二条	【证据保全】
		[诉讼证据保全]
53	第四十三条	【证据适用规则】
		[证据出示和质证]
		[证据审查核实]
		[非法证据排除]

第六章 起诉和受理

54	第四十四条	【行政复议与行政诉讼的关系】
56	第四十五条	【经行政复议的起诉期限】
56	第四十六条	【起诉期限】
58	第四十七条	【行政机关不履行法定职责的起诉期限】
		[不履行法定职责]
59	第四十八条	【起诉期限的扣除和延长】
		[起诉期限扣除]
		[期限延长]
60	第四十九条	【起诉条件】
63	第五十条	【起诉方式】
		[起诉状的内容]
		[书写起诉状确有困难的情形]
64	第五十一条	【登记立案】
65	第五十二条	【人民法院不立案的救济】
65	第五十三条	【规范性文件的附带审查】
		[对哪些规定可以提出审查请求]

5

第七章 审理和判决

66	第一节 一般规定
66	第五十四条 【公开审理原则】
	［法定不公开审理的例外情形］
	［依申请不公开审理的例外情形］
68	第五十五条 【回避】
	［回避］
	［审判人员与本案有利害关系或者有其他关系］
69	第五十六条 【诉讼不停止执行】
71	第五十七条 【先予执行】
	［先予执行］
	［抚恤金］
	［最低生活保障金］
	［工伤社会保险金］
	［医疗社会保险金］
72	第五十八条 【拒不到庭或中途退庭的法律后果】
	［传票传唤］
	［无正当理由拒不到庭］
	［未经法庭许可中途退庭］
	［按照撤诉处理］
	［缺席判决］
74	第五十九条 【妨害行政诉讼强制措施】
	［妨害行政诉讼的行为］
	［构成妨害行政诉讼的行为应具备的条件］
75	第六十条 【调解】
	［适用调解的行政案件类型］
	［适用调解的原则］

6

		[适用调解的程序]
77	第六十一条	【民事争议和行政争议交叉】
		[在行政诉讼中一并审理民事争议，应当具备的条件]
78	第六十二条	【撤诉】
79	第六十三条	【审理依据】
82	第六十四条	【规范性文件审查和处理】
83	第六十五条	【裁判文书公开】
		[人民法院公开生效裁判文书供公众查阅的意义]
83	第六十六条	【有关行政机关工作人员和被告的处理】
85	第二节　第一审普通程序	
85	第六十七条	【发送起诉状和提出答辩状】
85	第六十八条	【审判组织形式】
86	第六十九条	【驳回原告诉讼请求判决】
86	第 七 十 条	【撤销判决和重作判决】
87	第七十一条	【重作判决对被告的限制】
88	第七十二条	【履行判决】
		[履行职责判决的适用情形]
89	第七十三条	【给付判决】
89	第七十四条	【确认违法判决】
90	第七十五条	【确认无效判决】
91	第七十六条	【确认违法和无效判决的补充规定】
92	第七十七条	【变更判决】
92	第七十八条	【行政协议履行及补偿判决】
92	第七十九条	【复议决定和原行政行为一并裁判】
93	第 八 十 条	【公开宣判】
93	第八十一条	【第一审审限】
94	第三节　简易程序	

7

94	第八十二条	【简易程序适用情形】
		[简易程序的适用主体]
		[适用简易程序行政案件的标准]
95	第八十三条	【简易程序的审判组织形式和审限】
95	第八十四条	【简易程序与普通程序的转换】
		[不宜适用简易程序需要转为普通程序的情形]
96	第四节 第二审程序	
96	第八十五条	【上诉】
		[提起上诉的主体]
		[提起上诉的理由]
		[可以提起上诉的裁判文书]
		[提起上诉的期限]
98	第八十六条	【二审审理方式】
99	第八十七条	【二审审查范围】
99	第八十八条	【二审审限】
100	第八十九条	【二审裁判】
101	第五节 审判监督程序	
101	第九十条	【当事人申请再审】
102	第九十一条	【再审事由】
		[新证据]
102	第九十二条	【人民法院依职权再审】
104	第九十三条	【抗诉和检察建议】
		[检察建议]

第八章 执 行

105	第九十四条	【生效裁判和调解书的执行】
105	第九十五条	【申请强制执行和执行管辖】

    [行政机关向人民法院申请强制执行]
    [第三人向人民法院申请强制执行]
    [由行政机关依法强制执行]
    [执行管辖的法院]
107　第九十六条　【对行政机关拒绝履行的执行措施】
108　第九十七条　【非诉执行】
    [非诉行政执行]
    [行政机关依法强制执行]

第九章　涉外行政诉讼

110　第九十八条　【涉外行政诉讼的法律适用原则】
    [涉外行政诉讼]
111　第九十九条　【同等与对等原则】
    [同等原则]
    [对等原则]
112　第 一 百 条　【中国律师代理】
    [外国律师事务所驻华代表机构及其代表从事的活动]

第十章　附　　则

113　第一百零一条　【适用民事诉讼法规定】
114　第一百零二条　【诉讼费用】
    [诉讼费用的负担方式]
    [诉讼费用的交纳]
115　第一百零三条　【施行日期】

实用核心法规

综合

116 最高人民法院关于适用《中华人民共和国行政诉讼法》的解释
　　（2018年2月6日）

148 最高人民法院印发《关于行政案件案由的暂行规定》的通知
　　（2020年12月25日）

157 最高人民法院关于审理行政协议案件若干问题的规定
　　（2019年11月27日）

立案和管辖

162 最高人民法院关于人民法院登记立案若干问题的规定
　　（2015年4月15日）

165 最高人民法院关于行政申请再审案件立案程序的规定
　　（2017年10月13日）

168 最高人民法院关于办理行政申请再审案件若干问题的规定
　　（2021年3月25日）

169 最高人民法院关于正确确定县级以上地方人民政府行政诉讼被告资格若干问题的规定
　　（2021年3月25日）

证据

171 最高人民法院关于行政诉讼证据若干问题的规定
　　（2002年7月24日）

诉讼程序

184　最高人民法院关于行政诉讼撤诉若干问题的规定
　　　（2008年1月14日）
185　最高人民法院关于行政诉讼应诉若干问题的通知
　　　（2016年7月28日）
188　最高人民法院关于行政机关负责人出庭应诉若干问题的规定
　　　（2020年6月22日）

法律适用

191　最高人民法院关于审理工伤保险行政案件若干问题的规定
　　　（2014年6月18日）
194　最高人民法院关于办理申请人民法院强制执行国有土地上房屋征收补偿决定案件若干问题的规定
　　　（2012年3月26日）

诉讼监督

196　人民检察院行政诉讼监督规则
　　　（2021年7月27日）

行政赔偿

220　中华人民共和国国家赔偿法（节录）
　　　（2012年10月26日）
223　最高人民法院关于审理行政赔偿案件若干问题的规定
　　　（2022年3月20日）

| 229 | 最高人民法院关于审理民事、行政诉讼中司法赔偿案件适用法律若干问题的解释
（2016 年 9 月 7 日）

相关法律法规

| 234 | 中华人民共和国行政强制法
（2011 年 6 月 30 日）
| 246 | 中华人民共和国行政复议法
（2023 年 9 月 1 日）

实用附录

| 263 |《中华人民共和国行政诉讼法》修正条文前后对照表
| 295 | 行政诉讼文书样式

电子版增值法规（请扫封底"法规编辑部"二维码获取）

中华人民共和国行政许可法
（2019 年 4 月 23 日）
中华人民共和国行政处罚法
（2021 年 1 月 22 日）
中华人民共和国行政复议法实施条例
（2007 年 5 月 29 日）
中华人民共和国民事诉讼法（节录）
（2023 年 9 月 1 日）
最高人民法院关于审理涉及农村集体土地行政案件若干问题的规定
（2011 年 8 月 7 日）

最高人民法院关于审理政府信息公开行政案件适用法律
  若干问题的解释
  （2025年5月19日）
最高人民法院关于审理房屋登记案件若干问题的规定
  （2010年11月5日）

中华人民共和国行政诉讼法

（1989年4月4日第七届全国人民代表大会第二次会议通过　根据2014年11月1日第十二届全国人民代表大会常务委员会第十一次会议《关于修改〈中华人民共和国行政诉讼法〉的决定》第一次修正　根据2017年6月27日第十二届全国人民代表大会常务委员会第二十八次会议《关于修改〈中华人民共和国民事诉讼法〉和〈中华人民共和国行政诉讼法〉的决定》第二次修正）

目　录

第一章　总　则
第二章　受案范围
第三章　管　辖
第四章　诉讼参加人
第五章　证　据
第六章　起诉和受理
第七章　审理和判决
　第一节　一般规定
　第二节　第一审普通程序
　第三节　简易程序
　第四节　第二审程序
　第五节　审判监督程序
第八章　执　行
第九章　涉外行政诉讼
第十章　附　则

第一章 总　　则

第一条 立法目的[1]

为保证人民法院公正、及时审理行政案件，解决行政争议，保护公民、法人和其他组织的合法权益，监督行政机关依法行使职权，根据宪法，制定本法。

▶ 理解与适用

[行政诉讼法的立法目的]

行政诉讼法的立法目的包括：

1. 保证人民法院公正、及时审理行政案件

《行政诉讼法》[2] 作为诉讼制度的基本法，主要是确定人民法院审理行政案件的基本程序性制度，以及诉讼参加人在诉讼中的权利、义务等，所以制定《行政诉讼法》的首要目的是保证人民法院公正、及时审理行政案件。所谓公正审理行政案件，是指人民法院在查明事实的基础上，正确适用法律、法规，作出正确的判决、裁定。这里所说的"正确适用法律、法规"，既包括正确适用《行政诉讼法》规定的诉讼制度，也包括正确适用有关实体法律、法规的规定。所谓及时审查行政案件，是指人民法院在行政诉讼的各个阶段，都要依照《行政诉讼法》规定的期间要求审理案件，避免案件久拖不决，从而使公民、法人和其他组织的合法权益得到及时的司法救济，也可以使行政行为的合法性得到及时确认。

2. 解决行政争议

解决行政争议这一立法目的是2014年修法新增加上去的。

---

[1] 条文主旨为编者所加，下同。
[2] 本书中相关法律文件名称采用此种简称方式，全书同。

行政争议是行政机关在实施行政管理活动中与行政相对人的争议。有效解决行政争议，关系到人民群众的切身利益，也关系到社会的和谐稳定。解决行政争议的机制，目前有行政复议、行政诉讼等多种途径。行政诉讼是通过司法审判的方式，由人民法院对被诉行政行为的合法性进行审理，合法的予以维持，不合法的予以撤销、变更等，以此来化解行政争议。在立法目的中增加"解决行政争议"一项，旨在进一步强化通过行政诉讼化解行政纠纷的作用，以法治的方式解决行政争议，有利于增强公民、法人和其他组织的法治意识，形成遇事找法律、依法维权的现象。

3. 保护公民、法人和其他组织的合法权益

行政诉讼作为对行政相对人进行司法救济的渠道，通过人民法院对被诉行政行为的合法性进行审查监督，来保护行政相对人，即公民、法人和其他组织的合法权益，使他们受损害的权益得到救济和恢复，这是《行政诉讼法》的主要立法目的。

4. 监督行政机关依法行使职权

原来的《行政诉讼法》对此的相关规定是"维护和监督行政机关依法行使行政职权"，2014年修改，将"维护"行政机关依法行使职权这一立法目的删去，只强调监督行政机关依法行使职权，从而强调行政诉讼就是要对行政行为的合法性进行控制和监督，以保护公民、法人和其他组织的合法权益。

▶条文参见

《宪法》第41条

第二条 诉权

公民、法人或者其他组织认为行政机关和行政机关工作人员的行政行为侵犯其合法权益，有权依照本法向人民法院提起诉讼。

前款所称行政行为，包括法律、法规、规章授权的组织作出的行政行为。

▶理解与适用

[什么是"行政行为"]

可以从以下几点来理解本法中的"行政行为":

第一,行政行为不包括行政机关制定的"规范性文件"。本法2014年修改后,将规章以下的规范性文件纳入本法调整,但法院只进行附带性审查,不对规范性文件作出判决。

第二,行政行为既包括作为,也包括不作为。行政行为侵犯公民、法人和其他组织合法权益,既可以由行政机关积极作为引起,也可以由行政机关消极不作为引起。本法在第12条列举的受案范围中,第3项、第6项、第10项等都涉及行政机关不作为侵犯公民合法权益。

第三,行政行为还包括学理上所说的"事实行为"。学理上认为,事实行为是行政主体实施的不产生法律约束力但以影响或者改变事实状态为目的的行为,如行政调查、执法人员在执法中非法使用暴力手段等。只要事实行为造成公民合法权益侵害,就具有可诉性。

第四,行政行为包括行政机关签订、履行行政合同的行为。行政机关为了实现行政管理或者服务目的,可以以平等主体资格与行政相对人签订协议。如果行政机关一方不依法履行或者未按照约定履行协议,行政相对人可以向法院提起行政诉讼。本法第12条第11项对这类协议作了明确规定。

▶条文参见

《行政许可法》第23条;《行政强制法》第70条

第三条　行政机关负责人出庭应诉

人民法院应当保障公民、法人和其他组织的起诉权利,对应当受理的行政案件依法受理。

行政机关及其工作人员不得干预、阻碍人民法院受理行政案件。

> 被诉行政机关负责人应当出庭应诉。不能出庭的,应当委托行政机关相应的工作人员出庭。

▶理解与适用

《行政诉讼法》第3条第3款规定的行政机关负责人,包括行政机关的正职、副职负责人以及其他参与分管的负责人。行政机关负责人出庭应诉的,可以另行委托一至二名诉讼代理人。行政机关负责人不能出庭的,应当委托行政机关相应的工作人员出庭,不得仅委托律师出庭。

涉及重大公共利益、社会高度关注或者可能引发群体性事件等案件以及人民法院书面建议行政机关负责人出庭的案件,被诉行政机关负责人应当出庭。行政机关负责人有正当理由不能出庭应诉的,应当向人民法院提交情况说明,并加盖行政机关印章或者由该机关主要负责人签字认可。行政机关拒绝说明理由的,不发生阻止案件审理的效果,人民法院可以向监察机关、上一级行政机关提出司法建议。

行政机关负责人和行政机关相应的工作人员均不出庭,仅委托律师出庭的或者人民法院书面建议行政机关负责人出庭应诉,行政机关负责人不出庭应诉的,人民法院应当记录在案和在裁判文书中载明,并可以建议有关机关依法作出处理。

▶条文参见

《最高人民法院关于适用〈中华人民共和国行政诉讼法〉的解释》第128-132条;《人民法院落实〈领导干部干预司法活动、插手具体案件处理的记录、通报和责任追究规定〉的实施办法》

第四条 独立行使审判权

人民法院依法对行政案件独立行使审判权,不受行政机关、社会团体和个人的干涉。

人民法院设行政审判庭,审理行政案件。

▶ **理解与适用**

[人民法院依法独立行使]

人民法院依法独立行使主要包括以下几个方面:

一是从外部来说,人民法院的审判活动不受行政机关、社会团体和个人的干涉。人民法院是国家的审判机关,国家赋予其审判权,人民法院依法行使审判权,有权依法独立审判、排除各种非法干扰。这里需要指出两点:第一,人民法院依法独立行使审判权,并不意味着人民法院的审判活动不受任何监督。根据我国宪法的规定,各级人民代表大会及其常务委员会是国家的权力机关,各级人民法院由其产生并受其监督,所以人民法院的审判活动必须接受人民代表大会及其常务委员会的监督。此外,人民检察院作为国家的法律监督机关,也有权对人民法院的审判活动进行监督。第二,坚持人民法院依法独立行使审判权的原则,需要正确处理独立行使审判权与坚持党的领导之间的关系。坚持党的领导和审判机关依法独立行使审判权都是我国宪法规定的原则。审判权的独立行使不能离开党的领导。党的领导应主要体现为政治、思想和组织上的领导,不是党委审批案件,也不是由党委确定对个案的具体处理。要把坚持党的领导与审判机关依法独立行使审判权统一起来,在审判活动中贯彻党的路线、方针和政策,同时保证依法独立公正地行使审判权。

二是从内部来说,行政审判权由人民法院统一行使。人民法院独立审判行政案件,是指人民法院作为一个整体在行使审判权时是独立的,而不是由某个具体的审判人员独立行使审判权。人民法院审理案件实行的是合议制，合议庭评议案件，每个合议庭成员都有平等的表决权，评议结果实行少数服从多数的原则。重大案件、合议庭成员有重大分歧的案件，由院长提交审判委员会集体讨论决定。审判委员会的决定，审判员、合议庭必须执行。

坚持人民法院依法独立行使审判权原则，是实现司法公正，建设社会主义法治国家的必然要求。人民法院依法独立行使审判权是严格执法的前提，只有使人民法院依法独立审判，不受任何行政机关、社会团体和个人的干涉，才能真正做到严格执法、公正裁判，从而使当事人感受到法律的公平正义，这也是党和人民对法院工作的基本要求。

▶条文参见

《宪法》第126条；《人民法院组织法》第4条；《民事诉讼法》第6条；《刑事诉讼法》第5条

第五条 以事实为根据，以法律为准绳原则

人民法院审理行政案件，以事实为根据，以法律为准绳。

▶理解与适用

［以事实为根据，以法律为准绳］

以事实为根据，是指人民法院在审判活动中，一切从具体的案件情况出发，使认定的事实完全符合案件的客观真相。在行政案件的审理中，人民法院要查清被诉的行政行为是否真实存在，该行政行为的法律依据和实施程序，以及该行政行为与原告的权益损害之间是否存在因果关系等事实问题。

以法律为准绳，是指人民法院在审理案件时，要以法律作为判案的依据。这里的法律，是指与案件相关的法律、法规。可以作为行政诉讼判案依据的包括法律、行政法规、地方性法规、自治条例和单行条例等，国务院部委规章和地方政府规章可以作为法院判案的参考。

以事实为根据，以法律为准绳，二者是不可分割的整体，事实是正确运用法律的前提，依法判决是查清事实的目的。只有把二者正确结合起来，才能保证案件得到公正的审判。

第六条　合法性审查原则

人民法院审理行政案件，对行政行为是否合法进行审查。

▶理解与适用

合法性审查原则是行政诉讼的一个特有原则，包括两层含义：

一是人民法院依法审理行政案件，有权对被诉行政行为是否合法进行审理并作出裁判。行政行为合法性的标准，包括两个方面：第一，实体合法。实体合法即行政机关所作出的行政行为，是否有法律依据，是否在其法定职权范围内作出，适用的法律、法规是否正确等。如行政机关作出一个治安管理处罚行为，人民法院在审查时，要看该处罚行为是否有治安管理处罚法的依据，该行政机关是否为具有处罚权的执法主体，被处罚的当事人是否存在治安管理处罚法规定的违法行为，处罚决定所适用的法律条款是否正确等。第二，程序合法。程序合法是实体合法的保障，是依法行政的重要组成部分。如果一个行政行为在程序方面出现违法，即使其实体方面没有问题，该行政行为依然是违法的。如对于责令停产停业、吊销许可证件、较大数额罚款等较重的行政处罚，根据《行政处罚法》的规定，行政机关作出行政处罚决定之前，应当告知当事人有要求听证的权利，当事人要求听证的，行政机关应当组织听证。如果行政机关没有遵守这一程序性规定，即作出处罚决定，则属于程序违法，应予依法撤销。

二是人民法院只对行政行为是否合法进行审查，一般不对行政行为是否合理进行审查。所谓行政行为的合理性，通常的理解是指行政机关在其法定的自由裁量权范围内所作出的行政行为是否准确、恰当。如法律规定对一项违法行为的处罚幅度为罚款一万元至十万元，行政机关在此幅度内作出的罚款决定是否合适，原则上即属于合理性问题。但应当指出的是，为了实现有效管理，法律通常会赋予行政机关在法定幅度内享有一定的自由裁量权，在此权限范围内，法院原则上不会干涉行政权力的行使。但是面对行政权的日益扩张，为了更好地保护行政相对人的权利，行政诉讼制度逐步向加强对行政自由裁量权的监督和制约的方向发展，在坚持合法性审查原则的前提下，对合法性原则的内涵作了扩大解释，将行政机关因滥用自由裁量权而导致的明显不当的行政行为也作为违法行为。如上例中，对于情节较轻的违法行为给予十万元的罚款，而对于情节较重的违法行为却给予一万元的罚款，均属于明显不当的处罚行为，这些行政行为从广义上说也属于违法的行政行为，虽然在自由裁量权范围内，法院也要对其进行审查。《行政诉讼法》对明显不当的行政行为，规定人民法院可以判决撤销或者部分撤销，并可以判决被告重新作出行政行为。

▶条文参见

《行政处罚法》第5条

第七条 合议、回避、公开审判和两审终审原则

人民法院审理行政案件，依法实行合议、回避、公开审判和两审终审制度。

▶理解与适用

[合议制度]

合议制度是指人民法院的审判组织形式，即由三名以上的审判人员组成合议庭，共同进行审判工作并对承办的案件负责的审判制度。《行政诉讼法》规定，人民法院审理行政案件，由审判员组成合议庭，或者由审判员、陪审员组成合议庭。合议庭的成员，应当是3人以上的单数。合议制度在行政诉讼一

审程序、二审程序和审判监督程序中均需要贯彻。

[回避制度]

回避制度是指审判人员具有法定情形，必须回避，不参与案件审理的制度。所谓法定情形，是指法律规定禁止审判人员参加对案件审理的情形。根据《行政诉讼法》的规定，回避制度包括两种：一是当事人申请回避。当事人申请回避是当事人认为审判人员与本案有利害关系或者有其他关系可能影响公正审判，有权申请审判人员回避。二是审判人员认为自己与本案有利害关系或者有其他关系，应当申请回避。

[公开审判制度]

公开审判制度是指除不予公开和可以不公开审理的案件外，法院对行政案件的审理一律依法公开进行，允许群众旁听，允许记者公开报道；不论是否公开审理的案件，判决结果均一律公开的制度。

[两审终审制度]

两审终审制度是指一个案件经过第一审和第二审人民法院的审理，即终结诉讼的制度。实行两审终审制有利于上级人民法院对下级人民法院的审判工作进行监督，及时纠正错误的判决，维护当事人的合法权益。

▶条文参见

《宪法》第130条；《人民法院组织法》第7、9、11、15条；《民事诉讼法》第10条；《刑事诉讼法》第10、28、178、183条

第八条　法律地位平等原则

当事人在行政诉讼中的法律地位平等。

▶理解与适用

在行政诉讼的双方当事人中，一方是行政机关，它在行政管理活动中代表国家行使行政权力，处于管理者的地位；另一

方是公民、法人或者其他组织，他们在行政管理活动中处于被管理者的地位，是行政管理相对人。但是，当双方发生行政争议依法进入行政诉讼程序后，他们之间就由原来的管理者与被管理者的关系，转变为平等性的行政诉讼关系，成为行政诉讼的双方当事人。在整个诉讼过程中，原告与被告的诉讼法律地位是平等的，没有高低之分，亦无贵贱之别，没有领导与服从的关系，而是处于相同的法律地位，共同受人民法院裁判的约束。作为被告的行政机关不能因自己在行政管理中所处的管理地位而在行政诉讼中享有特权，不能再以管理者、领导者的身份自居。

▶条文参见

《宪法》第33条；《人民法院组织法》第5条；《民事诉讼法》第8条；《刑事诉讼法》第6条

第九条 本民族语言文字原则

各民族公民都有用本民族语言、文字进行行政诉讼的权利。

在少数民族聚居或者多民族共同居住的地区，人民法院应当用当地民族通用的语言、文字进行审理和发布法律文书。

人民法院应当对不通晓当地民族通用的语言、文字的诉讼参与人提供翻译。

▶理解与适用

[使用本民族语言文字进行诉讼的原则]

使用本民族语言文字进行诉讼的原则，包括以下三方面内容：

1. 各民族公民都有用本民族语言文字进行诉讼的权利。不论是作为当事人还是作为其他诉讼参与人，各民族公民都有权用本民族的语言文字参加诉讼活动，包括用本民族的语言回答审判人员的询问，在法庭上发表意见，用本民族语言文字书写起诉书、证人证言等。

2. 在少数民族聚居区或者多民族共同居住的地区，人民法院对案件的审理，应当用当地通用的语言进行。

3. 使用当地通用的语言文字发布法律文书。在少数民族聚居区或者多民族共同居住的地区，人民法院发布判决书、裁定书、调解书、开庭通知及其他诉讼文书，应当使用当地通用的一种或者几种语言文字。

▶条文参见

《宪法》第139条；《人民法院组织法》第6条；《民事诉讼法》第11条；《刑事诉讼法》第9条

第十条　辩论原则

当事人在行政诉讼中有权进行辩论。

▶理解与适用

[维护当事人在行政诉讼中的辩论权]

依法维护当事人在行政诉讼中的辩论权，应当注意以下几点：

1. 辩论的内容涉及的范围比较广泛。双方当事人既可以就案件的事实等实体方面进行辩论，也可以就适用的法律及程序性的问题进行辩论。双方当事人可以就上述范围内的有争议的问题进行辩论。

2. 辩论权的行使要贯穿整个诉讼程序，不限于法庭辩论阶段。在行政诉讼的第一审程序、第二审程序和审判监督程序中都要保障当事人对辩论权的充分行使。

3. 辩论的形式既有口头形式，也有书面形式。在法庭辩论阶段，通常是采用口头形式进行辩论；在其他阶段，一般采用书面形式进行辩论，如原告提出起诉状后，被告提出答辩状，即属于书面的辩论形式。

4. 辩论必须在人民法院的主持下进行。人民法院应当依法在诉讼的各个阶段保障当事人辩论权的行使，并耐心听取当事人的辩论意见。同时，对当事人在辩论权行使过程中的一些不当言行，审判人员应当及时予以提醒和制止，对出现的违法行为，如侮辱、诽谤对方当事人，哄闹法庭等依法予以训诫、责令具结悔过或者处以罚款、拘留等。

▶条文参见

《民事诉讼法》第 12 条

第十一条 法律监督原则

人民检察院有权对行政诉讼实行法律监督。

▶理解与适用

人民检察院主要通过以下方式，对行政诉讼实行法律监督：

一是提出抗诉。抗诉是指人民检察院对人民法院作出的已经生效的判决、裁定，认为确有错误时，依法向人民法院提出重新审理要求的诉讼活动。抗诉是法律授予人民检察院代表国家行使的一项法律监督权。

二是提出检察建议。检察建议是检察机关在行政诉讼和民事诉讼中行使法律监督权的一个新举措。检察建议分为两种：其一，再审检察建议，是指人民检察院对人民法院已经发生法律效力的判决、裁定，不采取抗诉方式启动再审程序，而是向人民法院提出检察建议，由人民法院自行决定是否启动再审程序进行再审。其二，对审判人员违法行为的检察建议，是指各级人民检察院对审判监督程序以外的其他审判程序中审判人员的违法行为，有权向同级人民法院提出检察建议。

三是对行政诉讼立案环节进行监督。为了加强对立案环节的监督，2014 年修改行政诉讼法，明确对人民法院不予受理的裁定确有错误的，人民检察院应当依法提出抗诉或者提出检察建议。

四是对调解进行监督。行政诉讼原则上不适用调解，但对涉及行政赔偿、补偿以及行政机关行使法律、法规规定的自由裁量权的案件，人民法院在审理时可以依法适用调解。为了加强对调解的监督，行政诉讼法明确人民检察院发现人民法院所作的调解书损害国家利益、社会公共利益的，应当依法提出抗诉或者提出检察建议。

五是对行政诉讼判决、裁定的执行实行法律监督。《民事诉讼法》第246条规定，人民检察院有权对民事执行活动实行法律监督。根据这一规定以及《行政诉讼法》第101条的规定，人民检察院有权对行政案件的执行实行法律监督。

六是追究贪污受贿、徇私舞弊、枉法裁判的审判人员的刑事责任。检察机关作为法律监督机关的重要职责之一就是侦查国家公职人员的职务犯罪行为，并依法提起公诉。检察机关在对行政诉讼活动进行法律监督的过程中发现审判人员涉嫌贪污受贿、徇私舞弊、枉法裁判的，应及时立案、侦查乃至提起公诉，这是加强司法监督，遏制司法腐败的一个重要方面。

人民检察院在行政诉讼中行使法律监督权，应当严格遵守办案规则以及相关检察纪律规范，依法履行法律监督职责，不得谋取任何私利，不得滥用监督权力。

▶ **典型案例指引**

胡某、郑某徇私舞弊不移交刑事案件案（最高人民检察院指导案例7号）

案件适用要点：诉讼监督，是人民检察院依法履行法律监督的重要内容。实践中，检察机关和办案人员应当坚持办案与监督并重，建立健全行政执法与刑事司法有效衔接的工作机制，善于在办案中发现各种职务犯罪线索；对于行政执法人员徇私舞弊，不移送有关刑事案件构成犯罪的，应当依法追究刑事责任。

▶ **条文参见**

本法第93条；《宪法》第134条；《关于对民事审判活动与行政诉讼实行法律监督的若干意见（试行）》第1-16条；《人民检察院行政诉讼监督规则》

第二章 受案范围

第十二条 行政诉讼受案范围

人民法院受理公民、法人或者其他组织提起的下列诉讼：

（一）对行政拘留、暂扣或者吊销许可证和执照、责令停产停业、没收违法所得、没收非法财物、罚款、警告等行政处罚不服的；

（二）对限制人身自由或者对财产的查封、扣押、冻结等行政强制措施和行政强制执行不服的；

（三）申请行政许可，行政机关拒绝或者在法定期限内不予答复，或者对行政机关作出的有关行政许可的其他决定不服的；

（四）对行政机关作出的关于确认土地、矿藏、水流、森林、山岭、草原、荒地、滩涂、海域等自然资源的所有权或者使用权的决定不服的；

（五）对征收、征用决定及其补偿决定不服的；

（六）申请行政机关履行保护人身权、财产权等合法权益的法定职责，行政机关拒绝履行或者不予答复的；

（七）认为行政机关侵犯其经营自主权或者农村土地承包经营权、农村土地经营权的；

（八）认为行政机关滥用行政权力排除或者限制竞争的；

（九）认为行政机关违法集资、摊派费用或者违法要求履行其他义务的；

（十）认为行政机关没有依法支付抚恤金、最低生活保障待遇或者社会保险待遇的；

（十一）认为行政机关不依法履行、未按照约定履行或者违法变更、解除政府特许经营协议、土地房屋征收补偿协议等协议的；

（十二）认为行政机关侵犯其他人身权、财产权等合法权益的。

除前款规定外，人民法院受理法律、法规规定可以提起诉讼的其他行政案件。

▶ 理解与适用

[行政处罚案件]

行政处罚是行政机关或者法律、法规授权的组织对违反行政管理秩序的公民、法人或者其他组织所实施的惩罚。《行政处罚法》对行政处罚的种类和程序作了规定，相关法律、法规和规章对行政处罚有实体规定。本项列举了行政处罚法规定的六类处罚种类，但行政处罚不限于这六类，其他法律、行政法规还可以规定新的处罚种类。认为行政机关违反行政处罚的实体和程序规定，都可以向法院起诉。

[行政强制措施和行政强制执行案件]

行政强制措施是指行政机关在行政管理过程中，为制止违法行为、防止证据损毁、避免危害发生、控制危险扩大等情形，依法对公民的人身自由实施暂时性限制，或者对公民、法人或者其他组织的财物实施暂时性控制的行为。行政强制执行是指行政机关或者行政机关申请人民法院，对不履行行政决定的公民、法人或者其他组织，依法强制履行义务的行为。《行政强制法》对行政强制措施的种类、行政强制执行的方式以及实施程序作了规定。行政机关违反有关《行政强制法》的程序和实体规定，可以向法院起诉。本项中的行政强制执行，仅指行政机关的强制执行，不包括法院的非诉强制执行。

[行政许可案件]

行政许可是指行政机关根据公民、法人或者其他组织的申请，经依法审查，准予其从事特定活动的行为。《行政许可法》对行政许可的实施程序作了规定，相关法律、法规和省级人民政府规章对行政许可有实体规定。公民、法人或者其他组织申请行政许可,行政机关拒绝或者法定期限内不予答复,或者对行政机关作出的有关行政许可的准予、变更、延续、撤销、撤回、注销等决定不服的,可以向法院提起诉讼。本项所称法定期限,是指《行政许可法》第42条、第43条、第44条规定的期限。

[对行政机关确认自然资源的所有权或者使用权的决定不服的案件]

根据《土地管理法》《矿产资源法》《水法》《森林法》《草原法》《渔业法》《海域使用管理法》等法律的规定,县级以上各级政府对土地、矿藏、水流、森林、山岭、草原、荒地、滩涂、海域等自然资源的所有权或者使用权予以确认和核发相关证书。这里的确认,包括颁发确认所有权或者使用权证书,也包括所有权或者使用权发生争议,由行政机关作出的裁决。

需要注意,根据《行政复议法》第10、11条的规定,对行政机关作出的确认自然资源的所有权或者使用权的决定不服,可以申请行政复议;对行政复议决定不服的,可以依照《行政诉讼法》的规定向人民法院提起行政诉讼。根据国务院或者省、自治区、直辖市人民政府对行政区划的勘定、调整或者征用土地的决定,省、自治区、直辖市人民政府确认土地、矿藏、水流、森林、山岭、草原、荒地、滩涂、海域等自然资源的所有权或者使用权的行政复议决定为最终裁决,不得向法院起诉。

[对征收、征用决定及其补偿决定不服的案件]

本项所称征收,学理上称为行政征收,是行政机关为了公共利益的需要,依法将公民、法人或者其他组织的财物收归国有的行政行为。本项所称征用,学理上称为行政征用,是行政机关为了公共利益的需要,依法强制使用公民、法人或者其他组织财物或者劳务的行政行为。根据法律规定,无论是征收还是征用,都应当依法给予权利人相应的补偿。公民、法人和其他组织对征收、征用决定不服，或者对补偿决定不服，除法律规定复议终局的外，都可以提起诉讼。

[对不履行法定职责不服的案件]

人身权、财产权是公民的基本权利，我国法律、法规将保护公民的人身权、财产权以及其他一些基本权利明确为行政机关的法定职责，公民的人身权、财产权等合法权益受到侵害时，如果行政机关不依法履行保护职责，属于行政不作为，公民就可以向法院提起诉讼，要求行政机关履行职责。本项中的合法权益，主要是人身权、财产权，但不限于这两项权利。只要法律、法规明确规定行政机关应当积极作为去保护的权利，行政机关不作为，公民、法人或者其他组织都可以提起诉讼。

[认为侵犯经营自主权或者农村土地承包经营权、农村土地经营权的案件]

经营自主权是企业、个体经营者等依法享有的调配使用自己的人力、物力、财力，自主组织生产经营活动的权利。我国已确立了市场经济体制，各类市场主体享有广泛的经营自主权，除法律、法规对投资领域、商品价格等事项有明确限制外，行政机关不得干预其生产经营，如果干预，企业可以向法院提起诉讼。需要注意，对国有企业而言，其生产经营受到作为出资人的国有资产管理委员会的管理，但这种管理，是从股东角度进行的，不属于行政管理，因此，不能提起行政诉讼。

农村土地承包经营权是农村集体经济组织的成员或者其他承包经营人依法对其承包的土地享有的自主经营、流转、收益的权利。农村土地承包经营一般采取承包合同的方式约定双方的权利义务，作为农村集体经营组织的发包方与作为承包方的农户或者其他经营人之间发生的纠纷，是民事争议，可以申请仲裁或者提起民事诉讼。如果乡镇政府或者县级以上地方农村部门等干涉农村土地承包、变更、解除承包合同，或者强迫、阻碍承包方进行土地承包经营权流转的，可以提起行政诉讼。

农村土地经营权是从农村土地承包经营权中分离出的一项权能,就是承包农户将其承包土地流转出去,由其他组织或者个人经营,其他组织或者个人取得土地经营权。

[认为行政机关滥用行政权力排除或者限制竞争的案件]

公平竞争权是市场主体依法享有的在公平环境中竞争,以实现其经济利益的权利。我国《反垄断法》对滥用行政权力排除、限制竞争的行为作了规定,如规定行政机关和法律、法规授权的具有管理公共事务职能的组织不得滥用行政权力,限定或者变相限定单位或者个人经营、购买、使用其指定的经营者提供的商品;不得滥用行政权力,通过与经营者签订合作协议、备忘录等方式,妨碍其他经营者进入相关市场或者对其他经营者实行不平等待遇,排除、限制竞争;不得滥用行政权力,妨碍商品在地区之间的自由流通;不得滥用行政权力,以设定歧视性资质要求、评审标准或者不依法发布信息等方式,排斥、限制、强制或者变相强制外地经营者参加本地的招标投标活动;不得滥用行政权力,采取与本地经营者不平等待遇等方式,排斥或者限制外地经营者在本地投资或者设立分支机构;不得滥用行政权力,强制或者变相强制经营者从事本法规定的垄断行为。行政机关违反《反垄断法》等相关规定,经营者可以向法院提起诉讼。

[认为行政机关违法要求履行义务的案件]

行政机关向企业、个人乱集资、乱摊派、乱收费被称为"三乱",需要通过诉讼途径保护行政相对人的合法权益。本项中的违法要求履行其他义务,如违法摊派劳务、协助执行公务等。按照依法行政的原则,要求公民、法人或者其他组织履行义务,必须有法律、法规的依据,没有法定依据的,行政相对人可以拒绝,或者向法院提起诉讼。

[认为行政机关没有支付抚恤金、最低生活保障待遇或者社会保险待遇的案件]

抚恤金,是公民因公、因病致残或者死亡后,由民政部门发给其本人或者亲属的生活费用。主要包括因公死亡人员遗属的死亡抚恤金和因公致伤、致残者本人的伤残抚恤金。公民认为符合条件应当发给抚恤金，行政机关没有发给的，可以提起行政诉讼。

最低生活保障是国家对共同生活的家庭成员人均收入低于当地最低生活保障标准的家庭给予社会救助，以满足低收入家庭维持基本的生活需要。最低生活保障待遇主要是按照家庭成员人均收入低于当地最低生活保障标准的差额，按月发给的最低生活保障金。

社会保险是公民在年老、疾病、工伤、失业、生育等情况下，由国家和社会提供的物质帮助。根据《社会保险法》的规定，我国的社会保险包括基本养老保险、基本医疗保险、工伤保险、失业保险和生育保险。社会保险经办机构不支付社会保险待遇的，可以向法院提起诉讼，除此之外，按照《社会保险法》的规定，用人单位或者个人认为社会保险征收机构、社会保险经办机构征收、核定社会保险费和不办理社会保险登记、社会保险转移接续手续等行为侵犯其社会保险权益的，也可以向法院起诉。

[认为行政机关不依法履行、未按照约定履行或者违法变更、解除政府特许经营协议、土地房屋征收补偿协议等协议的案件]

政府特许经营是政府通过招标等公平竞争方式，许可特定经营者经营某项公共产品或者提供某项公共服务。政府特许经营广泛存在于城市供水、供气、供热、污水处理、垃圾处理、城市公共交通等公用事业领域。政府特许经营一般采取协议的方式约定双方的权利义务。

土地征收补偿是指政府依法征收农村集体所有的土地所给予的补偿。根据《土地管理法》的规定，征收土地的，按照被征收土地的原用途给予补偿，该法还规定了补偿的项目和标准。虽然该法没有规定土地征收补偿采取协议的方式，但实践中有以协议方式确定补偿的，采取协议方式确定补偿，有利于减少纠纷。

房屋征收补偿是行政机关征收国有或者集体土地上的房屋所给予的补偿。征收国有土地上的房屋，根据《国有土地上房屋征收与补偿条例》的规定，可以采取订立补偿协议的方式。房屋征收部门与被征收人依照条例的规定，就补偿方式、补偿金额和支付期限、用于产权调换房屋的地点和面积、搬迁费、临时安置费或者周转用房、停产停业损失、搬迁期限、过渡方式和过渡期限等事项，订立补偿协议。补偿协议订立后，一方当事人不履行补偿协议约定的义务的，另一方当事人可以依法提起诉讼。根据该条例规定，达不成协议的，由房屋征收部门报请作出房屋征收决定的市、县级人民政府依照本条例的规定，按照征收补偿方案作出补偿决定。该补偿决定是行政行为，可以按照《行政诉讼法》第12条第5项提起行政诉讼。

[认为行政机关侵犯其他人身权、财产权等合法权益的案件]

公民、法人或者其他组织的人身权、财产权的内容极其广泛，除上述列举外，还有一些财产权，如股权、债权、企业产权等，没有列举，还有一些人身权，如姓名权、隐私权等，也没有列举。此外，人身权、财产权以外的其他合法权益，有的法律、法规已有规定，本条也没有列举，为避免遗漏，弥补列举的不足，本条作了兜底规定。

▶典型案例指引

1. 魏永高、陈守志诉来安县人民政府收回土地使用权批复案（最高人民法院指导案例22号）

案件适用要点：地方人民政府对其所属行政管理部门的请示作出的批复，一般属于内部行政行为，不可对此提起诉讼。但行政管理部门直接将该批复付诸实施并对行政相对人的权利义务产生了实际影响,行政相对人对该批复不服提起诉讼的,人民法院应当依法受理。

2. 戴世华诉济南市公安消防支队消防验收纠纷案(最高人民法院指导案例59号)

案件适用要点:建设工程消防验收备案结果通知含有消防竣工验收是否合格的评定,具有行政确认的性质,当事人对公安机关消防机构的消防验收备案结果通知行为提起行政诉讼的,人民法院应当依法予以受理。

3. 王明德诉乐山市人力资源和社会保障局工伤认定案(最高人民法院指导案例69号)

案件适用要点:当事人认为行政机关作出的程序性行政行为侵犯其人身权、财产权等合法权益,对其权利义务产生明显的实际影响,且无法通过提起针对相关的实体性行政行为的诉讼获得救济,而对该程序性行政行为提起行政诉讼的,人民法院应当依法受理。

▶条文参见

《行政强制法》第8条;《行政处罚法》第9、10条;《行政许可法》第7、8条;《行政复议法》第10、11条;《农村土地承包法》第7、10条;《反垄断法》;《反不正当竞争法》;《最高人民法院行政审判庭关于行政机关撤销或者变更已经作出的协助执行行为是否属于行政诉讼受案范围请示问题的答复》;《最高人民法院关于行政机关不履行人民法院协助执行义务行为是否属于行政诉讼受案范围的答复》

第十三条 受案范围的排除

人民法院不受理公民、法人或者其他组织对下列事项提起的诉讼:
(一)国防、外交等国家行为;
(二)行政法规、规章或者行政机关制定、发布的具有普遍约束力的决定、命令；

(三) 行政机关对行政机关工作人员的奖惩、任免等决定；

(四) 法律规定由行政机关最终裁决的行政行为。

▶理解与适用

较以往规定，《最高人民法院关于适用〈中华人民共和国行政诉讼法〉的解释》增加了五项排除受案范围事项：行政机关不产生外部法律效力的行为、过程性行为、协助执行行为、内部层级监督行为、行政机关针对信访事项作出的行为。这些行为界定标准是"对公民、法人或者其他组织权利义务是否产生实际影响"，因此立案范围又与"诉讼参与人"制度相勾连。《行政诉讼法》第25条第1款规定：行政行为的相对人以及其他与行政行为有利害关系的公民、法人或者其他组织，有权提起诉讼。解释较之以往规定，增加了"投诉行为处理结果"视为"与行政行为有利害关系"的规定。《最高人民法院关于适用〈中华人民共和国行政诉讼法〉的解释》第12条第5项规定："为维护自身合法权益向行政机关投诉，具有处理投诉职责的行政机关作出或者未作出处理的；"属于《行政诉讼法》第25条第1款规定的"与行政行为有利害关系"。

▶条文参见

《最高人民法院关于适用〈中华人民共和国行政诉讼法〉的解释》第1-2条、第12条

第三章 管 辖

第十四条 基层人民法院管辖的第一审行政案件

基层人民法院管辖第一审行政案件。

▶理解与适用

在我国,基层人民法院、中级人民法院、高级人民法院和最高人民法院四级法院,都可以受理第一审行政案件,但受理案件的范围不同。根据本条规定,第一审行政案件原则上应由基层人民法院管辖。基层人民法院包括:县人民法院和县级开发区人民法院、县级市人民法院,自治县人民法院,市辖区人民法院。基层人民法院根据地区、人口和案件情况可以设立若干人民法庭。当事人请求人民法院解决行政争议的,应当依照本法关于管辖的规定,向基层人民法院提起诉讼,但本法规定应由中级人民法院、高级人民法院和最高人民法院管辖第一审行政案件的除外。

第十五条 中级人民法院管辖的第一审行政案件

中级人民法院管辖下列第一审行政案件:
(一)对国务院部门或者县级以上地方人民政府所作的行政行为提起诉讼的案件;
(二)海关处理的案件;
(三)本辖区内重大、复杂的案件;
(四)其他法律规定由中级人民法院管辖的案件。

▶理解与适用

[其他法律规定由中级人民法院管辖的案件]

这一项是衔接性规定。根据《全国人民代表大会常务委员会关于在北京、上海、广州设立知识产权法院的决定》,知识产权法院管辖有关专利、植物新品种、集成电路布图设计、技术秘密等专业技术性较强的第一审知识产权行政案件;北京知识产权法院管辖不服国务院行政部门裁定或者决定而提起的第一审知识产权授权确权行政案件。

▶条文参见

《最高人民法院办公厅关于海事行政案件管辖问题的通

知》;《最高人民法院关于海关行政处罚案件诉讼管辖问题的解释》;《全国人民代表大会常务委员会关于在北京、上海、广州设立知识产权法院的决定》;《最高人民法院关于适用〈中华人民共和国行政诉讼法〉的解释》第5条

第十六条 高级人民法院管辖的第一审行政案件

高级人民法院管辖本辖区内重大、复杂的第一审行政案件。

▶理解与适用

高级人民法院管辖本辖区内重大、复杂的第一审行政案件。除了管辖第一审、第二审、再审行政案件外,高级法院还承担对省、自治区、直辖市内的基层法院和中级法院的行政审判工作实行监督,总结和交流行政审判工作的经验,指导本省、自治区、直辖市内的基层法院和中级法院的审判工作。因此,高级法院管辖的第一审行政案件不宜过多。

所谓本辖区内重大、复杂的案件,是指就全省、自治区、直辖市范围而言,案情重大,涉及面广,具有重大影响的案件。法律没有明确应当由高级法院管辖的"重大、复杂的行政案件"的标准和范围。考虑到行政诉讼法主要保护公民、法人和其他组织的人身权和财产权,对于重大的人身权和财产权,应当列为重大案件。一般考虑几个因素:一是标的金额较大。如行政处罚数额较大的,可以认为是重大的案件,当然,金额是否较大在不同经济发展水平的地区会有不同的判断标准,这样就需要各地的高级法院根据本地区的实际情况来判断,无法制定统一的标准。二是社会影响较大。如涉及重大公共利益的行政许可案件。判断是否具有较大的社会影响,可以考虑当地人民群众对案件是否关注、是否涉及群体性利益、涉案的人数是否众多、当事人双方矛盾是否尖锐、是否涉及重大事项等因素。此外,对于一些案件类型较新、需要统一裁判尺度、在高级法院辖区内具有普遍法律适用意义、受到外来阻力较大、土地征收和征用等涉及面

较广的一审行政案件等，都可以根据司法实践的需要，由最高人民法院或者高级人民法院来判断是否由高级人民法院管辖。

第十七条　最高人民法院管辖的第一审行政案件

> 最高人民法院管辖全国范围内重大、复杂的第一审行政案件。

▶理解与适用

最高人民法院是我国的最高审判机关，它的主要任务是对全国各级人民法院和军事法院等专门人民法院实行审判监督和指导；通过总结审判工作经验，作出有关适用法律、法规的批复、指示或者司法解释；审判不服高级法院判决、裁定的上诉案件以及当事人申请再审的案件等。因此，最高人民法院管辖的第一审行政案件的范围应当是很小的。

根据本条规定，最高人民法院管辖全国范围内重大、复杂的第一审行政案件。在全国范围内重大、复杂的案件，主要是指对全国有重大影响的案件，有必要作为法律类推的案件，在国内外有重大影响的涉外案件等。对于哪些案件属于重大复杂，应由最高人民法院审理，由最高人民法院判断。

由于最高人民法院已经是我国的最高审判机关，因此由它审理的第一审行政案件实行一审终审，所作的判决裁定是终审判决裁定，送达当事人之后，即发生法律效力。

第十八条　一般地域管辖和人民法院跨行政区域管辖

> 行政案件由最初作出行政行为的行政机关所在地人民法院管辖。经复议的案件，也可以由复议机关所在地人民法院管辖。
>
> 经最高人民法院批准，高级人民法院可以根据审判工作的实际情况，确定若干人民法院跨行政区域管辖行政案件。

▶理解与适用

[一般地域管辖]

地域管辖是根据人民法院的辖区来划分第一审行政案件的审判权。级别管辖解决的是案件由哪一级法院管辖，而地域管辖是进一步解决同级法院之间，特别是基层人民法院之间审理第一审行政案件的分工和权限。"原告就被告"是行政诉讼地域管辖的一般原则，经复议的案件，也适用这一原则。这样的制度设计主要是便于法院审查，人民法院在审理行政案件时调查、取证、执行主要在行政机关的所在地进行，由行政机关所在地人民法院管辖有利于审判。同时，能够避免行政机关异地奔波应诉，降低行政成本。大多数情况下，原告的居住地与作出行政行为的行政机关的所在地同属于一个行政区域，由该辖区的人民法院管辖，也不会使原告负担过重。当然，由被诉行政机关所在地管辖也存在一些弊端，司法辖区与行政辖区合一，在现实中造成了一些地方保护主义。

经复议的案件，无论复议机关改变还是维持原行政行为，既可以由最初作出行政行为的行政机关所在地人民法院管辖，也可以由复议机关所在地人民法院管辖，由当事人自行选择。这是地域管辖的特殊规定，赋予了当事人对管辖的选择权。根据第21条规定，两个以上人民法院都有管辖权的情况下，原告可以选择其中一个人民法院提起诉讼，如果原告向两个以上人民法院都提起诉讼的，由最先立案的人民法院管辖。这样规定也体现了对原告权利的保护，方便当事人。

[法院跨区域管辖案件]

地方保护和行政干预，是行政诉讼制度运行不畅、行政审判困难重重的重要原因。如何解决这个问题，各地法院在管辖方面作了多方尝试，但无论是提级管辖，还是异地交叉管辖和相对集中管辖，探索的道路喜忧参半。2014年行政诉讼法修改，在适当扩大中级法院管辖第一审行政案件的范围、增加请求上级法院指定管辖规定的同时，还增加规定：经最高人民法院批准，高级人民法院可以根据审判工作的实际情况，确定若干人民法院跨行政区域管辖行政案件。

▶条文参见

本法第21条

第十九条 限制人身自由行政案件的管辖

对限制人身自由的行政强制措施不服提起的诉讼，由被告所在地或者原告所在地人民法院管辖。

▶理解与适用

[原告所在地]

原告所在地，包括原告的户籍所在地、经常居住地和被限制人身自由地。户籍所在地为公民的户口所在地。经常居住地是指公民离开住所地，最后连续居住满一年以上的地方。被限制人身自由所在地，是指被告行政机关将原告强制治疗等场所所在地。对行政机关基于同一事实，既采取限制公民人身自由的行政强制措施，又采取其他行政强制措施或者行政处罚不服的，由被告所在地或者原告所在地的人民法院管辖。

▶条文参见

《最高人民法院关于适用〈中华人民共和国行政诉讼法〉的解释》第8条

第二十条 不动产行政案件的管辖

因不动产提起的行政诉讼，由不动产所在地人民法院管辖。

▶理解与适用

[不动产行政案件管辖]

不动产行政案件管辖是专属管辖，此类案件只能由本法规定的人民法院管辖，其他法院无管辖权，当事人没有选择管辖的余地，人民法院之间也不得协议管辖。不动产，是指土地以及土地上的附着物，不能移动或移动会损害其用途或价值的物。如土地、房屋等。原则上，因不动产引起的行政诉讼，包括因行政行为导致不动产物权变动而起诉的案件，如房屋登记案件、土地确权案件、房屋拆迁案件。不动产已登记的，以不动产登记簿记载的所在地为不动产所在地；不动产未登记的，以不动产实际所在地为不动产所在地。

▶条文参见

《最高人民法院关于适用〈中华人民共和国行政诉讼法〉的解释》第9条

第二十一条　选择管辖

两个以上人民法院都有管辖权的案件，原告可以选择其中一个人民法院提起诉讼。原告向两个以上有管辖权的人民法院提起诉讼的，由最先立案的人民法院管辖。

▶理解与适用

在理解本条时要把握以下几点：（1）两个以上人民法院都有管辖权的诉讼，先立案的人民法院不得将案件移送给另一个有管辖权的人民法院。（2）人民法院在立案前发现其他有管辖权的人民法院已先立案的，不得重复立案；立案后发现其他有管辖权的人民法院已先立案的，裁定将案件移送给先立案的人民法院。（3）当事人没有选择的法院，不能取得案件的管辖权。尽管依照法律规定某一法院对案件具有管辖权，但由于当事人没有选择，法院不能依职权主动要求管辖。

▶条文参见

本法第18条、第19条

第二十二条 移送管辖

人民法院发现受理的案件不属于本院管辖的,应当移送有管辖权的人民法院,受移送的人民法院应当受理。受移送的人民法院认为受移送的案件按照规定不属于本院管辖的,应当报请上级人民法院指定管辖,不得再自行移送。

▶理解与适用

[移送管辖]

移送管辖,是指人民法院受理案件后经审查,发现案件不属于本院管辖而移送给有管辖权的人民法院处理的管辖制度,它是对管辖发生错误所采用的一种纠正措施。

人民法院移送案件应当具备以下三个条件:(1)移送案件的人民法院已经立案受理了行政案件,即诉讼程序已经开始,但案件并未审结,仍在第一审程序中。(2)移送案件的人民法院认为自己对案件没有管辖权。(3)接收移送案件的人民法院依法享有管辖权。不得随意移送,只能向有管辖权的人民法院移送。

[移送案件的效力]

移送是人民法院的一种程序上的单方法律行为,移送案件的裁定将产生程序法上的效力,对接收移送案件的人民法院具有约束力。其效力包括:受移送的人民法院应当按照立案程序及时受理,不得拒收、退回或再自行移送;案件一经移送,原则上受移送法院即是管辖法院,不能再自行移送。如有争议,可提请上一级人民法院确定。移送管辖只能移送一次。所谓不得再自行移送,是指既不能将案件再退回原移送的人民法院,也不能再移送给其他人民法院,而只能依照有关规定,报请上级人民法院指定管辖。

第二十三条 指定管辖

有管辖权的人民法院由于特殊原因不能行使管辖权的，由上级人民法院指定管辖。

人民法院对管辖权发生争议，由争议双方协商解决。协商不成的，报它们的共同上级人民法院指定管辖。

▶理解与适用

［指定管辖］

指定管辖，是指上级人民法院依职权指定下级人民法院对行政案件行使管辖权。

本条规定的指定管辖有两种适用情形：

一是有管辖权的法院由于特殊原因不能行使管辖权的，报请上级法院指定管辖。法律上的原因，是指由于某些法定事实使有管辖权的人民法院在法律上不能审理或继续审理，如当事人申请回避，该人民法院不宜进行审理等。事实上的原因，是指有管辖权的人民法院因不可抗力或者其他障碍不能或者难以行使管辖权，例如，自然灾害、战争、意外事故等。

二是两个以上法院对管辖权发生争议时，协商不成的，报请共同的上级法院指定管辖。主要适用于人民法院之间管辖权争议的指定。管辖权发生争议，主要指管辖区域不明的案件、有共同管辖的案件、多种地域管辖并存的案件，或者对管辖的规定产生了不同理解。

第二十四条 管辖权转移

上级人民法院有权审理下级人民法院管辖的第一审行政案件。

下级人民法院对其管辖的第一审行政案件，认为需要由上级人民法院审理或者指定管辖的，可以报请上级人民法院决定。

▶理解与适用

由于管辖问题较为复杂，仅有法定管辖和指定管辖，尚不足以适应复杂多变的情况，管辖权转移的规定赋予上下级法院灵活处理的权力，目的是使法院更好地行使审判权。理论上，管辖权转移有两种情况：一种是将管辖权上移，包括上提下和下交上，上级法院有权将下级法院管辖的第一审行政案件提上来自己审理，下级法院对其管辖的第一审行政案件认为审理确有困难，需要由上级法院审理的，可以报请上级法院决定；另一种是管辖权下放，上级法院将本院管辖的第一审行政案件交给下级法院来审理。管辖权转移只限于第一审案件。

第四章　诉讼参加人

第二十五条　原告资格

行政行为的相对人以及其他与行政行为有利害关系的公民、法人或者其他组织，有权提起诉讼。

有权提起诉讼的公民死亡，其近亲属可以提起诉讼。

有权提起诉讼的法人或者其他组织终止，承受其权利的法人或者其他组织可以提起诉讼。

人民检察院在履行职责中发现生态环境和资源保护、食品药品安全、国有财产保护、国有土地使用权出让等领域负有监督管理职责的行政机关违法行使职权或者不作为，致使国家利益或者社会公共利益受到侵害的，应当向行政机关提出检察建议，督促其依法履行职责。行政机关不依法履行职责的，人民检察院依法向人民法院提起诉讼。

▶理解与适用

"与行政行为有利害关系"包括几种情形：（1）被诉的行

政行为涉及其相邻权或者公平竞争权的；（2）在行政复议等行政程序中被追加为第三人的；（3）要求行政机关依法追究加害人法律责任的；（4）撤销或者变更行政行为涉及其合法权益的；（5）为维护自身合法权益向行政机关投诉，具有处理投诉职责的行政机关作出或者未作出处理的；（6）其他与行政行为有利害关系的情形。

"近亲属"，包括配偶、父母、子女、兄弟姐妹、祖父母、外祖父母、孙子女、外孙子女和其他具有扶养、赡养关系的亲属。

第4款是《行政诉讼法》2017年修正增加的条款，主要包括三方面内容：一是提起行政诉讼的领域为生态环境和资源保护、食品药品安全、国有财产保护、国有土地使用权出让等；二是人民检察院已经发现了这些重要领域中违法行使职权或者不作为，已经造成国家利益或者社会公众利益受到侵害的，有责任提起诉讼；三是并不是所有这些行为都要走完诉讼程序，还有一个缓冲，就是在提起诉讼前人民检察院应当向行政机关提出检察建议，督促其依法履行职责，给了改正错误的机会，并不是都走诉讼程序。

▶典型案例指引

1. 罗镕荣诉吉安市物价局物价行政处理案（最高人民法院指导案例77号）

案件适用要点：（1）行政机关对与举报人有利害关系的举报仅作出告知性答复，未按法律规定对举报进行处理，不属于《最高人民法院关于执行〈中华人民共和国行政诉讼法〉若干问题的解释》第1条第2款第6项[①]规定的"对公民、法人或者其他组织权利义务不产生实际影响的行为"，因而具有可诉性，属于人民法院行政诉讼的受案范围。（2）举报人就其自身合法权益受侵害向行政机关进行举报的，与行政机关的举报处理行为具有法律上的利害关系，具备行政诉讼原告主体资格。

[①] 本司法解释已失效，对应《最高人民法院关于适用〈中华人民共和国行政诉讼法〉的解释》第1条第2款第10项。

2. 贵州省六盘水市六枝特区人民检察院诉贵州省镇宁布依族苗族自治县丁旗镇人民政府环境行政公益诉讼案（2017年3月7日最高人民法院发布的十起环境公益诉讼典型案例）

案件适用要点：本案是《全国人民代表大会常务委员会关于授权最高人民检察院在部分地区开展公益诉讼试点工作的决定》施行后首例由人民法院跨行政区划管辖的检察机关提起公益诉讼试点案件。对环境公益诉讼案件实行跨行政区划管辖，有利于克服地方保护、督促行政机关依法履职，对于保护生态环境具有积极的作用。在本案审理过程中，被告积极履行其行政管理职能，公益诉讼人的诉讼目的部分得以实现，人民法院在公益诉讼人未明确申请撤回该部分诉讼请求的情况下，对该部分诉讼请求不予支持，符合行政诉讼法的规定。该案对于人民法院在行政诉讼法、民事诉讼法和全国人大授权决定的框架下依法稳妥有序审理检察机关提起的公益诉讼案件，具有示范意义。

▶条文参见

《全国人民代表大会常务委员会关于授权最高人民检察院在部分地区开展公益诉讼试点工作的决定》；《检察机关提起公益诉讼改革试点方案》；《最高人民法院关于适用〈中华人民共和国行政诉讼法〉的解释》第12-18条

第二十六条　被告资格

公民、法人或者其他组织直接向人民法院提起诉讼的，作出行政行为的行政机关是被告。

经复议的案件，复议机关决定维持原行政行为的，作出原行政行为的行政机关和复议机关是共同被告；复议机关改变原行政行为的，复议机关是被告。

复议机关在法定期限内未作出复议决定，公民、法人或者其他组织起诉原行政行为的，作出原行政行为的行政机关是被告；起诉复议机关不作为的，复议机关是被告。

> 两个以上行政机关作出同一行政行为的，共同作出行政行为的行政机关是共同被告。
>
> 行政机关委托的组织所作的行政行为，委托的行政机关是被告。
>
> 行政机关被撤销或者职权变更的，继续行使其职权的行政机关是被告。

▶典型案例指引

田永诉北京科技大学拒绝颁发毕业证、学位证行政诉讼案（最高人民法院指导案例38号）

案件适用要点：北京科技大学虽然不是行政机关，但它是根据《教育法》和《高等教育法》由国家创办的高等学校，是国家设立的公共教育机构之一。被告颁发毕业证、学位证的权力，是根据《教育法》和《高等教育法》取得的，属于行使国家行政职权的范畴。被告北京科技大学拒绝给田永颁发毕业证、学位证的行为，属于根据国家法律、法规授权行使国家行政职权的行政行为，因此，北京科技大学属于适格的被告。

▶条文参见

《最高人民法院关于适用〈中华人民共和国行政诉讼法〉的解释》第20-26条

第二十七条 共同诉讼

> 当事人一方或者双方为二人以上，因同一行政行为发生的行政案件，或者因同类行政行为发生的行政案件、人民法院认为可以合并审理并经当事人同意的，为共同诉讼。

▶理解与适用

[因同一行政行为引起的共同诉讼]

因同一行政行为引起的共同诉讼，由于该行政行为不能分割，法院必须一起审理，所以学理上称为必要的共同诉讼。这是一项源于民法的理论和制度。可以分为两种情况，一是共同原告。就是两个以上的行政相对人对同一行政行为不服而向法院起诉。如两人以上共同违法，行政机关在同一行政决定中作出处罚，受处罚人均不服，提起诉讼的，或者行政处罚案件中违法行为人和受害人均不服处罚决定，提起诉讼。二是共同被告。就是两个以上行政主体共同实施的行政行为，被起诉到法院。

[因同类行政行为发生的共同诉讼]

因同类行政行为发生的共同诉讼，由于不是因同一行政行为引起的，当事人之间不存在不可分割的权利义务关系，可以作为不同的案件审理，也可以一起审理，学理上将这类共同诉讼称为普通的共同诉讼。之所以成为共同诉讼，是因为这类行为性质相同，或者事实和理由相同，从提高审判效率和保证司法统一性上，可以共同审理。与因同一行政行为引起的共同诉讼不同，同类行政行为引起的共同诉讼，需要人民法院认为可以合并审理并经当事人同意。这类共同诉讼必须符合四个条件：一是必须由同一法院管辖。二是必须属于同一诉讼程序。如都适用普通程序，或者简易程序。三是当事人同意作为共同诉讼合并审理。四是必须符合合并审理的目的，即提高审判效率。

▶ **典型案例指引**

宣懿成等18人诉衢州市国土资源局收回土地使用权行政纠纷案（最高人民法院指导案例41号）

案件适用要点：从案情来看，18名原告之间的权利义务是各自独立的，其中一人的诉讼行为，无须得到其他人的承认，对其他人也不发生法律效力。因此，如果不合并审理的话，本案也可以分解为18个独立的诉讼。但为了简化诉讼程序，节省诉讼时间和费用，并避免人民法院在同一或同类案件上作出相互矛盾的判决，本案可按普通共同诉讼将18名原告的诉讼请求合并审理。

▶条文参见

《最高人民法院关于适用〈中华人民共和国行政诉讼法〉的解释》第 27 条

第二十八条 代表人诉讼

当事人一方人数众多的共同诉讼,可以由当事人推选代表人进行诉讼。代表人的诉讼行为对其所代表的当事人发生效力,但代表人变更、放弃诉讼请求或者承认对方当事人的诉讼请求,应当经被代表的当事人同意。

▶理解与适用

推选的代表人必须是当事人之一,不能推选当事人之外的人。因为诉讼代表人的诉讼行为对其代表的当事人发生效力,他们的利益应当是一致的。诉讼代表人的诉讼行为仅指提出管辖权异议、提供证据、进行法庭辩论等不涉及当事人实体权利的行为。代表人变更、放弃诉讼请求或者承认对方当事人的诉讼请求,这些属于当事人的实体权利,应当经被代表的当事人同意,否则就是对当事人权利的侵犯。

▶条文参见

《最高人民法院关于适用〈中华人民共和国行政诉讼法〉的解释》第 28-29 条

第二十九条 诉讼第三人

公民、法人或者其他组织同被诉行政行为有利害关系但没有提起诉讼,或者同案件处理结果有利害关系的,可以作为第三人申请参加诉讼,或者由人民法院通知参加诉讼。

人民法院判决第三人承担义务或者减损第三人权益的,第三人有权依法提起上诉。

▶理解与适用

行政诉讼第三人是原、被告之外,同被诉的行政行为有利害关系,或者同案件处理结果有利害关系,为维持自己的合法权益,参加到已开始的诉讼中的公民、法人或者其他组织。除公民、法人或者其他组织外,行政机关也可以作为第三人。在诉讼中,第三人享有当事人的地位。

[同被诉行政行为有利害关系]

同被诉行政行为有利害关系,一般来说,就是具有原告资格,可以以自己名义提起行政诉讼,如果没有提起诉讼,其他利害关系人提起诉讼,可以作为第三人参加诉讼。第三人参加诉讼,有利于查清案件事实,实现公正审判,也有利于避免同一问题引起新的争议,做到案结事了,提高司法效率。

[同案件处理结果有利害关系]

有些公民、法人或者其他组织虽然与被诉行政行为没有利害关系,但同案件的判决结果有利害关系,为维护自己的合法权益,可以作为第三人,参加到已开始的诉讼中来。

[判决第三人承担义务或者减损第三人权益的,第三人有权依法提起上诉]

第三人参加已开始的行政诉讼,就是为了维护自己的合法权益,无论是同被诉行政行为有利害关系,还是同案件处理结果有利害关系,只要法院判决其承担义务或者减损其权益,都有权以自己的名义,提起上诉。

▶条文参见

《最高人民法院关于适用〈中华人民共和国行政诉讼法〉的解释》第30条

第三十条 法定代理人

没有诉讼行为能力的公民,由其法定代理人代为诉讼。法定代理人互相推诿代理责任的,由人民法院指定其中一人代为诉讼。

▶理解与适用

诉讼代理人是以当事人的名义，为当事人的利益进行诉讼活动的人，包括法定代理人和委托代理人。本条规定的是法定代理人。法定代理人是根据法律规定行使代理权的人。根据本条规定，没有诉讼行为能力的公民，由其法定代理人代为诉讼。诉讼行为能力是以自己的行为实现诉讼权利、履行诉讼义务的能力。没有诉讼行为能力的公民，不能亲自进行诉讼活动，需要由其法定代理人代为进行。法定代理人是根据法律确定的监护权而代理当事人进行诉讼活动，不是基于当事人的意思表示，不需要当事人办理代理手续，只要证明自己的身份和与被代理人的监护关系就可以。在诉讼活动中，法定代理人的行为视为当事人的行为，与当事人的行为具有同等法律效力。

法定代理人代理当事人参加诉讼，是其对被代理人和社会应尽的义务。因此，法定代理人不能推诿代理责任。如果无诉讼行为能力人有两个或者两个以上法定代理人，可能会出现互相推诿的情况。为了保障诉讼活动的正常进行，保护无诉讼行为能力人的合法权益以及社会公共利益，本条规定，法定代理人互相推诿代理责任的，由人民法院指定其中一人代为诉讼。

▶条文参见

《民法典》第19-23条；《最高人民法院关于适用〈中华人民共和国行政诉讼法〉的解释》第83条

第三十一条 委托代理人

当事人、法定代理人，可以委托一至二人作为诉讼代理人。

下列人员可以被委托为诉讼代理人：

（一）律师、基层法律服务工作者；

（二）当事人的近亲属或者工作人员；

> （三）当事人所在社区、单位以及有关社会团体推荐的公民。

▶理解与适用

与当事人有合法劳动人事关系的职工，可以当事人工作人员的名义作为诉讼代理人。以当事人的工作人员身份参加诉讼活动，应当提交以下证据之一加以证明：（1）缴纳社会保险记录凭证；（2）领取工资凭证；（3）其他能够证明其为当事人工作人员身份的证据。

有关社会团体推荐公民担任诉讼代理人的，应当符合下列条件：（1）社会团体属于依法登记设立或者依法免予登记设立的非营利性法人组织；（2）被代理人属于该社会团体的成员，或者当事人一方住所地位于该社会团体的活动地域；（3）代理事务属于该社会团体章程载明的业务范围；（4）被推荐的公民是该社会团体的负责人或者与该社会团体有合法劳动人事关系的工作人员。

专利代理人经中华全国专利代理人协会推荐，可以在专利行政案件中担任诉讼代理人。

▶条文参见

《最高人民法院关于适用〈中华人民共和国行政诉讼法〉的解释》第31—33条

第三十二条 当事人及诉讼代理人权利

> 代理诉讼的律师，有权按照规定查阅、复制本案有关材料，有权向有关组织和公民调查，收集与本案有关的证据。对涉及国家秘密、商业秘密和个人隐私的材料，应当依照法律规定保密。
>
> 当事人和其他诉讼代理人有权按照规定查阅、复制本案庭审材料，但涉及国家秘密、商业秘密和个人隐私的内容除外。

▶理解与适用

[律师的权利]

律师的权利包括两项：一是查阅、复制本案有关材料。包括证据材料、庭审记录以及起诉状、答辩状、代理意见书等庭审中涉及的有关材料。二是调查收集证据。律师是专业法律工作者，调查、收集证据是其提供法律服务的基本要求，因此，法律保障其调查权，有关单位、个人应当配合。但是，在行政诉讼中，被告的律师受本法第35条的限制，即在诉讼过程中，不得自行向原告、第三人和证人收集证据。无论是调查收集证据，还是查阅、复制案件材料，对涉及国家秘密、商业秘密和个人隐私的材料，律师应当依照法律规定履行保密义务。

第五章 证 据

第三十三条 证据种类

证据包括：

（一）书证；

（二）物证；

（三）视听资料；

（四）电子数据；

（五）证人证言；

（六）当事人的陈述；

（七）鉴定意见；

（八）勘验笔录、现场笔录。

以上证据经法庭审查属实，才能作为认定案件事实的根据。

▶理解与适用

[书证]

书证。是指以文字、符号所记录或者表达的思想内容,证明案件事实的文书,如罚款单据、财产没收单据、营业执照、商标注册证、档案、报表、图纸、会计账册、专业技术资料等。

[物证]

物证。是指用外形、特征、质量等说明案件事实的一部或者全部的物品。物证是独立于人们主观意志以外的客观事物,具有较强的客观性、特定性和不可替代性。

[视听资料]

视听资料。是指运用录音、录像等科学技术手段记录下来的有关案件事实和材料,如用录音机录制的当事人的谈话、用摄像机拍摄的当事人形象及其活动等。

[电子数据]

电子数据。是指以数字化形式存储、处理、传输的数据。

[证人证言]

证人证言。是指证人以口头或者书面方式向人民法院所作的对案件事实的陈述。

[当事人的陈述]

当事人的陈述。是指当事人就自己所经历的案件事实,向人民法院所作的叙述、承认和陈词。

[鉴定意见]

鉴定意见。是指鉴定机构或者人民法院指定具有专门知识或者技能的人,对行政案件中出现的专门性问题,通过分析、检验、鉴别等方式作出的书面意见。

[勘验笔录、现场笔录]

勘验笔录、现场笔录。勘验笔录是指人民法院对能够证明案件事实的现场或者不能、不便拿到人民法院的物证,就地进行分析、检验、勘查后作出的记录。现场笔录是指行政机关对行政违法行为当场处理而制作的文字记载材料。

▶条文参见

本法第43条;《民事诉讼法》第66条

第三十四条 被告举证责任

> 被告对作出的行政行为负有举证责任,应当提供作出该行政行为的证据和所依据的规范性文件。
>
> 被告不提供或者无正当理由逾期提供证据,视为没有相应证据。但是,被诉行政行为涉及第三人合法权益,第三人提供证据的除外。

▶理解与适用

[举证责任]

举证责任是指当事人根据法律规定对特定的事实提供相关的证据加以证明的责任,若不能提供证据,将在诉讼中承担不利的诉讼后果,甚至可能败诉。被告对作出的行政行为负有举证责任是行政诉讼举证责任分配的基本原则,也是行政诉讼区别于其他诉讼的特有原则。

[证据失权]

证据失权是指负有提交证据责任的一方诉讼当事人如果未能按照规定的时间向人民法院提交证据,则视为放弃举证权利。行政诉讼中,被告对作出的行政行为负有举证责任;如果被告不提供或者无正当理由逾期提供证据,则视为没有相应证据。

首先,被告应当主动提供证据,并且在举证期限内提供证据。举证期限是指负有举证责任的当事人,应当在法律规定的期限内向人民法院提供证明其主张的相应的证据,逾期不提供证据的,人民法院不予采纳。

其次,如果被告不提供或者无正当理由逾期提供证据,致使人民法院无法查证属实的,则被视为被诉行政行为没有相应的证据,被告将承担不利后果。

最后，还要注意被告证据失权的除外情形，即被诉行政行为涉及第三人合法权益，第三人提供证据的除外。第三人是指公民、法人或者其他组织同被诉行政行为有利害关系但没有提起诉讼，或者同案件处理结果有利害关系的诉讼参加人。

▶条文参见

本法第36条第1款、第67、70条

第三十五条 行政机关收集证据的限制

在诉讼过程中，被告及其诉讼代理人不得自行向原告、第三人和证人收集证据。

▶理解与适用

行政机关应当依法行政，以证据证明其行政行为认定的事实，以法律为依据作出行政行为，是对行政机关的基本要求。因此，行政机关应当"先取证，后裁决"，即行政机关只能以其在作出行政行为时收集的证据作为证明行政行为合法的依据。行政决定一旦送达生效，行政机关则不应再自行收集证据。因此，在诉讼程序中行政机关也不能为证明行政行为的合法性而再行收集新的证据。如果行政机关先作出行政行为，等行政行为被诉到法院后，再向原告、第三人和证人收集证据，就意味着行政机关可以"先裁决，后取证"，这就等于纵容行政机关在程序上违法，是与依法行政的原则相悖的。因此被告及其诉讼代理人在诉讼过程中，不得再自行收集证据。这样规定，可以促使行政机关依法行政，防止行政机关轻率、片面地作出行政行为，并可以更好地保护公民、法人和其他组织的合法权益。此外，行政机关在作出行政行为过程中向公民、法人和其他组织收集证据，是行政机关在行政法律关系中行使行政权的行为，是合法的。但是行政行为被诉到人民法院后，被告及原告、第三人和证人便从行政法律关系转入诉讼法律关系。在这一关系中，除人民法院准许的情况以外，被告一般不得继续行使行政权，再自行收集证据。

不得自行收集证据的主体既包括了被告，也包括了其诉讼代理人。被告的诉讼代理人是基于被告的委托，代被告进行诉讼活动的人；委托事项和权限由授权委托书决定，受委托人的权限不能大于委托人的权利，这是委托代理制度的基本原理。既然被告不得自行收集证据，作为其诉讼代理人也不得自行收集证据。

被告及其诉讼代理人不得自行收集证据的对象包括原告、第三人和证人。第三人是指公民、法人或者其他组织同被诉行政行为有利害关系但没有提起诉讼，或者同案件处理结果有利害关系的诉讼参加人。

被告违反本条规定自行收集证据的，该证据不能作为认定被诉行政行为合法的根据。被告只有在人民法院准许的特殊情况下，才可以收集证据。本法第36条第2款规定，原告或者第三人提出了其在行政处理程序中没有提出的理由或者证据的，经人民法院准许，被告可以补充证据。

第三十六条 被告延期提供证据和补充证据

> 被告在作出行政行为时已经收集了证据，但因不可抗力等正当事由不能提供的，经人民法院准许，可以延期提供。
>
> 原告或者第三人提出了其在行政处理程序中没有提出的理由或者证据的，经人民法院准许，被告可以补充证据。

▶理解与适用

[延期提供证据]

本法第67条规定，被告应当在收到起诉状副本之日起十五日内向人民法院提交作出行政行为的证据和所依据的规范性文件，并提出答辩状。被告申请延期提供证据的，应当在收到起诉状副本之日起十五日内以书面方式向人民法院提出。人民法院准许延期提供的，被告应当在正当事由消除后十五日内提供证据。逾期提供的，视为被诉行政行为没有相应的证据。

[补充证据]

被告补充证据是指被告在法定举证期限提交证据以后进一步提供证据的行为。一般不允许被告补充提供证据。但是特殊情况下，被告可以补充证据。对当事人无争议，但涉及国家利益、公共利益或者他人合法权益的事实，人民法院可以责令当事人提供或者补充有关证据。

▶条文参见

本法第35、67条；《最高人民法院关于行政诉讼证据若干问题的规定》第59条；《最高人民法院关于适用〈中华人民共和国行政诉讼法〉的解释》第34-37条

第三十七条 原告可以提供证据

原告可以提供证明行政行为违法的证据。原告提供的证据不成立的，不免除被告的举证责任。

▶理解与适用

本条规定，原告可以提供证明行政行为违法的证据。需要注意的是，这里规定的是"可以"，原告没有提供证明行政行为违法的证据的责任，原告提出相关证据完全是出于自愿，可以向人民法院提供行政行为违法的证据，也可以不提供。即使原告提供的证明被诉行政行为违法的证据不成立，也不能免除被告对被诉行政行为合法性的举证责任。被告如不提供或者无正当理由逾期提供其作出行政行为的证据的，仍将视为没有相应证据，要承担不利法律后果。

第三十八条 原告举证责任

在起诉被告不履行法定职责的案件中，原告应当提供其向被告提出申请的证据。但有下列情形之一的除外：

(一)被告应当依职权主动履行法定职责的；
(二)原告因正当理由不能提供证据的。
在行政赔偿、补偿的案件中，原告应当对行政行为造成的损害提供证据。因被告的原因导致原告无法举证的，由被告承担举证责任。

▶理解与适用

虽然被告对其作出的行政行为负有举证责任，但是原告在特定的情况下也应提供相应的证据。

1. 原告在被告不作为案件中的举证责任

在被告不作为的案件中，一般情况下原告应当提供其向被告提出申请的证据。本法第12条规定，公民、法人或者其他组织申请行政机关履行保护人身权、财产权等合法权益的法定职责，行政机关拒绝履行或者不予答复的，属于人民法院的受案范围。依申请的行政行为是指行政机关只有在行政相对人申请的条件下才能作出行政行为；没有行政相对人的申请，行政机关不能主动作出行政行为。对于依申请的行政行为，如果由行政机关对行政相对人的申请行为举证，会十分困难，尤其是在行政相对人根本没有提出申请的情况下，行政机关更是无从举证。因此，规定在此种情况下，由原告提供证据更为合理。

原告提供证据也有两种例外情况：一是被告应当依职权主动履行法定职责的。依职权的行政行为是指行政机关根据法定职权应当主动实施的行政行为。依职权的行政行为的主要特征是积极主动性，行政机关应当及时主动为之，而无须行政相对人的申请。行政机关因法定职责应当履责而没有履责的，举证责任应当由行政机关承担。二是原告因正当理由不能提供证据的。如原告因被告受理申请的登记制度不完备等正当事由不能提供相关证据并能够作出合理说明的。例如，某公民向市场监管机关申请办理个体工商户执照时，将有关材料递交给市场监管机关，该机关拒绝出具任何手续，也不说明理由。该公民没有任何证据证明其在行政程序中曾经提出申请的事实。为了保护该公民的诉讼权利，人民法院要求市场监管机关提供当天受理申请登记的登记册，而市场监管机关无法提供。人民法院因此推定该公民在行政程序中曾经提出申请的事实存在。

2. 原告在行政赔偿、补偿案件中的举证责任

（1）行政赔偿案件。行政赔偿是指行政机关违法实施行政行为，侵犯相对人合法权益造成损害时由国家承担的一种赔偿责任。行政赔偿诉讼，是人民法院根据赔偿请求人的诉讼请求，依照行政诉讼程序和国家赔偿的基本制度和原则裁判争议的活动。

原告认为行政机关行使职权的行为侵犯了其合法权益并造成了损害，应对损害事实提供相应的证据。损害事实是指实际上已经发生或者一定会发生的损害结果，如违法使用武器、警械造成公民身体伤害或者死亡。赔偿人身伤害的，原告应当提供证明伤情的医院诊断证明书、处方或者病历复印件、医疗费单据等。

（2）行政补偿案件。行政补偿是指国家行政机关及其工作人员在管理国家和社会公共事务的过程中，因合法的行政行为给公民、法人或其他组织的合法权益造成了损失，由国家依法合理予以补偿的制度。如在国有土地上房屋征收补偿决定的案件中，被征收人就基本生活、生产经营条件没有保障的事实提供证据，要求给予补偿。

（3）因被告的原因导致原告无法举证的，由被告承担举证责任。如行政机关强制拆除违法建筑物，行政相对人认为行政机关既违反法定程序没有要求限期拆除建筑物的权力，也不具有实施强制拆除的主体资格，因此提起行政赔偿诉讼。但因该建筑物已经被行政机关拆除而不复存在，行政相对人无法对行政行为造成的损害提供证据，在这种情况下，应当由行政机关提供执法时填写的强制拆除违法建筑物物品清单。

▶典型案例指引

沙明保等诉马鞍山市花山区人民政府房屋强制拆除行政赔偿案（最高人民法院指导案例91号）

案件适用要点：在房屋强制拆除引发的行政赔偿案件中，原告提供了初步证据，但因行政机关的原因导致原告无法对房屋内物品损失举证，行政机关亦因未依法进行财产登记、公证等无法对房屋内物品损失举证的，人民法院对原告未超出市场价值的符合生活常理的房屋内物品的赔偿请求，应当予以支持。

▶条文参见

本法第12条；《国家赔偿法》第15条

第三十九条 人民法院要求当事人提供或者补充证据

人民法院有权要求当事人提供或者补充证据。

▶理解与适用

本条是人民法院依职权要求提供或者补充证据的规定。在审理案件过程中，人民法院不只是被动地接收当事人提供的证据，在当事人提供的证据尚不足以证明案件真实情况时，人民法院有权要求被告和原告提供或者补充证据，以便进一步查明案情。要求当事人提供证据或者补充证据，是国家赋予人民法院的权力。

提供证据是指当事人向人民法院提供证明案件事实的根据。补充证据是指当事人向法院提供的证据不足，继而对同一事项的证据向人民法院所作的补充。补充证据可以分为两种情况：当事人申请补充证据和人民法院依职权要求补充证据。

人民法院审查被诉行政行为的合法性应当从两个方面审查，既应保护行政相对人的合法权益，又应保护国家利益、公共利益和他人的合法权益。在审判实践中，有的当事人趋利避害，仅提供对自己有利的证据；有的被告不履行法定职责而怠于举证；有的被告因为疏忽，没有保存好相关证据，而造成证据遗失。上述情形在特殊情况下可能会给国家利益、公共利益和他人的合法权益带来不利影响，人民法院为了全面了解案件的事实情况，监督行政机关依法行政，保护国家利益、公共利益和他人的合法权益，有权要求当事人提供或者补充证据。2002年《最高人民法院关于行政诉讼证据若干问题的规定》第9条第2款规定，对当事人无异议，但涉及国家利益、公共利益或者他人合法权益的事实，人民法院可以责令当事人提供或者补充证据。

▶条文参见

本法第36条；《最高人民法院关于行政诉讼证据若干问题的规定》

第四十条 人民法院调取证据

人民法院有权向有关行政机关以及其他组织、公民调取证据。但是，不得为证明行政行为的合法性调取被告作出行政行为时未收集的证据。

▶理解与适用

[法院调取证据]

调取证据是指人民法院在诉讼中按照法定程序依职权调查和提取与案件事实有关的证据的活动。人民法院调取证据按照是否须经申请，分为依职权调取证据和依申请调取证据。

依职权调取证据是指人民法院主动向有关行政机关以及其他组织、公民调取证据。司法实践中，依职权调取证据主要体现在两个方面：(1) 涉及国家利益、社会公共利益或者他人合法权益的事实认定的。(2) 涉及依职权追加当事人、中止诉讼、终结诉讼、回避等程序性事项的。

依申请调取证据是指原告或者第三人不能自行收集的，可以申请人民法院调取。

第四十一条 申请人民法院调取证据

与本案有关的下列证据，原告或者第三人不能自行收集的，可以申请人民法院调取：
（一）由国家机关保存而须由人民法院调取的证据；
（二）涉及国家秘密、商业秘密和个人隐私的证据；
（三）确因客观原因不能自行收集的其他证据。

▶理解与适用

调取证据是人民法院的职权，人民法院有权向有关行政机关以及其他组织、公民调取证据。因此，原告或者第三人不能自行收集证据的，应当向人民法院申请，由人民法院调取证据。对原告而言，申请调取的证据包括两个方面内容：一是证明行政行为违法的证据；二是在行政不作为案件、行政赔偿和补偿等特殊案件中，原告负有举证责任而应当提供的证据。

原告或者第三人申请人民法院调取的证据，应当与本案有关。此外，还应符合下列条件：

1. 由国家机关保存而须由人民法院调取的证据。这类证据主要包括档案材料等。申请调取证据应当具备两个条件：一是，证据是由国家机关保存的。二是，必须由人民法院才能调取。如有的档案材料不对外公开，公民、法人和其他组织持有身份证、介绍信等相关证件不能查阅和获取的。如果属于《政府信息公开条例》规定的，可以通过申请获得的证据的，则无须通过申请人民法院调取证据；如果依法应当可以通过向行政机关申请获得相应证据，而行政机关拒绝的，也可以申请人民法院调取证据。

2. 涉及国家秘密、商业秘密或者个人隐私的证据。国家秘密是关系国家安全和利益，依照法定程序确定，在一定时间内只限一定范围的人员知悉的事项。根据《反不正当竞争法》第10条的规定，商业秘密是指不为公众所知悉、具有商业价值并经权利人采取相应保密措施的技术信息和经营信息等商业信息。个人隐私是指公民个人生活中不愿为他人公开或知悉的秘密。隐私权是自然人享有的对其个人的、与公共利益无关的个人信息、私人活动和私有领域进行支配的一种人格权。

3. 确因客观原因不能自行收集的其他证据。这是一个比较宽泛的兜底条款，可以由相关规范性文件作出具体规定或者由人民法院裁量。但也有两个条件：一是，因客观原因。排除了主观因素，原告、第三人怠于收集证据的，不在此列。二是，应当是不能自行收集的证据。

▶条文参见

《反不正当竞争法》第10条；《政府信息公开条例》第14条、第32条；《保守国家秘密法》

第四十二条　证据保全

在证据可能灭失或者以后难以取得的情况下，诉讼参加人可以向人民法院申请保全证据，人民法院也可以主动采取保全措施。

▶理解与适用

[诉讼证据保全]

诉讼证据保全是指人民法院在受理案件后，对于可能灭失或者以后难以取得的证据，根据诉讼参加人的申请或者依职权采取的调查收集和固定保护等措施。

证据保全具有以下特征：

1. 申请保全证据应当在举证期限届满前以书面形式提出。

2. 采取证据保全措施的只能是人民法院。

3. 目的在于防止证据灭失或者以后难以取得。证据灭失是指证据不复存在，主要有两种情况：（1）证人因年迈或者疾病可能去世的，对其证言进行保全；（2）案件涉及某些鲜活或者容易变质的食品或者其他物品，对这些物证进行保全。证据以后难以取得是指，证据虽然不至于灭失，但失去时机，将会导致证据的状态发生改变或者在一段时间内无法取得。

4. 人民法院保全证据应当以裁定的方式作出。

证据保全包括依申请的证据保全和人民法院依职权的证据保全两种。依申请的证据保全，诉讼参加人可以向人民法院申请保全证据。依职权的证据保全，是指无须经诉讼参加人的申请，人民法院即可主动采取保全措施。

▶条文参见

《最高人民法院关于行政诉讼证据若干问题的规定》

第四十三条 证据适用规则

证据应当在法庭上出示，并由当事人互相质证。对涉及国家秘密、商业秘密和个人隐私的证据，不得在公开开庭时出示。

人民法院应当按照法定程序，全面、客观地审查核实证据。对未采纳的证据应当在裁判文书中说明理由。

以非法手段取得的证据，不得作为认定案件事实的根据。

▶理解与适用

[证据出示和质证]

对于当事人向法院提供的证据以及人民法院调取的证据，若要作为认定案件事实的证据，都应当在法庭上出示，经当事人相互质证，以保证证据的真实性、合法性和关联性，避免认定案件事实的证据出现偏差，真正做到以事实为依据。

质证是指在法庭审理过程中，由诉讼当事人及其代理人就法庭上所出示的证据材料采取询问、辩驳、辨认、质疑、说明等方式，就证据的可采性和证明力等问题让法官产生内心确信的诉讼活动。

[证据审查核实]

人民法院应当根据案件的具体情况，从证据是否符合法定形式，证据的取得是否符合法律、法规的要求，是否存在其他影响证据效力的违法情形等方面审查证据的合法性；从证据形成的原因，发现证据时的客观环境，证据是否为原件、原物，复制件、复制品与原件、原物是否相符，提供证据的人或者证人与当事人是否具有利害关系等方面审查证据的真实性。

[非法证据排除]

以非法手段取得的证据是指以违反法律禁止性规定或者侵犯他人合法权益的方法取得的证据，主要包括三种情形：一是严重违反法定程序收集的证据材料。二是以违反法律强制性规定的手段获取且侵害他人合法权益的证据材料。三是以利诱、欺诈、胁迫、暴力等手段获取的证据材料。

▶条文参见

《最高人民法院关于行政诉讼证据若干问题的规定》；《最高人民法院关于适用〈中华人民共和国行政诉讼法〉的解释》第43条

第六章 起诉和受理

第四十四条 行政复议与行政诉讼的关系

对属于人民法院受案范围的行政案件，公民、法人或者其他组织可以先向行政机关申请复议，对复议决定不服的，再向人民法院提起诉讼；也可以直接向人民法院提起诉讼。

法律、法规规定应当先向行政机关申请复议，对复议决定不服再向人民法院提起诉讼的，依照法律、法规的规定。

▶理解与适用

行政复议和行政诉讼对于行政相对人而言，都是一种救济机制，都可以通过撤销或者改变原行政行为等方式来维护自身合法权益。

《行政复议法》第 10 条规定，公民、法人或者其他组织对行政复议决定不服的，可以依照行政诉讼法的规定向人民法院提起行政诉讼，但是法律规定行政复议决定为最终裁决的除外。对行政复议决定不服可以提请行政诉讼，是对行政复议的重要监督和救济措施，可以提请行政诉讼是原则，例外情形只能由法律作出规定。

《行政复议法》第 23 条规定，有下列情形之一的，申请人应当先向行政复议机关申请行政复议，对行政复议决定不服的，可以再依法向人民法院提起行政诉讼：（一）对当场作出的行政处罚决定不服；（二）对行政机关作出的侵犯其已经依法取得的自然资源的所有权或者使用权的决定不服；（三）认为行政机关存在本法第十一条规定的未履行法定职责情形；（四）申请政府信息公开，行政机关不予公开；（五）法律、行政法规规定应当先向行政复议机关申请行政复议的其他情形。对前述规定的情形，行政机关在作出行政行为时应当告知公民、法人或者其他组织先向行政复议机关申请行政复议。2023 年行政复议法修订时将行政复议前置其他情形的设定权限由"法律、法规"修改为"法律、行政法规"，主要考虑行政复议前置直接涉及申请人提起诉讼的权利，宜由普遍适用于全国的法律、行政法规统一规定。关于与《行政诉讼法》相关表述的衔接问题，按照后法优于先法的法律适用规则处理。

《行政复议法》第 29 条规定，公民、法人或者其他组织申请行政复议，行政复议机关已经依法受理的，在行政复议期间不得向人民法院提起行政诉讼。公民、法人或者其他组织向人民法院提起行政诉讼，人民法院已经依法受理的，不得申请行政复议。本条规定主要是为了避免多头复议和诉讼，提高纠纷处理效率，避免造成资源浪费和处理冲突。

▶条文参见

《行政复议法》第 10、23、29 条

第四十五条　经行政复议的起诉期限

公民、法人或者其他组织不服复议决定的，可以在收到复议决定书之日起十五日内向人民法院提起诉讼。复议机关逾期不作决定的，申请人可以在复议期满之日起十五日内向人民法院提起诉讼。法律另有规定的除外。

▶理解与适用

行政复议是行政系统内部的监督机制，行政复议决定属于一种行政行为。行政复议决定书一经送达，即发生法律效力，即会对当事人的权利义务产生影响，因此，当事人不服行政复议决定的，可以提起诉讼。同时，行政复议也具有权利救济的性质，经过复议后，继续提起行政诉讼进行再救济，需要兼顾行政法律关系的稳定性。故本条将不服行政决定情况下的起诉期限与一般起诉期限进行了区分，限定为收到复议决定书之日起15日内或复议期满之日起15日内。

▶条文参见

《行政复议法》第34条

第四十六条　起诉期限

公民、法人或者其他组织直接向人民法院提起诉讼的，应当自知道或者应当知道作出行政行为之日起六个月内提出。法律另有规定的除外。

因不动产提起诉讼的案件自行政行为作出之日起超过二十年，其他案件自行政行为作出之日起超过五年提起诉讼的，人民法院不予受理。

▶理解与适用

起诉期限是当事人向法院提起诉讼，并获法院受理的期间，是起诉条件之一。起诉如无正当事由超过起诉期限，当事人则丧失诉权，法院将不再受理。确定起诉期限的目的是督促当事人及时启动权利救济程序，避免行政法律关系长期处于不确定状态。

2014年《行政诉讼法》修改将公民、法人或者其他组织直接向人民法院提起诉讼的起诉期限由原法规定的3个月调整为6个月，6个月的起算点是"自知道或者应当知道作出行政行为之日"。一般情况下，行政机关作出行政行为都有相应的文书，如处罚决定、许可证照、确权证、征收决定等，在此情况下，行政机关完成送达程序，就属于"知道"或者"应当知道"。特殊情况下，需要结合常理和相关证据作出具体认定。

相对于6个月的一般起诉期限，本条还规定了特殊起诉期限，即"法律另有规定的除外"。《专利法》第46条规定："国务院专利行政部门对宣告专利权无效的请求应当及时审查和作出决定，并通知请求人和专利权人。宣告专利权无效的决定，由国务院专利行政部门登记和公告。对国务院专利行政部门宣告专利权无效或者维持专利权的决定不服的，可以自收到通知之日起三个月内向人民法院起诉……"《土地管理法》第14条规定："土地所有权和使用权争议，由当事人协商解决；协商不成的，由人民政府处理。单位之间的争议，由县级以上人民政府处理；个人之间、个人与单位之间的争议，由乡级人民政府或者县级以上人民政府处理。当事人对有关人民政府的处理决定不服的，可以自接到处理决定通知之日起三十日内，向人民法院起诉……"《集会游行示威法》第31条规定："当事人对公安机关依照本法第二十八条第二款或者第三十条的规定给予的拘留处罚决定不服的，可以自接到处罚决定通知之日起五日内，向上一级公安机关提出申诉，上一级公安机关应当自接到申诉之日起五日内作出裁决；对上一级公安机关裁决不服的，可以自接到裁决通知之日起五日内，向人民法院提起诉讼。"

最长诉讼保护期限，是指公民、法人或其他组织不知道行政机关作出行政行为内容时的起诉期限。正常情况下，行政机关作出行政行为，应当告知相对人行政行为的内容，以期得到相对人的配合或者履行，实现行政行为的目的。但实践中也有不少案件，由于行政机关作出行政行为时没有告知相对人及利害关系人以及其他方面的原因，导致相对人及利害关系人迟迟不知道已作出行政行为。在此情况下，如果因为当事人无法"知道或者应当知道"而无法开始计算起诉期限，就会导致行政法律关系无限期地处于不稳定状态。为了解决这一问题，有必要确定一个最长保护期限，即作出的行政行为到某一时间点后，不论当事人是否知道或者应当知道，都不能再提起诉讼。本条规定，因不动产提起诉讼的案件自行政行为作出之日起超过20年，其他案件自行政行为作出之日起超过5年提起诉讼的，人民法院不予受理，就是基于此而设定的最长起诉期限。最长20年的起诉期限，参考了民法的有关规定。《民法典》第188条第2款规定，诉讼时效期间自权利人知道或者应当知道权利受到损害以及义务人之日起计算。法律另有规定的，依照其规定。但是，自权利受到损害之日起超过20年的，人民法院不予保护，有特殊情况的，人民法院可以根据权利人的申请决定延长。

▶条文参见

《专利法》第46条；《集会游行示威法》第31条；《民法典》第188条

第四十七条　行政机关不履行法定职责的起诉期限

> 公民、法人或者其他组织申请行政机关履行保护其人身权、财产权等合法权益的法定职责，行政机关在接到申请之日起两个月内不履行的，公民、法人或者其他组织可以向人民法院提起诉讼。法律、法规对行政机关履行职责的期限另有规定的，从其规定。
>
> 公民、法人或者其他组织在紧急情况下请求行政机关履行保护其人身权、财产权等合法权益的法定职责，行政机关不履行的，提起诉讼不受前款规定期限的限制。

▶理解与适用

根据《最高人民法院关于公安机关不履行、拖延履行法定职责如何承担行政赔偿责任问题的答复》（2013年9月22日〔2011〕行他字第24号）的规定，公安机关不履行或者拖延履行保护公民、法人或者其他组织人身权、财产权法定职责，致使公民、法人或者其他组织人身、财产遭受损失的，应当承担相应的行政赔偿责任。公民、法人或者其他组织人身、财产损失系第三人行为造成的，应当由第三人承担民事侵权赔偿责任；第三人民事赔偿不足、无力承担赔偿责任或者下落不明的，应当根据公安机关不履行、拖延履行法定职责行为在损害发生过程和结果中所起的作用等因素，判决其承担相应的行政赔偿责任。公安机关承担相应的赔偿责任后，可以向实施侵权行为的第三人追偿。

［不履行法定职责］

不履行法定职责，是指负有法定职责的行政机关，在行政相对人提出申请后，拒绝履行、拖延履行或者不完全履行，从而使得相对人权益得不到保护的违法状态。构成不履行法定职责案件，一般需要符合以下三个条件：一是，行政机关负有法定职责。二是，行政相对人提出申请。三是，行政主体有履行能力而未履行。有履行能力指的是行政主体于行政相对人提出申请时，能够作出相应行政行为，而不具备不可抗力以及事实履行不能的情况。

▶条文参见

《最高人民法院关于适用〈中华人民共和国行政诉讼法〉的解释》第66条

第四十八条　起诉期限的扣除和延长

公民、法人或者其他组织因不可抗力或者其他不属于其自身的原因耽误起诉期限的，被耽误的时间不计算在起诉期限内。

> 公民、法人或者其他组织因前款规定以外的其他特殊情况耽误起诉期限的,在障碍消除后十日内,可以申请延长期限,是否准许由人民法院决定。

▶理解与适用

［起诉期限扣除］

本条第1款规定,公民、法人或者其他组织因不可抗力或者其他不属于其自身的原因耽误起诉期限的,被耽误的时间不计算在起诉期限内。其中,不可抗力,是指相对人不能预见、不能避免、无力克服的事由,如地震、洪灾以及台风、冰冻等气象灾害。最高人民法院曾明确,公民、法人或者其他组织因低温雨雪冰冻灾害耽误法定起诉期限,应当认定属于不可抗力,低温雨雪冰冻灾害的起止时间,原则上应当以当地气象部门的认定为准。其他不属于其自身的原因主要是不可抗力之外的其他客观原因,如病重而在一定时间内无法正确表达意志等。

［期限延长］

本条第2款规定,公民、法人或者其他组织因其他特殊情况耽误起诉期限的,在障碍消除后的10日内,可以申请延长期限,是否准许由人民法院决定。这一规定,是在扣除期限基础上,对当事人诉权的进一步保护。由于实践情况千变万化,是否属于"其他特殊情况"最终交由法院在个案中加以认定。为方便法院认定,原告在提出申请时应当提供相应证据。

第四十九条 起诉条件

> 提起诉讼应当符合下列条件:
> (一)原告是符合本法第二十五条规定的公民、法人或者其他组织;
> (二)有明确的被告;

（三）有具体的诉讼请求和事实根据；
（四）属于人民法院受案范围和受诉人民法院管辖。

▶理解与适用

　　起诉权是法律赋予公民、法人或者其他组织的一项重要诉讼权利。对于起诉权，包括法院在内的任何国家机关都应予尊重和保障。同时，起诉权的行使也要符合一定的条件，以便将那些不必通过诉讼或者通过诉讼无法解决的行政争议过滤掉。本条列举了提起诉讼需要符合的四项条件，但这并不是提起诉讼的全部条件。提起诉讼，除了满足本条的有关规定外，还要符合起诉期限等其他条件。

　　1. 原告适格

　　本条第1项规定的条件主要是指起诉人应当具有起诉资格。根据本法第25条规定，起诉人应当是行政行为的相对人以及其他与行政行为有利害关系的公民、法人或者其他组织；有权提起诉讼的公民死亡，起诉人可以是其近亲属；有权提起诉讼的法人或者其他组织终止，起诉人可以是承受其权利的法人或者其他组织。当然，实践中原告资格的判断和认定比较复杂，有些案件在立案阶段很难把相关问题都弄清楚，需要在审理过程中进一步研究和判断。从保障当事人诉权的角度出发，在此情况下不宜以起诉人不具有原告资格为由不予受理，比较稳妥的做法是先将案件受理，待进入案件审理阶段后进一步研究和判断。

　　2. 有明确的被告

　　本条第2项所列的起诉条件是"有明确的被告"。所谓明确，就是指原告所诉被告清楚、具体、可以指认。由此可以看出，在立案审查时对所列被告要求并不高，只要原告起诉时，所诉被告具体、明确，同时符合其他起诉条件就应当立案受理。

　　当事人不服经上级行政机关批准的行政行为，向人民法院提起诉讼的，应当以在对外发生法律效力的文书上署名的机关为被告。行政机关组建并赋予行政管理职能但不具有独立承担法律责任能力的机构，以自己的名义作出行政行为，当事人不服提起诉讼的，应当以组建该机构的行政机关为被告。行政机关的内设机构或者派出机构在没有法律、法规或者规章授权的情况下，以自己的名义作出行政行为，当事人不服提起诉讼的，应当以该行政机关为被告。法律、法规或者规章授权行使行政职权的行政机关内设机构、派出机构或者其他组织，超出法定授权范围实施行政行为，当事人不服提起诉讼的，应当以实施该行为的机构或者组织为被告。行政机关在没有法律、法规或者规章规定的情况下，授权其内设机构、派出机构或者其他组织行使行政职权的，应当视为委托。当事人不服提起诉讼的，应当以该行政机关为被告。复议机关在法定期间内不作复议决定，当事人对原行政行为不服提起诉讼的，应当以作出原行政行为的行政机关为被告；当事人对复议机关不作为不服提起诉讼的，应当以复议机关为被告。

3. 有具体的诉讼请求和事实根据

由于行政诉讼是当事人对行政行为不服提起的诉讼，因此，具体的诉讼请求应当指向有关行政行为。同时，如果当事人还有附带赔偿诉讼或者附带民事诉讼的，还应当要求当事人提出具体赔偿数额等请求。审查过程中，如果当事人确系法律知识欠缺，法官可以给当事人必要的指导、释明。

关于起诉条件中的事实根据问题，按照有关司法解释的规定，当事人一般能够证明行政行为存在即可。这里主要是证明行政行为存在的事实根据，一般不包括其他诉讼请求的事实根据。证明行政行为存在的事实根据可以是行政决定书等直接证据，也可以是能够证明存在被诉行政行为的间接证据，法院不能简单以没有行政行为的书面法律文件为由拒绝受理案件。

4. 属于法院受案范围和受诉法院管辖

属于法院受案范围和受诉法院管辖，就是要求起诉人"确定好对的事""找到对的门"。本法第12条第1款列举规定了12项可以提起行政诉讼的事项,第2款对可诉范围作了衔接性规定,即其他法律、法规规定可以提起诉讼的行政案件。"属于人民法院受案范围",即应当符合本法第12条的规定。本法第三章规定了管辖制度,包括级别管辖、地域管辖、指定管辖等,"属于受诉人民法院管辖"即应当符合本法第三章的规定。

除此之外,本法的其他一些规定也是起诉条件。如本法第44条规定,法律、法规规定应当先向行政机关申请复议,对复议决定不服再向人民法院提起诉讼的,依照法律、法规的规定。第46条规定,公民、法人或者其他组织直接向人民法院提起诉讼的,应当自知道或者应当知道作出行政行为之日起6个月内提出。法律另有规定的除外。这些虽然没有在本条列明,但当事人在起诉时也应当符合这些条件。

▶条文参见

《最高人民法院关于适用〈中华人民共和国行政诉讼法〉的解释》第67、68、69条

第五十条 起诉方式

起诉应当向人民法院递交起诉状,并按照被告人数提出副本。

书写起诉状确有困难的,可以口头起诉,由人民法院记入笔录,出具注明日期的书面凭证,并告知对方当事人。

▶理解与适用

[起诉状的内容]

《行政诉讼法》没有对起诉状的内容作出规定,实践中可参照《民事诉讼法》的有关规定。《民事诉讼法》第124条规定,起诉状应当记明下列事项:(1)原告的姓名、性别、年龄、民族、职业、工作单位、住所、联系方式,法人或者其他组织的名称、住所和法定代表人或者主要负责人的姓名、职务、

联系方式；（2）被告的姓名、性别、工作单位、住所等信息，法人或者其他组织的名称、住所等信息；（3）诉讼请求和所根据的事实与理由；（4）证据和证据来源，证人姓名和住所。

[书写起诉状确有困难的情形]

"书写起诉状确有困难"，主要是指原告因文化水平或者法律知识十分欠缺所造成的自行书写起诉状确有困难的情形，同时也包括在原告无诉讼行为能力时，其法定代理人因类似原因而造成的书写起诉状确有困难的情形。

▶条文参见

《民事诉讼法》第124条

第五十一条 登记立案

> 人民法院在接到起诉状时对符合本法规定的起诉条件的，应当登记立案。
>
> 对当场不能判定是否符合本法规定的起诉条件的，应当接收起诉状，出具注明收到日期的书面凭证，并在七日内决定是否立案。不符合起诉条件的，作出不予立案的裁定。裁定书应当载明不予立案的理由。原告对裁定不服的，可以提起上诉。
>
> 起诉状内容欠缺或者有其他错误的，应当给予指导和释明，并一次性告知当事人需要补正的内容。不得未经指导和释明即以起诉不符合条件为由不接收起诉状。
>
> 对于不接收起诉状、接收起诉状后不出具书面凭证，以及不一次性告知当事人需要补正的起诉状内容的，当事人可以向上级人民法院投诉，上级人民法院应当责令改正，并对直接负责的主管人员和其他直接责任人员依法给予处分。

▶条文参见

《最高人民法院关于适用〈中华人民共和国行政诉讼法〉的解释》第57-63条

第五十二条 人民法院不立案的救济

人民法院既不立案，又不作出不予立案裁定的，当事人可以向上一级人民法院起诉。上一级人民法院认为符合起诉条件的，应当立案、审理，也可以指定其他下级人民法院立案、审理。

▶理解与适用

一是，本条规定，上一级人民法院认为符合起诉条件的，应当立案、审理，也可以指定其他下级人民法院立案、审理。这改变了先由上一级人民法院受理，然后可以移交或者指定下级法院审理的做法。这样，上一级法院认为符合起诉条件的，可以让下级法院立案。

二是，既不立案又不作出不予立案裁定的法院，不能再被上一级法院指定审理该案件。下级法院既不立案又不作出不予立案裁定，明显违反行政诉讼法的规定，对当事人而言，便难以相信其还能持公正立场审理该案，难以期望其能够作出公正的判决。因此，本条规定"可以指定其他下级人民法院立案、审理"。

第五十三条 规范性文件的附带审查

公民、法人或者其他组织认为行政行为所依据的国务院部门和地方人民政府及其部门制定的规范性文件不合法，在对行政行为提起诉讼时，可以一并请求对该规范性文件进行审查。

前款规定的规范性文件不含规章。

▶理解与适用

[对哪些规定可以提出审查请求]

行政机关制定的具有普遍约束力的规定的范围很广，包括国务院制定的行政法规、规章以及规章以下的规范性文件。但是，纳入复议审查的只是规章以下的规范性文件，排除了对行政法规和规章的复议审查。这是考虑到行政法规是由国务院制定的，层次较高，根据有关法律的规定，对国务院制定的行政法规、决定和命令，只能由全国人大常委会行使撤销权。规章是由国务院部门、省级人民政府和省会所在地的市人民政府以及国务院批准的较大市的人民政府制定的，《法规规章备案审查条例》有一套比较严格的备案审查制度，通过备案审查也能解决问题。现在出现问题多的是规章以下规范性文件。因此，本条规定公民、法人或者其他组织认为规章以下的规范性文件不合法的，才可以提出审查请求，没有规定可以对行政法规和规章根据申请复议审查。规章以下的规定性文件指本条所列举的国务院部门的规范性文件、地方各级人民政府及其工作部门的规范性文件以及乡、镇人民政府的规定。公民、法人或者其他组织还不能单独就规范性文件提出审查请求，必须是在对行政行为提起诉讼时一并提出。

▶条文参见

《最高人民法院关于适用〈中华人民共和国行政诉讼法〉的解释》第145-147条

第七章 审理和判决

第一节 一般规定

第五十四条 公开审理原则

人民法院公开审理行政案件，但涉及国家秘密、个人隐私和法律另有规定的除外。

涉及商业秘密的案件，当事人申请不公开审理的，可以不公开审理。

▶理解与适用

[法定不公开审理的例外情形]

在特殊情形下,公开审理可能会对当事人造成消极影响,不利于保护当事人的合法权益,甚至可能对国家利益、社会公共利益造成难以弥补的损失。因此,本法规定的公开审理原则也存在以下几种法定例外情形:

一是涉及国家秘密的行政案件。国家秘密是指关系国家安全和利益,依照法定程序确定,在一定时间内只限一定范围的人员知悉的事项。凡是涉及国家秘密的行政案件一律不公开审理,以免国家秘密泄露,给国家安全和利益造成损害。

二是涉及个人隐私的行政案件。所谓个人隐私,是指公民个人生活中不愿意为别人知晓和干预的秘密,主要包括私人生活安宁不受他人非法干扰,私人信息保密不受他人非法搜集、刺探和公开等。

三是法律另有规定的其他行政案件。如果是属于法律规定的不公开审理的其他行政案件,也可以依法不公开审理。

[依申请不公开审理的例外情形]

涉及商业秘密的案件,可以公开审理,当事人申请不公开审理的也可以不公开审理。商业秘密是指不为公众所知悉、能为权利人带来经济利益、具有实用性并经权利人采取保密措施的技术信息和经营信息。公开审理可能会泄露这些信息,给当事人造成难以挽回的经济利益损失。在审理行政案件过程中,应当允许当事人以案件涉及商业秘密为由申请不公开审理。但案件是否涉及商业秘密,应当由人民法院结合相关法律法规、司法解释和案件实际情况予以确定。

▶条文参见

本法第7、86条;《民事诉讼法》第137条

第五十五条　回避

当事人认为审判人员与本案有利害关系或者有其他关系可能影响公正审判，有权申请审判人员回避。

审判人员认为自己与本案有利害关系或者有其他关系，应当申请回避。

前两款规定，适用于书记员、翻译人员、鉴定人、勘验人。

院长担任审判长时的回避，由审判委员会决定；审判人员的回避，由院长决定；其他人员的回避，由审判长决定。当事人对决定不服的，可以申请复议一次。

▶理解与适用

[回避]

回避，是指承办案件的审判人员和其他人员与本案有利害关系或者其他关系，可能影响对案件公正审理的，应经一定程序退出对本案审理的制度。既包括当事人申请回避，也包括审判人员和其他人员的自行回避。

[审判人员与本案有利害关系或者有其他关系]

"审判人员与本案有利害关系或者有其他关系"，根据《民事诉讼法》第47条的规定，至少可以认为包括以下两种情形：(1) 审判人员是本案当事人或者当事人、诉讼代理人近亲属的；(2) 审判人员接受当事人、诉讼代理人请客送礼，或者违反规定会见当事人、诉讼代理人的情形。其他类似情形，如审判人员与本案当事人或其诉讼代理人是有密切关系的同学、同事、朋友等，或者曾经与当事人有过恩怨，都有可能会影响到对案件的公正审理，审判人员也应回避。

▶条文参见

《民事诉讼法》第4章

第五十六条 诉讼不停止执行

诉讼期间,不停止行政行为的执行。但有下列情形之一的,裁定停止执行:

(一)被告认为需要停止执行的;

(二)原告或者利害关系人申请停止执行,人民法院认为该行政行为的执行会造成难以弥补的损失,并且停止执行不损害国家利益、社会公共利益的;

(三)人民法院认为该行政行为的执行会给国家利益、社会公共利益造成重大损害的;

(四)法律、法规规定停止执行的。

当事人对停止执行或者不停止执行的裁定不服的,可以申请复议一次。

▶理解与适用

1. 被告认为需要停止执行的

行政行为是行政机关依职权作出的,在某些情况下,例如,发现行政行为自身错误或者情势变更不适宜执行的,可以由作出行政行为的行政机关依职权决定停止行政行为的执行。

2. 原告或者利害关系人申请停止执行,人民法院认为该行政行为的执行会造成难以弥补的损失,并且停止执行不损害国家利益、社会公共利益的

为了贯彻行政诉讼保护公民、法人和其他组织的合法权益的宗旨,立法应当赋予原告或者利害关系人申请停止执行的权利。同时,为了平衡原告利益与国家利益、社会公共利益,立法赋予人民法院对原告或者利害关系人申请停止执行进行审查的权力。一是审查被诉行政行为的执行是否会造成难以弥补的损失。例如,建筑物和其他设施一旦被拆除,当事人即使提起行政诉讼并胜诉,客观上也不能恢复原状,也难以用赔偿来弥补损失。二是审查停止执行是否损害国家利益、社会公共利益。关于判断是否

对国家利益、社会公共利益有损害，人民法院在进行审查时需与申请人的个人利益共同考虑，存疑的情况下应从立法的基本原则和态度出发进行推定。我国偏重国家利益、社会公共利益的保护，采取诉讼不停止执行原则，因此在对是否有损国家利益、社会公共利益产生怀疑时，应推定对国家利益、社会公共利益造成损害。

3. 人民法院认为该行政行为的执行会给国家利益、社会公共利益造成重大损害的

在某些特殊情况下，原告没有申请或者无法申请，为了保障诉讼的顺利进行，维护国家利益、社会公共利益不遭受重大损害，应当允许法院在必要时依职权裁定停止执行。

4. 法律、法规规定停止执行的

其他法律、法规，也有一些诉讼期间停止执行方面的规定。例如，《治安管理处罚法》第126条规定："被处罚人不服行政拘留处罚决定，申请行政复议、提起行政诉讼的，遇有参加升学考试、子女出生或者近亲属病危、死亡等情形的，可以向公安机关提出暂缓执行行政拘留的申请。公安机关认为暂缓执行行政拘留不致发生社会危险的，由被处罚人或者其近亲属提出符合本法第一百二十七条规定条件的担保人，或者按每日行政拘留二百元的标准交纳保证金，行政拘留的处罚决定暂缓执行。正在被执行行政拘留处罚的人遇有参加升学考试、子女出生或者近亲属病危、死亡等情形，被拘留人或者其近亲属申请出所的，由公安机关依照前款规定执行。被拘留人出所的时间不计入拘留期限。"

申请停止执行是当事人在行政诉讼中的一项重要的程序权利，能够通过临时性救济避免造成不可弥补的损失，往往关系到胜诉以后能否顺利实现其实体权利。为了保障当事人申请停止执行的权利，新法规定当事人对停止执行或者不停止执行的裁定不服的，可以申请复议一次。

▶条文参见

《治安管理处罚法》第126条

第五十七条 先予执行

> 人民法院对起诉行政机关没有依法支付抚恤金、最低生活保障金和工伤、医疗社会保险金的案件，权利义务关系明确、不先予执行将严重影响原告生活的，可以根据原告的申请，裁定先予执行。
>
> 当事人对先予执行裁定不服的，可以申请复议一次。复议期间不停止裁定的执行。

▶理解与适用

[先予执行]

先予执行，又称为先行给付，是指人民法院在生效裁判确定之前裁定有给付义务的人，预先给付对方部分财物或者为一定行为的法律制度。行政诉讼中的先予执行，是指人民法院在审理行政案件过程中，因为原告一方生活急需，在作出判决前，根据原告的申请，裁定被告行政机关给付原告一定数额的款项或者特定物，并立即执行的法律制度。当事人对先予执行裁定不服的，可以申请复议一次。复议期间不停止裁定的执行。"申请复议一次"，是指向作出先予执行裁定的人民法院申请复议，不是向上一级人民法院申请。先予执行以当事人的申请为前提。一般情况下，申请人无须就其申请提供担保，这是行政诉讼先予执行程序不同于民事诉讼的特点。

[抚恤金]

抚恤金，是指军人、国家机关工作人员以及其他因公牺牲或伤残人员，由民政部门依法对死者的家属或者伤残者本人发给的费用，是国家对上述因公死亡者的家属或者伤残者本人给予的必要的经济帮助。

[最低生活保障金]

最低生活保障金，是指家庭人均收入低于当地政府公告的最低生活保障标准的人口请求行政机关给予一定款物帮助的一种社会救助形式。

[工伤社会保险金]

工伤社会保险金，是指因工作遭受事故伤害或者患职业病的职工请求依法获得医疗救治和经济补偿的社会保险待遇。《社会保险法》规定，因工伤发生的医疗费用和康复费用、住院伙食补助费等多种费用，按照国家规定从工伤保险基金中支付。

[医疗社会保险金]

医疗社会保险金，是指参保人员依法请求行政机关支付的医疗救治方面的社会保险待遇。《社会保险法》规定，符合基本医疗保险药品目录、诊疗项目、医疗服务设施标准以及急诊、抢救的医疗费用，按照国家规定从基本医疗保险基金中支付。

▶条文参见

《民事诉讼法》第109-111条；《社会保险法》；《工伤保险条例》

第五十八条　拒不到庭或中途退庭的法律后果

> 经人民法院传票传唤，原告无正当理由拒不到庭，或者未经法庭许可中途退庭的，可以按照撤诉处理；被告无正当理由拒不到庭，或者未经法庭许可中途退庭的，可以缺席判决。

▶理解与适用

[传票传唤]

传票传唤是对于人民法院依照法定程序和方式对当事人作出的一种正式传唤。实践中，往往无法采取电话等方式通知当事人，对于当事人不按要求出庭的，才采用传票传唤。传票传唤的主要要求是：(1) 要有传票，而不能是口头、电话等间接传达方式；(2) 传票要依法送达；(3) 要有送达回证。送达回证要有当事人的签名盖章，以证明其在法定期限内收到传唤。

[无正当理由拒不到庭]

原告或者被告是否属于"无正当理由拒不到庭",应当由人民法院依法认定。原告或者被告如果确实有不能到庭的理由,在接到人民法院的传票后,应当及早向人民法院提出。人民法院经过审查,认为原告或者被告提出的不能到庭的理由正当,确实不能到庭的,可以决定延期审理,并及时将延期审理的情况通知对方当事人。人民法院经过审查,认为原告或者被告提出的不能到庭的理由不正当,可以决定不延期审理,并通知提出申请的原告或者被告。原告或者被告应当按照人民法院确定的日期按时到庭。原告无正当理由拒不到庭的,可以视为放弃自身的诉讼请求,是一种对自己诉讼权利的消极处分,可以按照撤诉处理。被告无正当理由拒不到庭的,也是一种对自己诉讼权利的消极处分,但不能逃避自己应承担的法律责任,人民法院可以缺席判决。

[未经法庭许可中途退庭]

当事人参加诉讼,应当遵守法庭纪律、维护法庭尊严,不能未经法庭许可中途退庭。原告未经法庭许可中途退庭的,可以视为放弃自身的诉讼请求,是一种对自己诉讼权利的消极处分,可以按照撤诉处理。被告未经法庭许可中途退庭的,也是一种对自己诉讼权利的消极处分,但不能逃避自己应承担的法律责任,人民法院可以缺席判决。

[按照撤诉处理]

所谓"按照撤诉处理",是指人民法院裁定准予原告撤诉后,人民法院不再对被诉行政行为进行审查,行政诉讼的一审或二审程序也就因此而宣告结束;并且原告不得以同一事实和理由重新起诉。

[缺席判决]

缺席判决是指法院开庭审理时,在当事人缺席的情况下,也可以经过审理作出判决。缺席判决意味着当事人缺席不影响法院继续审理。

▶条文参见

本法第66条;《民事诉讼法》第146-147条

第五十九条 妨害行政诉讼强制措施

诉讼参与人或者其他人有下列行为之一的,人民法院可以根据情节轻重,予以训诫、责令具结悔过或者处一万元以下的罚款、十五日以下的拘留;构成犯罪的,依法追究刑事责任:

(一)有义务协助调查、执行的人,对人民法院的协助调查决定、协助执行通知书,无故推拖、拒绝或者妨碍调查、执行的;

(二)伪造、隐藏、毁灭证据或者提供虚假证明材料,妨碍人民法院审理案件的;

(三)指使、贿买、胁迫他人作伪证或者威胁、阻止证人作证的;

(四)隐藏、转移、变卖、毁损已被查封、扣押、冻结的财产的;

(五)以欺骗、胁迫等非法手段使原告撤诉的;

(六)以暴力、威胁或者其他方法阻碍人民法院工作人员执行职务,或者以哄闹、冲击法庭等方法扰乱人民法院工作秩序的;

(七)对人民法院审判人员或者其他工作人员、诉讼参与人、协助调查和执行的人员恐吓、侮辱、诽谤、诬陷、殴打、围攻或者打击报复的。

人民法院对有前款规定的行为之一的单位,可以对其主要负责人或者直接责任人员依照前款规定予以罚款、拘留;构成犯罪的,依法追究刑事责任。

罚款、拘留须经人民法院院长批准。当事人不服的,可以向上一级人民法院申请复议一次。复议期间不停止执行。

▶理解与适用

［妨害行政诉讼的行为］

妨害行政诉讼的行为，是指诉讼参与人或者其他人在行政诉讼过程中，故意实施的扰乱行政诉讼秩序、妨害行政诉讼正常进行的各类违法行为。"诉讼参与人"则是指在行政诉讼过程中，所有参与诉讼活动的人，除了诉讼参加人，还包括证人、鉴定人、勘验人和翻译人员等。"其他人"，是指并未参与诉讼活动，但关心诉讼活动进行的人，例如在法庭旁听的普通公民、记者等。

［构成妨害行政诉讼的行为应具备的条件］

构成妨害行政诉讼的行为，应当同时具备以下三个要件：

一是在行政诉讼过程中实施。行政诉讼过程，包括一审程序、二审程序和执行程序。在行政诉讼开始前或者结束后实施的违法行为，不属于妨害行政诉讼的行为，应当由公安机关依照《治安管理处罚法》的规定予以行政处罚；构成犯罪的，可以由检察机关提起公诉，依法追究刑事责任。

二是有主观上的故意。过失行为不构成妨害行政诉讼的行为。

三是客观上妨害了行政诉讼的正常进行。只有妨害诉讼的意图而未实施的，不构成妨害诉讼的行为。

▶条文参见

本法第41条；《刑法》第307、308、309、314条；《最高人民法院关于适用〈中华人民共和国行政诉讼法〉的解释》第83条

第六十条　调解

人民法院审理行政案件，不适用调解。但是，行政赔偿、补偿以及行政机关行使法律、法规规定的自由裁量权的案件可以调解。

> 调解应当遵循自愿、合法原则，不得损害国家利益、社会公共利益和他人合法权益。

▶ **理解与适用**

［适用调解的行政案件类型］

行政诉讼调解是指当事人在人民法院的主持下，自愿达成协议，解决纠纷的行为。根据本条规定，可以适用调解的行政案件有三类：行政赔偿案件、行政补偿案件、行政机关行使法律法规规定的自由裁量权的案件。这三类案件的共同点是行政机关都有一定的裁量权。

行政赔偿是指行政机关违法行使职权，侵犯相对人合法权益造成损害时，由国家承担的一种赔偿责任。行政赔偿作为国家赔偿的种类之一，虽然有法定的计算标准，但并不妨碍赔偿义务机关与赔偿请求人之间就赔偿方式等进行协商、调解。行政补偿是指行政机关在管理公共事务过程中，因合法的行政行为给公民、法人或其他组织的合法权益造成损失时，依法由国家给予的补偿。

［适用调解的原则］

调解应当遵循自愿、合法原则，不得损害国家利益、社会公共利益和他人合法权益。

自愿原则包括程序和实体两个方面。在程序方面，当事人有权决定是否调解、有权选择调解开始时间、有权选择调解方式。在实体方面，调解达成的协议内容必须反映双方当事人的真实意思；对有关实体权利进行处分，必须双方自愿，不能强迫。

合法原则是指人民法院和双方当事人的调解活动及其协议内容，必须符合法律规定。一是人民法院主持双方当事人进行调解活动，必须按照法律法规规定的程序进行。二是当事人双方达成的协议内容，不得违反法律法规的规定，不得损害国家利益、社会公共利益和他人合法权益。

[适用调解的程序]

调解的程序，本条未作规定，根据本法第101条的规定，应当适用《民事诉讼法》的规定。具体包括：人民法院应当在事实清楚的基础上，分清是非，进行调解。人民法院进行调解，可以由审判员一人主持，也可以由合议庭主持，并尽可能就地进行。人民法院进行调解，可以用简便方式通知当事人、证人到庭。人民法院进行调解，可以邀请有关单位和个人协助。被邀请的单位和个人，应当协助人民法院进行调解。调解达成协议，必须双方自愿，不得强迫。调解协议的内容不得违反法律规定。调解达成协议，人民法院应当制作调解书。调解书应当写明诉讼请求、案件的事实和调解结果。调解书由审判人员、书记员署名，加盖人民法院印章，送达双方当事人。调解书经双方当事人签收后，即具有法律效力。能够即时履行的案件等可以不制作调解书，但应当记入笔录，由双方当事人、审判人员、书记员签名或者盖章后，即具有法律效力。调解未达成协议或者调解书送达前一方反悔的，人民法院应当及时判决。

▶条文参见

本法第101条；《民事诉讼法》第96-102条；《最高人民法院关于适用〈中华人民共和国行政诉讼法〉的解释》第84-86条

第六十一条　民事争议和行政争议交叉

在涉及行政许可、登记、征收、征用和行政机关对民事争议所作的裁决的行政诉讼中，当事人申请一并解决相关民事争议的，人民法院可以一并审理。

在行政诉讼中，人民法院认为行政案件的审理需以民事诉讼的裁判为依据的，可以裁定中止行政诉讼。

▶理解与适用

[在行政诉讼中一并审理民事争议,应当具备的条件]

在行政诉讼中一并审理民事争议,应当具备一定的条件。首先,行政诉讼成立,符合起诉条件、起诉期限等规定。其次,该行政诉讼是涉及行政许可、登记、征收、征用和行政机关对民事争议所作的裁决的行政诉讼。再次,当事人在行政诉讼过程中申请一并解决民事争议。最后,行政诉讼与民事诉讼之间具有相关性。而行政诉讼与附带的民事诉讼的相关性主要体现在两个诉讼都涉及某一行政行为的合法性问题。

▶条文参见

《最高人民法院关于适用〈中华人民共和国行政诉讼法〉的解释》第 137-144 条

第六十二条 撤诉

人民法院对行政案件宣告判决或者裁定前,原告申请撤诉的,或者被告改变其所作的行政行为,原告同意并申请撤诉的,是否准许,由人民法院裁定。

▶理解与适用

根据《最高人民法院关于行政诉讼撤诉若干问题的规定》①(2008 年 1 月 14 日 法释〔2008〕2 号)的规定,人民法院经审查认为被诉行政行为违法或者不当,可以在宣告判决或者裁定前,建议被告改变其所作的行政行为。被告改变被诉行政行为,原告申请撤诉,符合下列条件的,人民法院应当裁定准许:(1)申请撤诉是当事人真实意思表示;(2)被告改变被诉行政行为,不违反法律、法规的禁止性规定,不超越或者放弃职权,不损害公共利益和他人合法权益;(3)被告已经改变或者决定

---

① 根据 2014 年 11 月 1 日《全国人民代表大会常务委员会关于修改〈中华人民共和国行政诉讼法〉的决定》的规定,"具体行政行为"改为"行政行为"。

改变被诉行政行为,并书面告知人民法院;(4) 第三人无异议。

有下列情形之一的,属于"被告改变其所作的行政行为":(1) 改变被诉行政行为所认定的主要事实和证据;(2) 改变被诉行政行为所适用的规范依据且对定性产生影响;(3) 撤销、部分撤销或者变更被诉行政行为处理结果。

有下列情形之一的,可以视为"被告改变其所作的行政行为":(1) 根据原告的请求依法履行法定职责;(2) 采取相应的补救、补偿等措施;(3) 在行政裁决案件中,书面认可原告与第三人达成的和解。被告改变被诉行政行为,原告申请撤诉,有履行内容且履行完毕的,人民法院可以裁定准许撤诉;不能即时或者一次性履行的,人民法院可以裁定准许撤诉,也可以裁定中止审理。准许撤诉裁定可以载明被告改变被诉行政行为的主要内容及履行情况,并可以根据案件具体情况,在裁定理由中明确被诉行政行为全部或者部分不再执行。

第六十三条 审理依据

> 人民法院审理行政案件,以法律和行政法规、地方性法规为依据。地方性法规适用于本行政区域内发生的行政案件。
>
> 人民法院审理民族自治地方的行政案件,并以该民族自治地方的自治条例和单行条例为依据。
>
> 人民法院审理行政案件,参照规章。

▶理解与适用

根据本条规定,人民法院审理行政案件,以法律、行政法规、地方性法规、自治条例和单行条例为依据;同时,参照规章。

1. 法律。法律不仅包括全国人大及其常委会通过的以国家主席令形式公布的规范性文件,如《行政许可法》《行政处罚法》《全国人民代表大会常务委员会关于修改〈中华人民共和国行政诉讼法〉的决定》等;同时也包括不以国家主席令形式公布的有关法律问题的决定,如《全国人民代表大会常务委员会关于司法鉴定管理问题的决定》《全国人民代表大会常务委员会关于授权国务院在广东省暂时调整部分法律规定的行政审批的决定》等。

2. 行政法规。根据《立法法》,行政法规是指国务院根据宪法和法律,就执行法律的规定需要制定行政法规的事项和《宪法》第89条规定的国务院行政管理职权的事项制定并由总理签署国务院令公布的规范性文件。考虑到立法法施行后我国行政法规的制定程序发生了很大变化,现行有效的行政法规有以下三种类型:一是国务院制定并公布的行政法规。二是立法法施行以前,按照当时有效的行政法规制定程序,经国务院批准、由国务院部门公布的行政法规。但在立法法施行以后,经国务院批准、由国务院部门公布的规范性文件,不再属于行政法规。三是在清理行政法规时由国务院确认的其他行政法规。

3. 地方性法规。2023年立法法修改后,地方性法规包括下列情形:一是省、自治区、直辖市的人民代表大会及其常务委员会根据本行政区域的具体情况和实际需要,在不同宪法、法律、行政法规相抵触的前提下,可以制定地方性法规。二是设区的市的人民代表大会及其常务委员会根据本市的具体情况和实际需要,在不同宪法、法律、行政法规和本省、自治区的地方性法规相抵触的前提下,可以对城乡建设与管理、生态文明建设、历史文化保护、基层治理等方面的事项制定地方性法规,法律对设区的市制定地方性法规的事项另有规定的,从其规定。三是自治州的人民代表大会及其常务委员会可以依照前述设区的市的规定制定地方性法规的职权。四是经济特区所在地的省、市的人民代表大会及其常务委员会根据全国人民代表大会的授权决定,制定法规,在经济特区范围内实施。上海市人民代表大会及其常务委员会根据全国人民代表大会常务委员会的授权决定,制定浦东新区法规,在浦东新区实施。海南省人民代表大会及其常务委员会根据法律规定,制定海南自由贸易港法规,在海南自由贸易港范围内实施。

4. 自治条例和单行条例。自治条例和单行条例是指自治区、自治州、自治县的人民代表大会依照当地民族的政治、经济和文化的特点制定的规范性文件。自治区的自治条例和单行条例，报全国人民代表大会常务委员会批准后生效。自治州、自治县的自治条例和单行条例，报省、自治区、直辖市的人民代表大会常务委员会批准后生效。自治条例和单行条例可以依照当地民族的特点，对法律和行政法规的规定作出变通规定，但不得违背法律或者行政法规的基本原则，不得对宪法和民族区域自治法的规定以及其他有关法律、行政法规专门就民族自治地方所作的规定作出变通规定。

5. 规章。规章包括部门规章和地方政府规章。部门规章是指国务院各部、各委员会、中国人民银行、审计署和具有行政管理职能的直属机构，根据法律和国务院的行政法规、决定、命令，在本部门的权限范围内制定的规范性文件。部门规章规定的事项应当属于执行法律或者国务院的行政法规、决定、命令的事项。地方政府规章是指省、自治区、直辖市和较大的市的人民政府，根据法律、行政法规和本省、自治区、直辖市的地方性法规，就执行法律、行政法规、地方性法规的规定需要制定规章的事项和属于本行政区域的具体行政管理事项制定的规范性文件。"人民法院审理行政案件，参照规章"，这意味着规章的地位与作为"依据"的法律、法规不同；人民法院在参照规章时，可以对规章的规定是否合法有效进行判断，但对于合法有效的规章应当适用。

此外，根据立法法、行政法规制定程序条例和规章制定程序条例的规定，全国人大常委会的法律解释，国务院或者国务院授权的部门公布的行政法规解释，人民法院也应当作为审理行政案件的法律依据；规章制定机关作出的与规章具有同等效力的规章解释，人民法院审理行政案件时予以参照。

▶典型案例指引

鲁潍（福建）盐业进出口有限公司苏州分公司诉江苏省苏州市盐务管理局盐业行政处罚案（最高人民法院指导案例5号）

案件适用要点：盐业管理的法律、行政法规没有设定工业盐准运证的行政许可，地方性法规或者地方政府规章不能设定工业盐准运证这一新的行政许可。盐业管理的法律、行政法规对盐业公司之外的其他企业经营盐的批发业务没有设定行政处罚，地方政府规章不能对该行为设定行政处罚。地方政府规章违反法律规定设定许可、处罚的，人民法院在行政审判中不予适用。

第六十四条 规范性文件审查和处理

> 人民法院在审理行政案件中，经审查认为本法第五十三条规定的规范性文件不合法的，不作为认定行政行为合法的依据，并向制定机关提出处理建议。

▶理解与适用

实践中，有些行政行为侵犯公民、法人或者其他组织的合法权益，是地方政府及其部门制定的规范性文件中越权错位等规定造成的。为从根本上减少违法行政行为，可以由法院在审查行政行为时应公民、法人或者其他组织的申请对规章以外的规范性文件进行附带审查；不合法的，转送有关机关处理。这符合我国宪法和法律有关人大对政府、政府对其部门以及下级政府进行监督的基本原则，也有利于纠正相关规范性文件的违法问题。

▶条文参见

《最高人民法院关于适用〈中华人民共和国行政诉讼法〉的解释》第148条

第六十五条　裁判文书公开

人民法院应当公开发生法律效力的判决书、裁定书，供公众查阅，但涉及国家秘密、商业秘密和个人隐私的内容除外。

▶理解与适用

[人民法院公开生效裁判文书供公众查阅的意义]

判决书、裁定书是记录人民法院审理案件的审理活动、裁判理由、裁判依据和裁判结果的载体，直接关系当事人的权利义务。生效裁判文书公开是审判公开制度的重要内容，对于提高审判质量、使当事人息诉服判、促进法治社会建设等具有重要意义。人民法院公开生效裁判文书供公众查阅，一是有利于促进人民法院切实贯彻公开审判原则，实现审判活动公开透明；二是可以使公众知悉裁判文书的内容，促使审判人员增强责任心，审慎处理每一个案件，不断提高办案质量，使当事人和社会公众在每一个案件中都能感受到司法的公平、公正，最大限度地赢得当事人和社会公众对司法的信任和支持；三是通过具体案例以案释法，宣传普及法律知识，为社会公众学法提供途径，为法学理论研究提供资料来源，促进法治社会建设；四是有利于人民法院之间相互交流、学习和借鉴，有利于统一司法标准，提高司法水平。

▶条文参见

《最高人民法院关于在互联网公布裁判文书的规定》

第六十六条　有关行政机关工作人员和被告的处理

人民法院在审理行政案件中，认为行政机关的主管人员、直接责任人员违法违纪的，应当将有关材料移送监察机关、该行政机关或者其上一级行政机关；认为有犯罪行为的，应当将有关材料移送公安、检察机关。

> 人民法院对被告经传票传唤无正当理由拒不到庭，或者未经法庭许可中途退庭的，可以将被告拒不到庭或者中途退庭的情况予以公告，并可以向监察机关或者被告的上一级行政机关提出依法给予其主要负责人或者直接责任人员处分的司法建议。

▶ 理解与适用

本条规定的行政机关的主管人员是指行政机关的负责人，包括主要负责人和分管负责人；直接责任人员是指直接从事某项工作或者具体实施行政行为的工作人员。有关材料是指能够证明行政机关的主管人员、直接责任人员存在违法违纪行为或者犯罪行为的证据材料。

人民法院在审理案件过程中，认为行政机关的主管人员、直接责任人员有下列违法违纪行为的，应当向有关单位移送材料：一是对行政相对人进行殴打、体罚、非法拘禁、非法搜查，或者非法侵入、非法搜查行政相对人住宅的；二是在工作中不履行或者不正确履行职责，给他人造成人身、财产损失的；三是以各种方式乱收费、乱摊派或者擅自向他人征收、征用财物的；四是擅自使用、调换、变卖或者损毁被查封、扣押、冻结、划拨、收缴的财物的；五是非法占用、买卖或者以其他形式非法出让、转让土地使用权；六是贪污、挪用社保基金和救灾、抢险、防汛、优抚、扶贫、移民、救济、防疫款物的；七是利用职务上的便利，索取他人财物，或者非法收受他人财物为他人谋取利益的。

第二节 第一审普通程序

第六十七条 发送起诉状和提出答辩状

人民法院应当在立案之日起五日内，将起诉状副本发送被告。被告应当在收到起诉状副本之日起十五日内向人民法院提交作出行政行为的证据和所依据的规范性文件，并提出答辩状。人民法院应当在收到答辩状之日起五日内，将答辩状副本发送原告。

被告不提出答辩状的，不影响人民法院审理。

第六十八条 审判组织形式

人民法院审理行政案件，由审判员组成合议庭，或者由审判员、陪审员组成合议庭。合议庭的成员，应当是三人以上的单数。

▶理解与适用

人民法院对行政案件进行审理和裁判的组织形式有两种：一种是合议制，一种是独任制。本条规定了人民法院审理行政案件采取的主要形式是合议制，即集体审判制度。合议庭是实现这种集体审判制度的组织形式。

合议制是民主集中制在人民法院审理行政案件时的具体体现。具体要求是人民法院审理行政案件，由审判员组成合议庭，或者由审判员、陪审员组成合议庭。合议庭的成员，应当是三人以上的单数。合议的成员是平等的，评议案件时实行少数服从多数原则。

本条规定了行政案件中实行合议制的组成形式有两种：(1) 由审判员组成合议庭，即合议庭人员全部为审判员，不吸收陪审员参加；(2) 由审判员、陪审员组成合议庭。陪审员作为合议庭的组成人员，在整个审判过程中与审判员有同等的权利。

▶条文参见

《民事诉讼法》第40条

第六十九条 驳回原告诉讼请求判决

行政行为证据确凿，适用法律、法规正确，符合法定程序的，或者原告申请被告履行法定职责或者给付义务理由不成立的，人民法院判决驳回原告的诉讼请求。

第七十条 撤销判决和重作判决

行政行为有下列情形之一的，人民法院判决撤销或者部分撤销，并可以判决被告重新作出行政行为：

（一）主要证据不足的；
（二）适用法律、法规错误的；
（三）违反法定程序的；
（四）超越职权的；
（五）滥用职权的；
（六）明显不当的。

▶理解与适用

主要证据不足，是指行政机关作出的行政行为缺乏事实根据，导致认定的事实错误或者基本事实不清楚。

超越职权，就是用权超过法定职权范围，使得超过部分没有法律依据。这里的超越职权应作广义理解，包括根本没有行政主体资格、超越事务管辖权（甲机关行使了乙机关的职权）、超越地域管辖权（甲地机关行使了乙地机关的职权）、超越级别管辖权（下级机关行使了上级机关的职权）、超越法律规定的职权（法律规定罚款权但行使了责令停产停业权）等。行政机关必须在其职权范围内行使职权，超越职权所作的行政行为，法院应当判决予以撤销。

行政机关滥用职权，是指行政机关作出行政行为虽然在其权限范围内，但行政机关不正当行使职权，违反了法律授予这种权力的目的。

明显不当是从客观结果角度提出的，滥用职权则是从主观角度提出的。考虑到合法性审查原则的统帅地位，对明显不当不能作过宽理解，界定为被诉行政行为结果的畸轻畸重为宜。

▶典型案例指引

黄泽富、何伯琼、何熠诉四川省成都市金堂工商行政管理局行政处罚案（最高人民法院指导案例6号）

案件适用要点：行政机关作出没收较大数额涉案财产的行政处罚决定时，未告知当事人有要求举行听证的权利或者未依法举行听证的，人民法院应当依法认定该行政处罚违反法定程序。

第七十一条　重作判决对被告的限制

人民法院判决被告重新作出行政行为的，被告不得以同一的事实和理由作出与原行政行为基本相同的行政行为。

▶理解与适用

为保护国家利益、社会公共利益或者当事人合法权益，法院在有的情况下判决撤销行政行为时，还需要判决行政机关重新作出行政行为。行政机关重新作出行政行为，应当受到法院判决既判力的约束，否则不仅损害司法权威，也不利于行政争议的解决，徒增当事人诉累。同时，由于司法权与行政权的分工，法院不能代替行政机关作出行政行为。

如何处理好法院判决既判力和行政机关自我决定的关系，成为行政诉讼所特有的问题。法院判决既判力既体现在被诉行政机关必须重新作出行政行为，不得拒绝作出，还体现在重新作出的行政行为要受到法院撤销判决所认定事实和阐述理由的约束，即不得以同一事实和理由作出与原行政行为基本相同的行政行为。换言之，行政机关重新作出行政行为，不仅要依法作出，还要受判决所载明内容的约束。这里的同一事实，是指被撤销行政行为所认定的事实。同一理由，是指被撤销行政行为的证据和所依据的规范性文件。

第七十二条 履行判决

人民法院经过审理，查明被告不履行法定职责的，判决被告在一定期限内履行。

▶理解与适用

[履行职责判决的适用情形]

履行职责判决针对的是行政机关不履行法定职责的情形。理解该判决的适用情形，需要注意以下几点：一是不履行包括拒绝履行和拖延履行两种情形。二是不履行的是法定职责，法律法规明确规定的职责，原则上约定职责、后续义务等不属于本判决适用情形，应当作为行政协议争议解决。三是与本法适用范围相对应，法定职责主要是保护职责、对当事人申请不予答复。其具体范围需要在司法实践中予以研究和具体化，要防止对不履行法定职责作过宽或者过窄理解，不能把行政机关裁量范围内的事项以未采取一定措施为由一律划入不作为范围内。

▶典型案例指引

王某升诉某市人民政府行政不作为案（2015年1月15日最高人民法院发布的人民法院关于行政不作为十大案例）

案件适用要点：行政机关不仅应当及时履责，还应当全面履责，并要依法实现履责的目的。本案中市政府从形式上已责令褚庄村村委会公布有关村务信息，似乎已经履行了法定职责；但是，由于该《责令公布村务通知书》既未明确具体内容，更未明确具体期限或者合理期限，实际上构成未全面履行法定职责，造成原告等村民对村务的知情权和监督权迟迟得不到落实。因此，人民法院判决其限期责令褚庄村村委会限期公开村务信息，能够更好地促进村务公开，切实维护广大村民知情的权利。

▶条文参见

《最高人民法院关于适用〈中华人民共和国行政诉讼法〉的解释》第91条

第七十三条 给付判决

人民法院经过审理,查明被告依法负有给付义务的,判决被告履行给付义务。

▶条文参见

本法第12条第1款第10项;《社会保险法》第83条;《城市居民最低生活保障条例》第15条;《社会救助暂行办法》第65条

第七十四条 确认违法判决

行政行为有下列情形之一的,人民法院判决确认违法,但不撤销行政行为:

(一)行政行为依法应当撤销,但撤销会给国家利益、社会公共利益造成重大损害的;

(二)行政行为程序轻微违法,但对原告权利不产生实际影响的。

行政行为有下列情形之一,不需要撤销或者判决履行的,人民法院判决确认违法:

(一)行政行为违法,但不具有可撤销内容的;

(二)被告改变原违法行政行为,原告仍要求确认原行政行为违法的;

(三)被告不履行或者拖延履行法定职责,判决履行没有意义的。

▶理解与适用

"程序轻微违法"是指:(1)处理期限轻微违法;(2)通知、送达等程序轻微违法;(3)其他程序轻微违法的情形。

▶典型案例指引

李健雄诉广东省交通运输厅政府信息公开案（最高人民法院指导案例26号）

案件适用要点：公民、法人或者其他组织通过政府公众网络系统向行政机关提交政府信息公开申请的，如该网络系统未作例外说明，则系统确认申请提交成功的日期应当视为行政机关收到政府信息公开申请之日。行政机关对于该申请的内部处理流程，不能成为行政机关延期处理的理由，逾期作出答复的，应当确认为违法。

▶条文参见

《最高人民法院关于适用〈中华人民共和国行政诉讼法〉的解释》第96条

第七十五条　确认无效判决

行政行为有实施主体不具有行政主体资格或者没有依据等重大且明显违法情形，原告申请确认行政行为无效的，人民法院判决确认无效。

▶理解与适用

确认无效判决的适用情形是很少的，不能成为常规化的判决形式。正确界定行政行为无效情形，只有重大且明显的违法才是无效的。什么是重大且明显，需要解释，一般理解为违法情形很重大，也很明显，使得普通百姓都能合理判断出。具体而言，如行政行为实施者没有行政主体资格，但与行政机关有着紧密联系的，以及行政行为没有任何规范性文件依据。

行政行为无效是自始无效，无须法院作出无效判断后才没有效力。当事人可以不受行政行为约束，不履行行政行为。当事人与行政机关就行政行为是否无效发生争议时，当事人可以请求法院判决确认无效。

第七十六条 确认违法和无效判决的补充规定

> 人民法院判决确认违法或者无效的,可以同时判决责令被告采取补救措施;给原告造成损失的,依法判决被告承担赔偿责任。

▶ 理解与适用

确认违法判决是作为撤销判决的补充而规定的,前提是行政行为违法,但出于国家利益、社会公共利益等重要考量,不作撤销判决,不撤销该违法行政行为,而只是作否定评价,确认该违法行政行为的违法性。确认违法判决是考量各种法益后的妥协之举,法律的天平往国家利益、社会公共利益作了适度倾斜,为了保持必要的平衡,本法同时规定确认无效判决尽管不撤销违法行政行为,但行政机关不是万事大吉了,还要承担比撤销判决较轻的法律责任,一是要采取积极的补救措施;二是要承担败诉责任,包括给原告、第三人造成损失的,要承担赔偿责任。

法院根据实际情况,来决定是否判决责令被告采取补救措施,这是法院主动而为的,但也包括在原告要求撤销违法行政行为的诉讼请求范围内。补救措施包括使违法行政行为不失去效力的措施以及消除争议、缓减矛盾的补救措施。如规划许可是违法的,小区绿地建成了车库,该规划许可由于涉及社会公共利益只能判决确认违法,但法院还可以同时要求被告与开发商协商,增加小区绿化面积或者降低车库价格等。还如行政机关公开的信息涉及原告商业秘密、个人隐私且不存在公共利益等法定事由,法院判决确认公开信息行为违法的同时,还可以责令被告采取补救措施,如及时删除公开的信息、收回相关书面材料等。由于确认违法判决中违法行为不撤销,使得原本违法的情形得以存续,损害了当事人合法权益的,经原告提出赔偿请求,法院应当依法判决被告承担赔偿责任、赔偿当事人的损失。

第七十七条 变更判决

> 行政处罚明显不当，或者其他行政行为涉及对款额的确定、认定确有错误的，人民法院可以判决变更。
>
> 人民法院判决变更，不得加重原告的义务或者减损原告的权益。但利害关系人同为原告，且诉讼请求相反的除外。

▶理解与适用

两类情形可以适用变更判决。一是行政处罚明显不当。明显不当主要表现为处罚决定的畸轻畸重，由于已属极不合理，故视为违法情形。其他行政行为明显不当的，不能适用变更判决，法院只能作出撤销判决。二是其他行政行为中对款额的确定或认定确有错误的。这主要是指涉及金钱数量的确定和认定的除行政处罚外的其他行政行为。确定是由行政机关作出决定，如支付抚恤金、最低生活保障待遇、社会保险待遇案件中，对抚恤金、最低生活保障费、社会保险金的确定。认定主要是对客观存在事实的肯定，如拖欠税金的案件中，税务机关对企业营业额的认定。

第七十八条 行政协议履行及补偿判决

> 被告不依法履行、未按照约定履行或者违法变更、解除本法第十二条第一款第十一项规定的协议的，人民法院判决被告承担继续履行、采取补救措施或者赔偿损失等责任。
>
> 被告变更、解除本法第十二条第一款第十一项规定的协议合法，但未依法给予补偿的，人民法院判决给予补偿。

第七十九条 复议决定和原行政行为一并裁判

> 复议机关与作出原行政行为的行政机关为共同被告的案件，人民法院应当对复议决定和原行政行为一并作出裁判。

第八十条　公开宣判

人民法院对公开审理和不公开审理的案件，一律公开宣告判决。

当庭宣判的，应当在十日内发送判决书；定期宣判的，宣判后立即发给判决书。

宣告判决时，必须告知当事人上诉权利、上诉期限和上诉的人民法院。

▶理解与适用

公开宣判可以有两个时点，如果庭审能够查清案件事实，适用法律法规清楚，应当当庭宣判；如果因某种特殊原因，如合议庭需要另行评议、案件需要提交审判委员会讨论等，也可以择日公开宣判。为了提高司法效率和防止行政干预，在考虑案件总体情况后，尽量当庭宣判。当庭宣判的，应当在10日内发送判决书。定期宣判的，宣判后立即发给判决书。这是对法院的要求。

为了便于当事人及时行使上诉权，法院在公开宣告判决时，有义务告知当事人上诉权利、上诉期限和上诉的人民法院。告知当事人如果不服判决的，可以在判决书送达之日起15日内，向上一级人民法院提起上诉。

第八十一条　第一审审限

人民法院应当在立案之日起六个月内作出第一审判决。有特殊情况需要延长的，由高级人民法院批准，高级人民法院审理第一审案件需要延长的，由最高人民法院批准。

第三节 简易程序

第八十二条 简易程序适用情形

人民法院审理下列第一审行政案件,认为事实清楚、权利义务关系明确、争议不大的,可以适用简易程序:

(一) 被诉行政行为是依法当场作出的;

(二) 案件涉及款额二千元以下的;

(三) 属于政府信息公开案件的。

除前款规定以外的第一审行政案件,当事人各方同意适用简易程序的,可以适用简易程序。

发回重审、按照审判监督程序再审的案件不适用简易程序。

▶理解与适用

[简易程序的适用主体]

行政案件简易程序的适用主体为基层人民法院和中级人民法院。与民事诉讼简易程序只能适用于基层人民法院和它的派出法庭不同,中级人民法院审理第一审行政案件也可以适用简易程序。中级人民法院管辖的有些第一审行政案件,如县级人民政府实施的不动产登记案件,国务院各部门、县级以上人民政府信息公开案件,也可能是事实清楚、权利义务关系明确、争议不大的案件,可以适用简易程序。

[适用简易程序行政案件的标准]

适用简易程序的行政案件应当符合三个标准:事实清楚、权利义务关系明确、争议不大。所谓事实清楚,是指当事人提供的证据能够比较明确地证明争议事实的真相,人民法院在全面审核当事人的证据后就能查清案件的事实,而不需要进行大量的调查和取证工作。所谓权利义务关系明确,是指当事人之间的权利义务关系简单、清楚,双方争议的矛盾比较明确,行政争议的形成和发展过程也不太复杂。所谓争议不大，是指当事人对他们之间引起行政争议的事实、案件发生的原因、权利义务的归属等问题没有太大的争议。事实清楚、权利义务关系明确、争议不大相互关联，只有三者同时具备，才能说明案件简单，才可以适用简易程序。

第八十三条　简易程序的审判组织形式和审限

适用简易程序审理的行政案件，由审判员一人独任审理，并应当在立案之日起四十五日内审结。

▶理解与适用

简易程序主要的特点之一就是审理方式实行独任审判。需要注意，独任审判是由"审判员"一人独任审判，而不能由陪审员独任审判。

由于适用简易程序审理的行政案件都是事实清楚、权利义务关系明确、争议不大的案件，且可以不受普通程序有关规定的约束，可以在较短的时间内完成审判工作。因此，本条规定适用简易程序审理的行政案件，应当在立案之日起45天内审结。需要强调的是，适用普通程序审理的行政案件，有特殊情况经过批准的，其审理期限可以延长，但适用简易程序审理的行政案件，其审理期限是固定的，不能延长。如果在审理过程中发现确有特殊情况不能在45日内审结的，应当裁定转为普通程序。

第八十四条　简易程序与普通程序的转换

人民法院在审理过程中，发现案件不宜适用简易程序的，裁定转为普通程序。

▶理解与适用

[不宜适用简易程序需要转为普通程序的情形]

属于不宜适用简易程序需要转为普通程序的情形，从立法调研和试点实践情况来看，主要有以下几种：一是当事人就适用简易程序提出异议，人民法院认为异议成立的；二是当事人改变或者增加诉讼请求，导致案情复杂化的；三是因当事人依法申请人民法院调取证据、申请证人出庭等原因致使案件在45天内难以审结的；四是虽然案件较为简单，事实清楚、权利义务关系明确、争议不大，但代表一类案件，可能影响大量相同或者类似案件审理的；五是虽然案件较为简单，事实清楚、权利义务关系明确、争议不大，但关系到原告基本的生产生活，可能引发群体性事件的。如果原来适用简易程序的行政案件出现了上述情形之一的，人民法院应当裁定转为普通程序。

第四节　第二审程序

第八十五条　上诉

当事人不服人民法院第一审判决的，有权在判决书送达之日起十五日内向上一级人民法院提起上诉。当事人不服人民法院第一审裁定的，有权在裁定书送达之日起十日内向上一级人民法院提起上诉。逾期不提起上诉的，人民法院的第一审判决或者裁定发生法律效力。

▶ 理解与适用

［提起上诉的主体］

提起上诉的当事人是符合法定条件、享有上诉权的当事人，包括第一审程序中的原告、被告和第三人。第一审程序中的原告和被告，在行政诉讼中具有实体权利义务，享有上诉权，可以提起上诉。当事人一方或者双方为二人以上的必要共同诉讼中的共同诉讼人享有上诉权。必要共同诉讼人中的一人提起诉讼的，其上诉效力及于其他共同诉讼人，即应视为全体共同诉讼人行使上诉权。普通共同诉讼的共同诉讼人各自享有上诉权，可以独立提起上诉，其中一人上诉不对其他人产生上诉效力，只对该提起上诉的人有效。根据本法第29条第2款的规定，人民法院判决承担义务或者权益减损的第三人，有权依法提起上诉。因此，在一审裁判中承担了义务或者权益减损的第三人也可以单独提起上诉。在第一审程序中作为上诉人相对方的当事人，为二审中的被上诉人。

[提起上诉的理由]

当事人提起上诉的理由为不服人民法院第一审判决或者裁定。提起上诉是法律赋予当事人的一种诉讼权利，只要当事人主观上不服人民法院的第一审裁判，就可以提起上诉，而不需要第一审判决、裁定确实存在认定事实不清、适用法律错误、违反法定程序等错误情形。

[可以提起上诉的裁判文书]

当事人可以提起上诉的裁判文书为没有发生法律效力的第一审判决、裁定。在上诉期限内的第一审判决、裁定可以上诉，但最高人民法院作出的第一审判决、裁定是发生法律效力的判决、裁定，不能上诉。对第一审法院没有发生法律效力的不予受理的裁定、对管辖权有异议的裁定和驳回起诉的裁定可以上诉，其他裁定不能上诉。由于调解书经双方当事人签收后，即具有法律效力，因此不能上诉。

[提起上诉的期限]

当事人上诉应当在法定期限内提出。合理确定上诉期限，主要需要考虑两个因素：一是确保当事人诉权的行使，使其有充分的时间考虑提起上诉，以保障其实体权利；二是要有利于提高行政效率，维护公共秩序，尽早确定行政行为的效力和当事人之间的行政法律关系。根据以上两个原则，本法规定，当事人不服人民法院第一审判决的，应当在15日内提起上诉；不服第一审裁定的，应当在10日内提起上诉。规定对判决的上诉期限为15天，比对裁定的上诉期限长10天，这是因为，判决是解决行政案件的实体性问题，关系到当事人双方的权利义务，影响较大；裁定是解决程序性问题，不涉及当事人双方实体权利义务，影响较小。提起上诉的期限从判决书、裁定书送达之日起计算。

当事人在上诉期限内不提起上诉的,人民法院的第一审判决或者裁定发生法律效力。当事人如果认为生效的判决或者裁定确有错误的,只能申请再审。需要明确的是,上诉期限应当自每个有上诉权的诉讼参加人各自收到判决书、裁定书之日起分别计算,任何一方均可在自己的上诉期内上诉,只有在所有有上诉权的诉讼参加人的上诉期限都届满而没有提起上诉的情况下,判决和裁定才发生法律效力。在必要的共同诉讼中,共同诉讼人的上诉期限,以最后一个共同诉讼人的上诉期限为全体共同诉讼人的上诉期限。在普通的共同诉讼中,共同诉讼人的上诉期限,以各自的起算日期计算。

▶条文参见

本法第7条、第29条

第八十六条 二审审理方式

人民法院对上诉案件,应当组成合议庭,开庭审理。经过阅卷、调查和询问当事人,对没有提出新的事实、证据或者理由,合议庭认为不需要开庭审理的,也可以不开庭审理。

▶理解与适用

第二审人民法院接到上诉状及案卷材料后,应当组成合议庭,对案件进行审查。第二审人民法院审理上诉案件,不论是开庭审理,还是不开庭审理,都必须组成合议庭,不能由审判员一人独任审判。与第一审程序不同,第二审程序的合议庭,应当由审判员组成,不能由审判员和陪审员组成。合议庭的成员,应当为3人以上单数。

人民法院经过审查案卷,调查、询问当事人,对于没有提出新的事实、证据或者理由的上诉案件,在事实核对清楚后,如果合议庭认为案件事实清楚,上诉人的请求和理由明确,上诉人与被上诉人双方提出的事实和证据基本一致，纠纷比较清楚，也可以不开庭审理而径行判决。

根据《民事诉讼法》的相关规定，第二审人民法院审理上诉案件，可以在本院进行，也可以到案件发生地或者原审人民法院所在地进行。

第八十七条　二审审查范围

人民法院审理上诉案件，应当对原审人民法院的判决、裁定和被诉行政行为进行全面审查。

▶理解与适用

我国的行政诉讼、民事诉讼，上诉都是既审查事实又审查法律适用。这主要是为了更好地保护当事人合法权益，提供至少两次诉讼救济机会。

全面审查是行政诉讼与民事诉讼的重要区别。民事诉讼实行上诉什么审什么的规则，要求法院在上诉请求范围内作出裁判。《民事诉讼法》第175条规定，第二审人民法院应当对上诉请求的有关事实和适用法律进行审查。

▶条文参见

《民事诉讼法》第175条

第八十八条　二审审限

人民法院审理上诉案件，应当在收到上诉状之日起三个月内作出终审判决。有特殊情况需要延长的，由高级人民法院批准，高级人民法院审理上诉案件需要延长的，由最高人民法院批准。

▶理解与适用

与第一审程序审理期限为6个月相比，第二审程序审理期限相对较短，只有3个月。这样规定，是因为第二审案件的审理是在第一审的基础上进行的，大量审查核实和调查取证工作已经由第一审人民法院进行，因此，适用第二审程序审理上诉案件的工作量一般比第一审案件少。而且，根据本法第86条的规定，经过阅卷、调查和询问当事人，对没有提出新的事实、证据或者理由，合议庭认为不需要开庭审理的上诉案件，可以不开庭审理，径行判决。因此，对上诉案件规定比一审案件短的审理期限是合理的，也是可行的。

但是，有的上诉案件因为案情复杂，或者当事人提出新的事实、证据需要调查核实，工作量较大，有可能不能在3个月内审结。考虑到实践需要，本条规定了审理期限的延长，但必须经过一定的审批程序。有特殊情况需要延长的，由高级人民法院批准，高级人民法院审理上诉案件需要延长的，由最高人民法院批准。

与民事诉讼对判决的上诉案件的审理期限从立案之日起计算不同，行政诉讼对判决的上诉案件的审理期限应当从收到上诉状之日起计算。这样规定，更有利于提高审判效率，更能满足行政管理追求效率的要求，更有利于及时保护上诉人的合法权益。

本条规定的是人民法院审理对判决的上诉案件的审理期限，人民法院对裁定的上诉案件的审理期限，应当适用民事诉讼法的相关规定，即应当在第二审立案之日起30日内作出终审裁定。第二审人民法院审理对裁定的上诉案件，都是关系到第一审案件的审理能否开始的程序问题，需要及时作出处理决定，同时，审查程序问题也比较简单，因此，将其审理期限规定为30日，并且不得延长。

▶条文参见

《民事诉讼法》第183条

第八十九条　二审裁判

人民法院审理上诉案件，按照下列情形，分别处理：

（一）原判决、裁定认定事实清楚，适用法律、法规正确的，判决或者裁定驳回上诉，维持原判决、裁定；

（二）原判决、裁定认定事实错误或者适用法律、法规错误的，依法改判、撤销或者变更；

（三）原判决认定基本事实不清、证据不足的，发回原审人民法院重审，或者查清事实后改判；

（四）原判决遗漏当事人或者违法缺席判决等严重违反法定程序的，裁定撤销原判决，发回原审人民法院重审。

原审人民法院对发回重审的案件作出判决后，当事人提起上诉的，第二审人民法院不得再次发回重审。

人民法院审理上诉案件，需要改变原审判决的，应当同时对被诉行政行为作出判决。

▶典型案例指引

张道文、陶仁等诉四川省简阳市人民政府侵犯客运人力三轮车经营权案（最高人民法院指导案例88号）

案件适用要点：行政机关在作出行政许可时没有告知期限，事后以期限届满为由终止行政相对人行政许可权益的，属于行政程序违法，人民法院应当依法判决撤销被诉行政行为。但如果判决撤销被诉行政行为，将会给社会公共利益和行政管理秩序带来明显不利影响的，人民法院应当判决确认被诉行政行为违法。

第五节 审判监督程序

第九十条 当事人申请再审

当事人对已经发生法律效力的判决、裁定，认为确有错误的，可以向上一级人民法院申请再审，但判决、裁定不停止执行。

第九十一条 再审事由

当事人的申请符合下列情形之一的，人民法院应当再审：

（一）不予立案或者驳回起诉确有错误的；

（二）有新的证据，足以推翻原判决、裁定的；

（三）原判决、裁定认定事实的主要证据不足、未经质证或者系伪造的；

（四）原判决、裁定适用法律、法规确有错误的；

（五）违反法律规定的诉讼程序，可能影响公正审判的；

（六）原判决、裁定遗漏诉讼请求的；

（七）据以作出原判决、裁定的法律文书被撤销或者变更的；

（八）审判人员在审理该案件时有贪污受贿、徇私舞弊、枉法裁判行为的。

▶理解与适用

[新证据]

新证据主要指在过去诉讼过程中没有发现的证据，或者说是当事人在原审诉讼中未提供的证据，而该证据又足以推翻原判决、裁定，因此当事人可以申请再审，同时也是人民法院进行再审的条件之一。

▶条文参见

《最高人民法院关于适用〈中华人民共和国行政诉讼法〉的解释》第110、117条；《民事诉讼法》第46、211条

第九十二条 人民法院依职权再审

各级人民法院院长对本院已经发生法律效力的判决、裁定，发现有本法第九十一条规定情形之一，或者发现调解违反自愿原则或者调解书内容违法，认为需要再审的，应当提交审判委员会讨论决定。

> 最高人民法院对地方各级人民法院已经发生法律效力的判决、裁定，上级人民法院对下级人民法院已经发生法律效力的判决、裁定，发现有本法第九十一条规定情形之一，或者发现调解违反自愿原则或者调解书内容违法的，有权提审或者指令下级人民法院再审。

▶理解与适用

本条第1款是关于作出生效裁判的本法院基于自我监督而对案件进行再审的规定。人民法院审理行政案件必须以事实为根据，以法律为准绳，这是我国行政诉讼法确立的重要原则。但法院的审判人员有可能在事实认定或适用法律方面出现错误。按照有错必纠的原则，各级人民法院应当对本院作出的生效裁判负责。《民事诉讼法》第209条规定，各级人民法院院长对本院已经发生法律效力的判决、裁定、调解书，发现确有错误，认为需要再审的，应当提交审判委员会讨论决定。最高人民法院对地方各级人民法院已经发生法律效力的判决、裁定、调解书，上级人民法院对下级人民法院已经发生法律效力的判决、裁定、调解书，发现确有错误的，有权提审或者指令下级人民法院再审。按照《民事诉讼法》和本条的规定，各级人民法院院长对本院的生效判决、裁定发现符合再审事由的，在本院审判委员会确认并决定后，应当进行再审。

本条第2款是基于最高人民法院对地方各级人民法院审判工作的监督，以及上级人民法院对下级人民法院审判工作的监督而引起案件再审的规定。《宪法》第132条规定："最高人民法院是最高审判机关。最高人民法院监督地方各级人民法院和专门人民法院的审判工作，上级人民法院监督下级人民法院的审判工作。"监督的主要内容之一就是对下级法院已经发生法律效力的判决、裁定，发现确有错误的，有权提审或者指令下级人民法院再审。

▶条文参见

《宪法》第132条;《民事诉讼法》第99、100、209条

第九十三条　抗诉和检察建议

最高人民检察院对各级人民法院已经发生法律效力的判决、裁定,上级人民检察院对下级人民法院已经发生法律效力的判决、裁定,发现有本法第九十一条规定情形之一,或者发现调解书损害国家利益、社会公共利益的,应当提出抗诉。

地方各级人民检察院对同级人民法院已经发生法律效力的判决、裁定,发现有本法第九十一条规定情形之一,或者发现调解书损害国家利益、社会公共利益的,可以向同级人民法院提出检察建议,并报上级人民检察院备案;也可以提请上级人民检察院向同级人民法院提出抗诉。

各级人民检察院对审判监督程序以外的其他审判程序中审判人员的违法行为,有权向同级人民法院提出检察建议。

▶理解与适用

[检察建议]

2014年修改《行政诉讼法》,借鉴《民事诉讼法》第219条的规定,创造了地方各级人民检察院对同级人民法院已经发生法律效力的判决、裁定、调解书提出检察建议的监督方式。

检察建议有别于抗诉。抗诉必然引起再审,而检察建议不必然引起再审。根据《关于对民事审判活动与行政诉讼实行法律监督的若干意见(试行)》第7条第2款规定:"人民法院收到再审检察建议后,应当在三个月内进行审查并将审查结果书面回复人民检察院。人民法院认为需要再审的,应当通知当事人。人民检察院认为人民法院不予再审的决定不当的,应当提请上级人民检察院提出抗诉。"

▶条文参见

《人民检察院组织法》第18条;《民事诉讼法》第219、

220、222 条;《关于对民事审判活动与行政诉讼实行法律监督的若干意见（试行）》第 4、5、7、10 条

第八章 执 行

第九十四条 生效裁判和调解书的执行

当事人必须履行人民法院发生法律效力的判决、裁定、调解书。

▶ 条文参见

《民事诉讼法》第 100、157 条

第九十五条 申请强制执行和执行管辖

公民、法人或者其他组织拒绝履行判决、裁定、调解书的，行政机关或者第三人可以向第一审人民法院申请强制执行，或者由行政机关依法强制执行。

▶ 理解与适用

[行政机关向人民法院申请强制执行]

作为原告一方的公民、法人或者其他组织应当自觉履行发生法律效力的判决、裁定、调解书所确定的义务。本法第 56 条规定，在行政诉讼期间，原则上不停止行政行为的执行，但符合第 56 条法定情形的，人民法院可以裁定停止执行。如果人民法院裁定停止执行，但是经过审理，认为行政行为证据确凿，适用法律、法规正确，符合法定程序，人民法院判决驳回原告的诉讼请求的，在该判决发生法律效力后，被诉的行政行为必须得到履行。如果原告拒绝履行，行政机关可以向人民法院申请强制执行。

[第三人向人民法院申请强制执行]

例如，按照《专利法》规定的专利实施强制许可制度，取

得实施强制许可的单位或者个人应当付给专利权人合理的使用费，其数额由双方协商；双方不能达成协议的，由国务院专利行政部门裁决。专利权人和取得实施强制许可的单位或者个人对国务院专利行政部门关于实施强制许可的使用费的裁决不服的，可以自收到通知之日起三个月内向人民法院起诉。例如，甲作为取得实施强制许可的单位对国务院专利行政部门关于实施强制许可的使用费的裁决不服，认为过高，于是以国务院专利行政部门为被告向人民法院提起行政诉讼，请求撤销或变更该裁决。按照《行政诉讼法》第29条规定，专利权人乙作为与案件处理结果有利害关系的第三人申请参加了诉讼。法院经过审理，认为国务院专利行政部门关于实施强制许可的使用费的裁决适当，符合交易惯例，于是判决驳回了甲的诉讼请求。在该判决生效后，甲应当向乙支付裁决确认的专利使用费。如果其拒绝支付，作为本案第三人的乙可以向人民法院申请强制执行。

[由行政机关依法强制执行]

由行政机关依法强制执行，是指法律规定具有直接行政强制执行权的行政机关自己执行法院作出的判决、裁定、调解书。例如，按照《税收征收管理法》第40条规定，从事生产、经营的纳税人未按照规定的期限缴纳税款，由税务机关责令限期缴纳，逾期仍未缴纳的，经县以上税务局（分局）局长批准，税务机关可以采取书面通知其开户银行或者其他金融机构从其存款中扣缴税款的强制执行措施。如纳税人对该行政强制执行的决定不服，以税务机关为被告向人民法院提起行政诉讼。在法院立案后，纳税人以经营困难为由，向管辖法院申请停止执行。被告认为停止执行不损害国家利益，同意停止执行，于是人民法院作出了停止执行的裁定。人民法院经过审理认为，原告确实存在未按照规定的期限缴纳税款的行为，税务机关已经按照税收征收管理法和行政强制法的规定对其进行了催告，即责令其限期缴纳，但原告仍未按期缴纳。因此，税务机关对其作出行政强制执行的决定是正确的，判决驳回了原告的诉讼请求。在该判决生效后,税务机关可以依照税收征收管理法的规定由自己强制执行。

[执行管辖的法院]

关于执行管辖的法院,本条规定行政机关或者第三人向第一审人民法院申请强制执行。有些行政案件尽管是二审终审,但对二审法院作出的法律效力的判决、裁定、调解书,按照本条规定,都由一审法院负责强制执行。这样规定的理由是:行政诉讼法对一审行政案件的地域管辖奉行"原告就被告"原则,如果行政机关终审败诉,一审法院与行政机关处于同一行政区域内,便于对行政机关的执行;如果原告败诉,也便于行政机关申请法院强制执行。

第九十六条 对行政机关拒绝履行的执行措施

行政机关拒绝履行判决、裁定、调解书的,第一审人民法院可以采取下列措施:

(一) 对应当归还的罚款或者应当给付的款额,通知银行从该行政机关的账户内划拨;

(二) 在规定期限内不履行的,从期满之日起,对该行政机关负责人按日处五十元至一百元的罚款;

(三) 将行政机关拒绝履行的情况予以公告;

(四) 向监察机关或者该行政机关的上一级行政机关提出司法建议。接受司法建议的机关,根据有关规定进行处理,并将处理情况告知人民法院;

(五) 拒不履行判决、裁定、调解书,社会影响恶劣的,可以对该行政机关直接负责的主管人员和其他直接责任人员予以拘留;情节严重,构成犯罪的,依法追究刑事责任。

▶ 条文参见

《民事诉讼法》第 114 条;《刑法》第 313 条

第九十七条 非诉执行

公民、法人或者其他组织对行政行为在法定期限内不提起诉讼又不履行的,行政机关可以申请人民法院强制执行,或者依法强制执行。

▶理解与适用

[非诉行政执行]

1. 非诉行政执行的概念

《行政强制法》规定,行政机关的直接强制执行权只能由法律设定。目前我国只有税收征收管理法、海关法等少数法律规定行政机关有直接强制执行权。对于法律没有赋予直接强制执行权的行政机关,《行政强制法》第53条规定:"当事人在法定期限内不申请行政复议或者提起行政诉讼,又不履行行政决定的,没有行政强制执行权的行政机关可以自期限届满之日起三个月内,依照本章规定申请人民法院强制执行。"

2. 申请强制执行的条件和期限

行政机关申请人民法院强制执行其作出的行政决定的前提条件是:公民、法人或者其他组织(当事人)在法定期限内不申请行政复议或者提起行政诉讼,又不履行行政决定,行政机关才能向人民法院申请强制执行。我国行政复议法和行政诉讼法关于申请救济的法定期限分别是:公民、法人或者其他组织申请行政复议的法定期限是60日,自知道该具体行政行为之日起60日内提出;公民、法人或者其他组织直接向人民法院提起诉讼的,应当自知道或者应当知道作出行政行为之日起6个月内提出。按照本条规定,如果法律规定当事人可以直接向法院起诉,当事人在6个月内没有提起行政诉讼又不履行行政决定,行政机关可以申请法院强制执行。按照《行政强制法》第53条规定,行政机关申请人民法院强制执行的期限是从当事人行使行政救济或者司法救济的法定期限届满之日起3个月内提出,超过此期限申请的,人民法院不予执行。

3. 关于人民法院对执行申请的审查

行政机关申请人民法院强制执行其作出的行政决定,人民法院理应对申请进行必要的审查,以体现"监督行政机关依法行使职权"的立法宗旨。根据《行政强制法》第57条规定,人民法院对非诉行政执行审查的形式主要是书面审查,相当于形式审查。审查的内容主要有:第一,行政机关是否在法定期限内提出的申请。第二,行政机关提交的申请材料是否齐全。第三,行政决定是否具备申请强制执行的条件。人民法院通过对以上内容的书面审查,认为没有问题的,应当自受理之日起七日内作出执行裁定。

人民法院对非诉行政执行申请的审查虽然以书面审查为主,但在书面审查的过程中,发现行政决定有《行政强制法》第58条规定的"明显缺乏事实根据,或者明显缺乏法律、法规依据,以及其他明显违法并损害被执行人合法权益"的,在作出裁定前可以听取被执行人和行政机关的意见。听取意见后,如果认定行政决定属于上述情况的,应当在30日内作出不予执行的裁定,并加附理由,在裁定作出后五日内送达行政机关。因此,人民法院对行政机关的执行申请虽以书面审查为主,但也可以主动性地进行实质审查。

当然,行政机关对人民法院不予执行的裁定有异议的,可以自收到裁定之日起15日内向上一级人民法院申请复议,上一级人民法院应当自收到复议申请之日起30日内作出是否执行的决定。

[行政机关依法强制执行]

《行政强制法》第34条规定,行政机关依法作出行政决定后,当事人在行政机关决定的期限内不履行义务的,具有行政强制执行权的行政机关依照本章规定强制执行。例如,《海关法》第60条规定,进出口货物的纳税义务人,应当自海关填发税款缴款书之日起15日内缴纳税款;逾期缴纳的,由海关征收滞纳金。纳税义务人超过3个月仍未缴纳的，经直属海关关长或者其授权的隶属海关关长批准，海关可以书面通知其开户银行或者其他金融机构从其存款中扣缴税款，或者将应税货物依法变卖，以变卖所得抵缴税款。

需要说明的是，具有直接强制执行权的行政机关依法强制执行，无须等到当事人申请行政复议或者提起诉讼的法定期限届满之日才能强制执行。按照行政强制法的规定，当事人没有在行政决定确定的期限内履行义务，行政机关又催告当事人履行义务，而当事人又没有在催告书确定的期限内履行义务的，具有直接强制执行权的行政机关就可以依法强制执行。在强制执行后，当事人没有超过申请行政复议期限或者起诉期限的，仍然有权申请行政复议或者提起行政诉讼。

▶条文参见

《行政强制法》第34、53、58条；《最高人民法院关于适用〈中华人民共和国行政诉讼法〉的解释》第155条

第九章 涉外行政诉讼

第九十八条 涉外行政诉讼的法律适用原则

外国人、无国籍人、外国组织在中华人民共和国进行行政诉讼，适用本法。法律另有规定的除外。

▶理解与适用

［涉外行政诉讼］

我国行政诉讼法中的涉外行政诉讼，是指含有涉外因素的行政诉讼，也就是外国人、无国籍人、外国组织认为我国国家行政机关及其工作人员所作的行政行为侵犯其合法权益，依法向人民法院提起行政诉讼，由人民法院对行政行为进行审查并作出裁判的活动。

▶条文参见

《外交特权与豁免条例》

第九十九条　同等与对等原则

> 外国人、无国籍人、外国组织在中华人民共和国进行行政诉讼,同中华人民共和国公民、组织有同等的诉讼权利和义务。
>
> 外国法院对中华人民共和国公民、组织的行政诉讼权利加以限制,人民法院对该国公民、组织的行政诉讼权利,实行对等原则。

▶理解与适用

[同等原则]

同等原则是指外国人、无国籍人、外国组织在中华人民共和国进行行政诉讼,同中华人民共和国公民、组织有同等的诉讼权利和义务。这一原则包含两个含义:(1)外国人、无国籍人、外国组织与中国公民、组织按照我国实体法和程序法的规定,有同等的诉讼权利能力和诉讼行为能力;(2)外国人、无国籍人、外国组织在我国人民法院起诉、参加诉讼,享有与中国公民、组织同等的行政诉讼权利,承担相同的行政诉讼义务,不能因其是外国人、无国籍人或者外国组织就有所歧视或有所照顾。

[对等原则]

涉外行政诉讼中的对等原则是指外国法院如果对我国公民和组织的行政诉讼权利加以限制,我国便采取相应的限制措施,以使我国公民和组织在他国的行政诉讼权利与他国公民和组织在我国的行政诉讼权利对等。

▶条文参见

《宪法》

第一百条　中国律师代理

外国人、无国籍人、外国组织在中华人民共和国进行行政诉讼，委托律师代理诉讼的，应当委托中华人民共和国律师机构的律师。

▶理解与适用

[外国律师事务所驻华代表机构及其代表从事的活动]

代表机构及其代表，只能从事不包括中国法律事务的下列活动：

1. 向当事人提供该外国律师事务所律师已获准从事律师执业业务的国家法律的咨询，以及有关国际条约、国际惯例的咨询；

2. 接受当事人或者中国律师事务所的委托，办理在该外国律师事务所律师已获准从事律师执业业务的国家的法律事务；

3. 代表外国当事人，委托中国律师事务所办理中国法律事务；

4. 通过订立合同与中国律师事务所保持长期的委托关系办理法律事务；

5. 提供有关中国法律环境影响的信息。

代表机构按照与中国律师事务所达成的协议约定，可以直接向受委托的中国律师事务所的律师提出要求。

代表机构及其代表不得从事上述规定以外的其他法律服务活动或者其他营利活动。

▶条文参见

《外国律师事务所驻华代表机构管理条例》第15条

第十章 附 则

第一百零一条 适用民事诉讼法规定

人民法院审理行政案件，关于期间、送达、财产保全、开庭审理、调解、中止诉讼、终结诉讼、简易程序、执行等，以及人民检察院对行政案件受理、审理、裁判、执行的监督，本法没有规定的，适用《中华人民共和国民事诉讼法》的相关规定。

▶ 理解与适用

本条规定可以从四个方面来理解：

一是本条列举规定的制度，《行政诉讼法》没有规定的，适用《民事诉讼法》相关规定。包括期间、送达、财产保全、开庭审理、调解、中止诉讼、终结诉讼、简易程序、执行等制度。当然，《民事诉讼法》中上述有关规定也不是完全适用《行政诉讼法》，有些性质上并不能适用行政诉讼的，如《民事诉讼法》第154条规定，被告死亡，没有遗产，也没有应当承担义务的人的，终结诉讼。由于行政诉讼中被告恒定为行政机关，《民事诉讼法》关于终结诉讼的这一项情形客观上不能适用行政诉讼。

二是本条中有个"等"字。《民事诉讼法》有规定，但本法没有规定，本条也未列举的诉讼制度，只要符合行政诉讼性质的，也适用于行政诉讼。如《民事诉讼法》第14章第二审程序中规定了上诉状的内容，这一规定也适用于行政诉讼。

三是《民事诉讼法》中有些诉讼程序制度，本法未规定的，如果不符合行政诉讼性质的，不适用于行政诉讼。如《民事诉讼法》第35条规定了协议管辖，合同或者其他财产权益纠纷的当事人可以书面协议选择法院管辖。由于《行政诉讼法》

113

原则上实行原告就被告的地域管辖原则,《民事诉讼法》的这一条规定不适用。

四是行政诉讼中的检察监督程序,检察院对案件受理、审理、裁判、执行各环节的检察监督,本法没有规定的,都适用《民事诉讼法》相关规定。如《民事诉讼法》第220条规定当事人向人民检察院申请检察建议或者抗诉的程序和期限,以及第221条规定的调查核实权、第223条规定的制作抗诉书、第224条规定的通知检察院派员出席法庭等。当然,有个别性质上无法适用于行政诉讼的民事诉讼法规定,如《民事诉讼法》第213条中当事人对已经发生法律效力的解除婚姻关系的判决、调解书,不得申请再审。除此之外,都适用。

▶条文参见

《民事诉讼法》

第一百零二条 诉讼费用

人民法院审理行政案件,应当收取诉讼费用。诉讼费用由败诉方承担,双方都有责任的由双方分担。收取诉讼费用的具体办法另行规定。

▶理解与适用

[诉讼费用的负担方式]

本条规定诉讼费用由败诉方承担,双方都有责任的由双方分担。表明我国行政诉讼费用主要有两种负担方式。

一种是败诉方承担。败诉方承担是诉讼费用负担的一条基本原则。败诉方承担诉讼费用有下列几种具体情形:

1. 案件审理终结时,判定应由当事人某一方承担责任的,案件受理费由败诉的当事人承担。

2. 共同诉讼当事人败诉,共同承担案件受理费,由人民法院根据他们各自对诉讼标的的利害关系,决定各自应负担的金额。

3. 行政案件的被告改变或者撤销具体行政行为,原告申请撤诉，人民法院裁定准许的，案件受理费由被告负担。

另一种是双方承担。双方承担是指双方当事人都有责任，在诉讼中部分胜诉、部分败诉，由人民法院根据双方当事人各自的责任大小，确定各自分担的适当比例，双方各自分别承担相应的诉讼费用。

[诉讼费用的交纳]

根据《诉讼费用交纳办法》的规定，当事人应当向人民法院交纳的诉讼费用包括：

1. 案件受理费。

案件受理费包括：第一审案件受理费；第二审案件受理费；再审案件中，依照本办法规定需要交纳的案件受理费。

2. 申请费。

当事人依法向人民法院申请下列事项，应当交纳申请费：

申请执行人民法院发生法律效力的判决、裁定、调解书，仲裁机构依法作出的裁决和调解书，公证机构依法赋予强制执行效力的债权文书；申请保全措施；申请支付令；申请公示催告；申请撤销仲裁裁决或者认定仲裁协议效力；申请破产；申请海事强制令、共同海损理算、设立海事赔偿责任限制基金、海事债权登记、船舶优先权催告；申请承认和执行外国法院判决、裁定和国外仲裁机构裁决。

3. 证人、鉴定人、翻译人员、理算人员在人民法院指定日期出庭发生的交通费、住宿费、生活费和误工补贴。

▶条文参见

《诉讼费用交纳办法》

第一百零三条 施行日期

本法自 1990 年 10 月 1 日起施行。

实用核心法规

综 合

最高人民法院关于适用《中华人民共和国行政诉讼法》的解释

(2017年11月13日最高人民法院审判委员会第1726次会议通过 2018年2月6日最高人民法院公告公布 自2018年2月8日起施行 法释〔2018〕1号)

为正确适用《中华人民共和国行政诉讼法》(以下简称行政诉讼法),结合人民法院行政审判工作实际,制定本解释。

一、受案范围

第一条 【受案范围和不属于受案范围规定】 公民、法人或者其他组织对行政机关及其工作人员的行政行为不服,依法提起诉讼的,属于人民法院行政诉讼的受案范围。

下列行为不属于人民法院行政诉讼的受案范围:

(一)公安、国家安全等机关依照刑事诉讼法的明确授权实施的行为;

(二)调解行为以及法律规定的仲裁行为;

(三)行政指导行为;

(四)驳回当事人对行政行为提起申诉的重复处理行为;

(五)行政机关作出的不产生外部法律效力的行为;

(六)行政机关为作出行政行为而实施的准备、论证、研究、层报、咨询等过程性行为;

(七)行政机关根据人民法院的生效裁判、协助执行通知书作出的执行行为,但行政机关扩大执行范围或者采取违法方式实施的除外;

(八)上级行政机关基于内部层级监督关系对下级行政机关作出的听取报告、执法检查、督促履责等行为;

（九）行政机关针对信访事项作出的登记、受理、交办、转送、复查、复核意见等行为；

（十）对公民、法人或者其他组织权利义务不产生实际影响的行为。

第二条　【受案范围排除性规定中核心概念】行政诉讼法第十三条第一项规定的"国家行为"，是指国务院、中央军事委员会、国防部、外交部等根据宪法和法律的授权，以国家的名义实施的有关国防和外交事务的行为，以及经宪法和法律授权的国家机关宣布紧急状态等行为。

行政诉讼法第十三条第二项规定的"具有普遍约束力的决定、命令"，是指行政机关针对不特定对象发布的能反复适用的规范性文件。

行政诉讼法第十三条第三项规定的"对行政机关工作人员的奖惩、任免等决定"，是指行政机关作出的涉及行政机关工作人员公务员权利义务的决定。

行政诉讼法第十三条第四项规定的"法律规定由行政机关最终裁决的行政行为"中的"法律"，是指全国人民代表大会及其常务委员会制定、通过的规范性文件。

二、管　辖

第三条　【法院内部管辖规定】各级人民法院行政审判庭审理行政案件和审查行政机关申请执行其行政行为的案件。

专门人民法院、人民法庭不审理行政案件，也不审查和执行行政机关申请执行其行政行为的案件。铁路运输法院等专门人民法院审理行政案件，应当执行行政诉讼法第十八条第二款的规定。

第四条　【管辖恒定原则规定】立案后，受诉人民法院的管辖权不受当事人住所地改变、追加被告等事实和法律状态变更的影响。

第五条　【对"本辖区内重大、复杂的案件"解释】有下列情形之一的，属于行政诉讼法第十五条第三项规定的"本辖区内重大、复杂的案件"：

（一）社会影响重大的共同诉讼案件；

（二）涉外或者涉及香港特别行政区、澳门特别行政区、台湾地区的案件；

（三）其他重大、复杂案件。

第六条　【当事人可以起诉方式申请指定管辖和提级管辖】当事人以案件重大复杂为由，认为有管辖权的基层人民法院不宜行使管辖权或者根据

117

行政诉讼法第五十二条的规定，向中级人民法院起诉，中级人民法院应当根据不同情况在七日内分别作出以下处理：

（一）决定自行审理；

（二）指定本辖区其他基层人民法院管辖；

（三）书面告知当事人向有管辖权的基层人民法院起诉。

第七条 【中院对基层法院报请管辖的处理】基层人民法院对其管辖的第一审行政案件，认为需要由中级人民法院审理或者指定管辖的，可以报请中级人民法院决定。中级人民法院应当根据不同情况在七日内分别作出以下处理：

（一）决定自行审理；

（二）指定本辖区其他基层人民法院管辖；

（三）决定由报请的人民法院审理。

第八条 【原告所在地】行政诉讼法第十九条规定的"原告所在地"，包括原告的户籍所在地、经常居住地和被限制人身自由地。

对行政机关基于同一事实，既采取限制公民人身自由的行政强制措施，又采取其他行政强制措施或者行政处罚不服的，由被告所在地或者原告所在地的人民法院管辖。

第九条 【对"因不动产提起的行政诉讼"解释】行政诉讼法第二十条规定的"因不动产提起的行政诉讼"是指因行政行为导致不动产物权变动而提起的诉讼。

不动产已登记的，以不动产登记簿记载的所在地为不动产所在地；不动产未登记的，以不动产实际所在地为不动产所在地。

第十条 【管辖异议与管辖恒定原则规定】人民法院受理案件后，被告提出管辖异议的，应当在收到起诉状副本之日起十五日内提出。

对当事人提出的管辖异议，人民法院应当进行审查。异议成立的，裁定将案件移送有管辖权的人民法院；异议不成立的，裁定驳回。

人民法院对管辖异议审查后确定有管辖权的，不因当事人增加或者变更诉讼请求等改变管辖，但违反级别管辖、专属管辖规定的除外。

第十一条 【法院不予审查管辖权异议申请】有下列情形之一的，人民法院不予审查：

（一）人民法院发回重审或者按第一审程序再审的案件，当事人提出管辖异议的；

（二）当事人在第一审程序中未按照法律规定的期限和形式提出管辖异议，在第二审程序中提出的。

三、诉讼参加人

第十二条 【"与行政行为有利害关系"的特殊情形规定】有下列情形之一的，属于行政诉讼法第二十五条第一款规定的"与行政行为有利害关系"：

（一）被诉的行政行为涉及其相邻权或者公平竞争权的；
（二）在行政复议等行政程序中被追加为第三人的；
（三）要求行政机关依法追究加害人法律责任的；
（四）撤销或者变更行政行为涉及其合法权益的；
（五）为维护自身合法权益向行政机关投诉，具有处理投诉职责的行政机关作出或者未作出处理的；
（六）其他与行政行为有利害关系的情形。

第十三条 【债权人可否具有原告主体资格规定】债权人以行政机关对债务人所作的行政行为损害债权实现为由提起行政诉讼的，人民法院应当告知其就民事争议提起民事诉讼，但行政机关作出行政行为时依法应予保护或者应予考虑的除外。

第十四条 【"近亲属"范围与对被限制人身自由的公民委托诉讼规定】行政诉讼法第二十五条第二款规定的"近亲属"，包括配偶、父母、子女、兄弟姐妹、祖父母、外祖父母、孙子女、外孙子女和其他具有扶养、赡养关系的亲属。

公民因被限制人身自由而不能提起诉讼的，其近亲属可以依其口头或者书面委托以该公民的名义提起诉讼。近亲属起诉时无法与被限制人身自由的公民取得联系，近亲属可以先行起诉，并在诉讼中补充提交委托证明。

第十五条 【未依法登记领取营业执照的个人合伙和个体工商户行政诉讼原告资格的规定】合伙企业向人民法院提起诉讼的，应当以核准登记的字号为原告。未依法登记领取营业执照的个人合伙的全体合伙人为共同原告；全体合伙人可以推选代表人，被推选的代表人，应当由全体合伙人出具推选书。

个体工商户向人民法院提起诉讼的，以营业执照上登记的经营者为原告。有字号的，以营业执照上登记的字号为原告，并应当注明该字号经营者的基本信息。

第十六条 【股份制企业权力机构、企业投资者和非国有企业被强制终止或改变企业形态后的诉权规定】股份制企业的股东大会、股东会、董事会等认为行政机关作出的行政行为侵犯企业经营自主权的,可以企业名义提起诉讼。

联营企业、中外合资或者合作企业的联营、合资、合作各方,认为联营、合资、合作企业权益或者自己一方合法权益受行政行为侵害的,可以自己的名义提起诉讼。

非国有企业被行政机关注销、撤销、合并、强令兼并、出售、分立或者改变企业隶属关系的,该企业或者其法定代表人可以提起诉讼。

第十七条 【非营利法人的出资人设立人的原告主体资格规定】事业单位、社会团体、基金会、社会服务机构等非营利法人的出资人、设立人认为行政行为损害法人合法权益的,可以自己的名义提起诉讼。

第十八条 【业主委员会及其业主的原告资格】业主委员会对于行政机关作出的涉及业主共有利益的行政行为,可以自己的名义提起诉讼。

业主委员会不起诉的,专有部分占建筑物总面积过半数或者占总户数过半数的业主可以提起诉讼。

第十九条 【经批准行政行为情形下的被告资格确定】当事人不服经上级行政机关批准的行政行为,向人民法院提起诉讼的,以在对外发生法律效力的文书上署名的机关为被告。

第二十条 【行政机关的内设机构、派出机构或者其他组织被告主体资格规定】行政机关组建并赋予行政管理职能但不具有独立承担法律责任能力的机构,以自己的名义作出行政行为,当事人不服提起诉讼的,应当以组建该机构的行政机关为被告。

法律、法规或者规章授权行使行政职权的行政机关内设机构、派出机构或者其他组织,超出法定授权范围实施行政行为,当事人不服提起诉讼的,应当以实施该行为的机构或者组织为被告。

没有法律、法规或者规章规定,行政机关授权其内设机构、派出机构或者其他组织行使行政职权的,属于行政诉讼法第二十六条规定的委托。当事人不服提起诉讼的,应当以该行政机关为被告。

第二十一条 【开发区管理机构及其所属职能部门的被告资格规定】当事人对由国务院、省级人民政府批准设立的开发区管理机构作出的行政行为不服提起诉讼的,以该开发区管理机构为被告;对由国务院、省级人民政府批准设立的开发区管理机构所属职能部门作出的行政行为不服提起诉讼的,以其职能部门为被告;对其他开发区管理机构所属职能部门作出的行政行为不服提起诉讼的,以开发区管理机构为被告;开发区管理机构没有行政主体资格的,以设立该机构的地方人民政府为被告。

第二十二条 【复议机关改变原行政行为规定】行政诉讼法第二十六

条第二款规定的"复议机关改变原行政行为",是指复议机关改变原行政行为的处理结果。复议机关改变原行政行为所认定的主要事实和证据、改变原行政行为所适用的规范依据,但未改变原行政行为处理结果的,视为复议机关维持原行政行为。

复议机关确认原行政行为无效,属于改变原行政行为。

复议机关确认原行政行为违法,属于改变原行政行为,但复议机关以违反法定程序为由确认原行政行为违法的除外。

第二十三条 【行政机关被撤销或职权变更,没有继续行使其职权的行政机关的被告确定】行政机关被撤销或者职权变更,没有继续行使其职权的行政机关的,以其所属的人民政府为被告;实行垂直领导的,以垂直领导的上一级行政机关为被告。

第二十四条 【基层群众性自治组织、事业单位、行业协会被告资格】当事人对村民委员会或者居民委员会依据法律、法规、规章的授权履行行政管理职责的行为不服提起诉讼的,以村民委员会或者居民委员会为被告。

当事人对村民委员会、居民委员会受行政机关委托作出的行为不服提起诉讼的,以委托的行政机关为被告。

当事人对高等学校等事业单位以及律师协会、注册会计师协会等行业协会依据法律、法规、规章的授权实施的行政行为不服提起诉讼的,以该事业单位、行业协会为被告。

当事人对高等学校等事业单位以及律师协会、注册会计师协会等行业协会受行政机关委托作出的行为不服提起诉讼的,以委托的行政机关为被告。

第二十五条 【市、县级政府确定的房屋征收部门被告主体资格规定】市、县级人民政府确定的房屋征收部门组织实施房屋征收与补偿工作过程中作出行政行为,被征收人不服提起诉讼的,以房屋征收部门为被告。

征收实施单位受房屋征收部门委托,在委托范围内从事的行为,被征收人不服提起诉讼的,应当以房屋征收部门为被告。

第二十六条 【变更和追加被告规定】原告所起诉的被告不适格,人民法院应当告知原告变更被告;原告不同意变更的,裁定驳回起诉。

应当追加被告而原告不同意追加的,人民法院应当通知其以第三人的身份参加诉讼,但行政复议机关作共同被告的除外。

第二十七条 【必要共同诉讼】必须共同进行诉讼的当事人没有参加诉讼的,人民法院应当依法通知其参加;当事人也可以向人民法院申请参加。

人民法院应当对当事人提出的申请进行审查,申请理由不成立的,裁定驳回;申请理由成立的,书面通知其参加诉讼。

前款所称的必须共同进行诉讼，是指按照行政诉讼法第二十七条的规定，当事人一方或者双方为两人以上，因同一行政行为发生行政争议，人民法院必须合并审理的诉讼。

第二十八条 【法院追加共同诉讼当事人时应当通知其他当事人，以及追加共同原告程序性规定】 人民法院追加共同诉讼的当事人时，应当通知其他当事人。应当追加的原告，已明确表示放弃实体权利的，可不予追加；既不愿意参加诉讼，又不放弃实体权利的，应追加为第三人，其不参加诉讼，不能阻碍人民法院对案件的审理和裁判。

第二十九条 【适用行政诉讼法第二十八条规定的解释】 行政诉讼法第二十八条规定的"人数众多"，一般指十人以上。

根据行政诉讼法第二十八条的规定，当事人一方人数众多的，由当事人推选代表人。当事人推选不出的，可以由人民法院在起诉的当事人中指定代表人。

行政诉讼法第二十八条规定的代表人为二至五人。代表人可以委托一至二人作为诉讼代理人。

第三十条 【第三人的规定】 行政机关的同一行政行为涉及两个以上利害关系人，其中一部分利害关系人对行政行为不服提起诉讼，人民法院应当通知没有起诉的其他利害关系人作为第三人参加诉讼。

与行政案件处理结果有利害关系的第三人，可以申请参加诉讼，或者由人民法院通知其参加诉讼。人民法院判决其承担义务或者减损其权益的第三人，有权提出上诉或者申请再审。

行政诉讼法第二十九条规定的第三人，因不能归责于本人的事由未参加诉讼，但有证据证明发生法律效力的判决、裁定、调解书损害其合法权益的，可以依照行政诉讼法第九十条的规定，自知道或者应当知道其合法权益受到损害之日起六个月内，向上一级人民法院申请再审。

第三十一条 【对委托诉讼代理人规定】 当事人委托诉讼代理人，应当向人民法院提交由委托人签名或者盖章的授权委托书。委托书应当载明委托事项和具体权限。公民在特殊情况下无法书面委托的，也可以由他人代书，并由自己捺印等方式确认，人民法院应当核实并记录在卷；被诉行政机关或者其他有义务协助的机关拒绝人民法院向被限制人身自由的公民核实的，视为委托成立。当事人解除或者变更委托的，应当书面报告人民法院。

第三十二条 【当事人工作人员作为当事人诉讼代理人参加诉讼规定】 依照行政诉讼法第三十一条第二款第二项规定，与当事人有合法劳动人事关系的职工，可以当事人工作人员的名义作为诉讼代理人。以当事人的工作人员身份参加诉讼活动，应当提交以下证据之一加以证明：

（一）缴纳社会保险记录凭证；
（二）领取工资凭证；
（三）其他能够证明其为当事人工作人员身份的证据。

第三十三条　【社会团体推荐公民担任诉讼代理人时具体条件规定】 根据行政诉讼法第三十一条第二款第三项规定，有关社会团体推荐公民担任诉讼代理人的，应当符合下列条件：

（一）社会团体属于依法登记设立或者依法免予登记设立的非营利性法人组织；
（二）被代理人属于该社会团体的成员，或者当事人一方住所地位于该社会团体的活动地域；
（三）代理事务属于该社会团体章程载明的业务范围；
（四）被推荐的公民是该社会团体的负责人或者与该社会团体有合法劳动人事关系的工作人员。

专利代理人经中华全国专利代理人协会推荐，可以在专利行政案件中担任诉讼代理人。

四、证　据

第三十四条　【被告延期举证规定】 根据行政诉讼法第三十六条第一款的规定，被告申请延期提供证据的，应当在收到起诉状副本之日起十五日内以书面方式向人民法院提出。人民法院准许延期提供的，被告应当在正当事由消除后十五日内提供证据。逾期提供的，视为被诉行政行为没有相应的证据。

第三十五条　【原告或第三人举证期限规定】 原告或者第三人应当在开庭审理前或者人民法院指定的交换证据清单之日提供证据。因正当事由申请延期提供证据的，经人民法院准许，可以在法庭调查中提供。逾期提供证据的，人民法院应当责令其说明理由；拒不说明理由或者理由不成立的，视为放弃举证权利。

原告或者第三人在第一审程序中无正当事由未提供而在第二审程序中提供的证据，人民法院不予接纳。

第三十六条　【举证期限延长程序性规定】 当事人申请延长举证期限，应当在举证期限届满前向人民法院提出书面申请。

申请理由成立的，人民法院应当准许，适当延长举证期限，并通知其他当事人。申请理由不成立的，人民法院不予准许，并通知申请人。

第三十七条 【法院要求当事人提供或者补充证据规定】根据行政诉讼法第三十九条的规定,对当事人无争议,但涉及国家利益、公共利益或者他人合法权益的事实,人民法院可以责令当事人提供或者补充有关证据。

第三十八条 【庭前证据交换及其效力规定】对于案情比较复杂或者证据数量较多的案件,人民法院可以组织当事人在开庭前向对方出示或者交换证据,并将交换证据清单的情况记录在卷。

当事人在庭前证据交换过程中没有争议并记录在卷的证据,经审判人员在庭审中说明后,可以作为认定案件事实的依据。

第三十九条 【当事人申请调取证据是否准许规定】当事人申请调查收集证据,但该证据与待证事实无关联、对证明待证事实无意义或者其他无调查收集必要的,人民法院不予准许。

第四十条 【证人如实作证义务及出庭作证费用规定】人民法院在证人出庭作证前应当告知其如实作证的义务以及作伪证的法律后果。

证人因履行出庭作证义务而支出的交通、住宿、就餐等必要费用以及误工损失,由败诉一方当事人承担。

第四十一条 【原告和第三人申请行政执法人员出庭作证规定】有下列情形之一,原告或者第三人要求相关行政执法人员出庭说明的,人民法院可以准许:

(一) 对现场笔录的合法性或者真实性有异议的;
(二) 对扣押财产的品种或者数量有异议的;
(三) 对检验的物品取样或者保管有异议的;
(四) 对行政执法人员身份的合法性有异议的;
(五) 需要出庭说明的其他情形。

第四十二条 【证据资格规定】能够反映案件真实情况、与待证事实相关联、来源和形式符合法律规定的证据,应当作为认定案件事实的根据。

第四十三条 【非法证据判断标准规定】有下列情形之一的,属于行政诉讼法第四十三条第三款规定的"以非法手段取得的证据":

(一) 严重违反法定程序收集的证据材料;
(二) 以违反法律强制性规定的手段获取且侵害他人合法权益的证据材料;
(三) 以利诱、欺诈、胁迫、暴力等手段获取的证据材料。

第四十四条 【法院询问当事人程序和当事人拒绝接受询问后果规定】人民法院认为有必要的,可以要求当事人本人或者行政机关执法人员到庭,就案件有关事实接受询问。在询问之前,可以要求其签署保证书。

保证书应当载明据实陈述、如有虚假陈述愿意接受处罚等内容。当事人或者行政机关执法人员应当在保证书上签名或者捺印。

负有举证责任的当事人拒绝到庭、拒绝接受询问或者拒绝签署保证书，待证事实又欠缺其他证据加以佐证的，人民法院对其主张的事实不予认定。

第四十五条　【原告或第三人在行政程序中迟延举证法律后果】被告有证据证明其在行政程序中依照法定程序要求原告或者第三人提供证据，原告或者第三人依法应当提供而没有提供，在诉讼程序中提供的证据，人民法院一般不予采纳。

第四十六条　【证据调取令和证明妨碍规则规定】原告或者第三人确有证据证明被告持有的证据对原告或者第三人有利的，可以在开庭审理前书面申请人民法院责令行政机关提交。

申请理由成立的，人民法院应当责令行政机关提交，因提交证据所产生的费用，由申请人预付。行政机关无正当理由拒不提交的，人民法院可以推定原告或者第三人基于该证据主张的事实成立。

持有证据的当事人以妨碍对方当事人使用为目的，毁灭有关证据或者实施其他致使证据不能使用行为的，人民法院可以推定对方当事人基于该证据主张的事实成立，并可依照行政诉讼法第五十九条规定处理。

第四十七条　【行政赔偿和补偿案件中证明责任分配】根据行政诉讼法第三十八条第二款的规定，在行政赔偿、补偿案件中，因被告的原因导致原告无法就损害情况举证的，应当由被告就该损害情况承担举证责任。

对于各方主张损失的价值无法认定的，应当由负有举证责任的一方当事人申请鉴定，但法律、法规、规章规定行政机关在作出行政行为时依法应当评估或者鉴定的除外；负有举证责任的当事人拒绝申请鉴定的，由其承担不利的法律后果。

当事人的损失因客观原因无法鉴定的，人民法院应当结合当事人的主张和在案证据，遵循法官职业道德，运用逻辑推理和生活经验、生活常识等，酌情确定赔偿数额。

五、期间、送达

第四十八条　【期间种类和计算方式规定】期间包括法定期间和人民法院指定的期间。

期间以时、日、月、年计算。期间开始的时和日，不计算在期间内。

期间届满的最后一日是节假日的，以节假日后的第一日为期间届满的日期。

期间不包括在途时间，诉讼文书在期满前交邮的，视为在期限内发送。

第四十九条 【立案期限计算规定】行政诉讼法第五十一条第二款规定的立案期限,因起诉状内容欠缺或者有其他错误通知原告限期补正的,从补正后递交人民法院的次日起算。由上级人民法院转交下级人民法院立案的案件,从受诉人民法院收到起诉状的次日起算。

第五十条 【审理期限、再审案件审理期限计算和基层法院申请延长审理期限报批规定】行政诉讼法第八十一条、第八十三条、第八十八条规定的审理期限,是指从立案之日起至裁判宣告、调解书送达之日止的期间,但公告期间、鉴定期间、调解期间、中止诉讼期间、审理当事人提出的管辖异议以及处理人民法院之间的管辖争议期间不应计算在内。

再审案件按照第一审程序或者第二审程序审理的,适用行政诉讼法第八十一条、第八十八条规定的审理期限。审理期限自再审立案的次日起算。

基层人民法院申请延长审理期限,应当直接报请高级人民法院批准,同时报中级人民法院备案。

第五十一条 【送达相关规定】人民法院可以要求当事人签署送达地址确认书,当事人确认的送达地址为人民法院法律文书的送达地址。

当事人同意电子送达的,应当提供并确认传真号、电子信箱等电子送达地址。

当事人送达地址发生变更的,应当及时书面告知受理案件的人民法院;未及时告知的,人民法院按原地址送达,视为依法送达。

人民法院可以通过国家邮政机构以法院专递方式进行送达。

第五十二条 【向当事人住所地以外直接送达文书规定】人民法院可以在当事人住所地以外向当事人直接送达诉讼文书。当事人拒绝签署送达回证的,采用拍照、录像等方式记录送达过程即视为送达。审判人员、书记员应当在送达回证上注明送达情况并签名。

六、起诉与受理

第五十三条 【立案登记程序规定】人民法院对符合起诉条件的案件应当立案,依法保障当事人行使诉讼权利。

对当事人依法提起的诉讼,人民法院应当根据行政诉讼法第五十一条的规定接收起诉状。能够判断符合起诉条件的,应当当场登记立案;当场不能判断是否符合起诉条件的,应当在接收起诉状后七日内决定是否立案;七日内仍不能作出判断的,应当先予立案。

第五十四条 【当事人提交起诉证据规定】依照行政诉讼法第四十九

条的规定，公民、法人或者其他组织提起诉讼时应当提交以下起诉材料：

（一）原告的身份证明材料以及有效联系方式；
（二）被诉行政行为或者不作为存在的材料；
（三）原告与被诉行政行为具有利害关系的材料；
（四）人民法院认为需要提交的其他材料。

由法定代理人或者委托代理人代为起诉的，还应当在起诉状中写明或者在口头起诉时向人民法院说明法定代理人或者委托代理人的基本情况，并提交法定代理人或者委托代理人的身份证明和代理权限证明等材料。

第五十五条 【法院对起诉审查及不予立案规定】依照行政诉讼法第五十一条的规定，人民法院应当就起诉状内容和材料是否完备以及是否符合行政诉讼法规定的起诉条件进行审查。

起诉状内容或者材料欠缺的，人民法院应当给予指导和释明，并一次性全面告知当事人需要补正的内容、补充的材料及期限。在指定期限内补正并符合起诉条件的，应当登记立案。当事人拒绝补正或者经补正仍不符合起诉条件的，退回诉状并记录在册；坚持起诉的，裁定不予立案，并载明不予立案的理由。

第五十六条 【复议前置及行政复议与行政诉讼衔接规定】法律、法规规定应当先申请复议，公民、法人或者其他组织未申请复议直接提起诉讼的，人民法院裁定不予立案。

依照行政诉讼法第四十五条的规定，复议机关不受理复议申请或者在法定期限内不作出复议决定，公民、法人或者其他组织不服，依法向人民法院提起诉讼的，人民法院应当依法立案。

第五十七条 【复议与诉讼救济方式选择】法律、法规未规定行政复议为提起行政诉讼必经程序，公民、法人或者其他组织既提起诉讼又申请行政复议的，由先立案的机关管辖；同时立案的，由公民、法人或者其他组织选择。公民、法人或者其他组织已经申请行政复议，在法定复议期间内又向人民法院提起诉讼的，人民法院裁定不予立案。

第五十八条 【撤回复议申请后诉讼受理】法律、法规未规定行政复议为提起行政诉讼必经程序，公民、法人或者其他组织向复议机关申请行政复议后，又经复议机关同意撤回复议申请，在法定起诉期限内对原行政行为提起诉讼的，人民法院应当依法立案。

第五十九条 【被告及起诉期限规定】公民、法人或者其他组织向复议机关申请行政复议后，复议机关作出维持决定的，应当以复议机关和原行为机关为共同被告，并以复议决定送达时间确定起诉期限。

第六十条 【撤诉后又起诉及裁定撤诉有误纠错】人民法院裁定准许

原告撤诉后，原告以同一事实和理由重新起诉的，人民法院不予立案。

准予撤诉的裁定确有错误，原告申请再审的，人民法院应当通过审判监督程序撤销原准予撤诉的裁定，重新对案件进行审理。

第六十一条 【未交起诉费按撤诉处理又起诉规定】原告或者上诉人未按规定的期限预交案件受理费，又不提出缓交、减交、免交申请，或者提出申请未获批准的，按自动撤诉处理。在按撤诉处理后，原告或者上诉人在法定期限内再次起诉或者上诉，并依法解决诉讼费预交问题的，人民法院应予立案。

第六十二条 【对重新作出行政行为不服起诉】人民法院判决撤销行政机关的行政行为后，公民、法人或者其他组织对行政机关重新作出的行政行为不服向人民法院起诉的，人民法院应当依法立案。

第六十三条 【未送达文书是否受理起诉规定】行政机关作出行政行为时，没有制作或者没有送达法律文书，公民、法人或者其他组织只要能证明行政行为存在，并在法定期限内起诉的，人民法院应当依法立案。

第六十四条 【未告知诉权起诉期限规定】行政机关作出行政行为时，未告知公民、法人或者其他组织起诉期限的，起诉期限从公民、法人或者其他组织知道或者应当知道起诉期限之日起计算，但从知道或者应当知道行政行为内容之日起最长不得超过一年。

复议决定未告知公民、法人或者其他组织起诉期限的，适用前款规定。

第六十五条 【最长起诉期限规定】公民、法人或者其他组织不知道行政机关作出的行政行为内容的，其起诉期限从知道或者应当知道该行政行为内容之日起计算，但最长不得超过行政诉讼法第四十六条第二款规定的起诉期限。

第六十六条 【申请行政不作为起诉期限规定】公民、法人或者其他组织依照行政诉讼法第四十七条第一款的规定，对行政机关不履行法定职责提起诉讼的，应当在行政机关履行法定职责期限届满之日起六个月内提出。

第六十七条 【"有明确的被告"认定】原告提供被告的名称等信息足以使被告与其他行政机关相区别的，可以认定为行政诉讼法第四十九条第二项规定的"有明确的被告"。

起诉状列写被告信息不足以认定明确的被告的，人民法院可以告知原告补正；原告补正后仍不能确定明确的被告的，人民法院裁定不予立案。

第六十八条 【诉讼请求规定】行政诉讼法第四十九条第三项规定的"有具体的诉讼请求"是指：

（一）请求判决撤销或者变更行政行为；

（二）请求判决行政机关履行特定法定职责或者给付义务；

（三）请求判决确认行政行为违法；

（四）请求判决确认行政行为无效；
（五）请求判决行政机关予以赔偿或者补偿；
（六）请求解决行政协议争议；
（七）请求一并审查规章以下规范性文件；
（八）请求一并解决相关民事争议；
（九）其他诉讼请求。

当事人单独或者一并提起行政赔偿、补偿诉讼的，应当有具体的赔偿、补偿事项以及数额；请求一并审查规章以下规范性文件的，应当提供明确的文件名称或者审查对象；请求一并解决相关民事争议的，应当有具体的民事诉讼请求。

当事人未能正确表达诉讼请求的，人民法院应当要求其明确诉讼请求。

第六十九条 【裁定驳回起诉规定】有下列情形之一，已经立案的，应当裁定驳回起诉：
（一）不符合行政诉讼法第四十九条规定的；
（二）超过法定起诉期限且无行政诉讼法第四十八条规定情形的；
（三）错列被告且拒绝变更的；
（四）未按照法律规定由法定代理人、指定代理人、代表人为诉讼行为的；
（五）未按照法律、法规规定先向行政机关申请复议的；
（六）重复起诉的；
（七）撤回起诉后无正当理由再行起诉的；
（八）行政行为对其合法权益明显不产生实际影响的；
（九）诉讼标的已为生效裁判或者调解书所羁束的；
（十）其他不符合法定起诉条件的情形。

前款所列情形可以补正或者更正的，人民法院应当指定期间责令补正或者更正；在指定期间已经补正或者更正的，应当依法审理。

人民法院经过阅卷、调查或者询问当事人，认为不需要开庭审理的，可以迳行裁定驳回起诉。

第七十条 【新诉讼请求期限规定】起诉状副本送达被告后，原告提出新的诉讼请求的，人民法院不予准许，但有正当理由的除外。

七、审理与判决

第七十一条 【庭审方式及时间规定】人民法院适用普通程序审理案

件，应当在开庭三日前用传票传唤当事人。对证人、鉴定人、勘验人、翻译人员，应当用通知书通知其到庭。当事人或者其他诉讼参与人在外地的，应当留有必要的在途时间。

第七十二条　【延期开庭规定】有下列情形之一的，可以延期开庭审理：

（一）应当到庭的当事人和其他诉讼参与人有正当理由没有到庭的；

（二）当事人临时提出回避申请且无法及时作出决定的；

（三）需要通知新的证人到庭，调取新的证据，重新鉴定、勘验，或者需要补充调查的；

（四）其他应当延期的情形。

第七十三条　【合并审理案件规定】根据行政诉讼法第二十七条的规定，有下列情形之一的，人民法院可以决定合并审理：

（一）两个以上行政机关分别对同一事实作出行政行为，公民、法人或者其他组织不服向同一人民法院起诉的；

（二）行政机关就同一事实对若干公民、法人或者其他组织分别作出行政行为，公民、法人或者其他组织不服分别向同一人民法院起诉的；

（三）在诉讼过程中，被告对原告作出新的行政行为，原告不服向同一人民法院起诉的；

（四）人民法院认为可以合并审理的其他情形。

第七十四条　【回避相关规定】当事人申请回避，应当说明理由，在案件开始审理时提出；回避事由在案件开始审理后知道的，应当在法庭辩论终结前提出。

被申请回避的人员，在人民法院作出是否回避的决定前，应当暂停参与本案的工作，但案件需要采取紧急措施的除外。

对当事人提出的回避申请，人民法院应当在三日内以口头或者书面形式作出决定。对当事人提出的明显不属于法定回避事由的申请，法庭可以依法当庭驳回。

申请人对驳回回避申请决定不服的，可以向作出决定的人民法院申请复议一次。复议期间，被申请回避的人员不停止参与本案的工作。对申请人的复议申请，人民法院应当在三日内作出复议决定，并通知复议申请人。

第七十五条　【审判人员回避规定】在一个审判程序中参与过本案审判工作的审判人员，不得再参与该案其他程序的审判。

发回重审的案件，在一审法院作出裁判后又进入第二审程序的，原第二审程序中合议庭组成人员不受前款规定的限制。

第七十六条　【保全及救济规定】人民法院对于因一方当事人的行为

或者其他原因，可能使行政行为或者人民法院生效裁判不能或者难以执行的案件，根据对方当事人的申请，可以裁定对其财产进行保全、责令其作出一定行为或者禁止其作出一定行为；当事人没有提出申请的，人民法院在必要时也可以裁定采取上述保全措施。

人民法院采取保全措施，可以责令申请人提供担保；申请人不提供担保的，裁定驳回申请。

人民法院接受申请后，对情况紧急的，必须在四十八小时内作出裁定；裁定采取保全措施的，应当立即开始执行。

当事人对保全的裁定不服的，可以申请复议；复议期间不停止裁定的执行。

第七十七条 【诉前保全规定】利害关系人因情况紧急，不立即申请保全将会使其合法权益受到难以弥补的损害的，可以在提起诉讼前向被保全财产所在地、被申请人住所地或者对案件有管辖权的人民法院申请采取保全措施。申请人应当提供担保，不提供担保的，裁定驳回申请。

人民法院接受申请后，必须在四十八小时内作出裁定；裁定采取保全措施的，应当立即开始执行。

申请人在人民法院采取保全措施后三十日内不依法提起诉讼的，人民法院应当解除保全。

当事人对保全的裁定不服的，可以申请复议；复议期间不停止裁定的执行。

第七十八条 【保全范围方式及因保全错误赔偿规定】保全限于请求的范围，或者与本案有关的财物。

财产保全采取查封、扣押、冻结或者法律规定的其他方法。人民法院保全财产后，应当立即通知被保全人。

财产已被查封、冻结的，不得重复查封、冻结。

涉及财产的案件，被申请人提供担保的，人民法院应当裁定解除保全。

申请有错误的，申请人应当赔偿被申请人因保全所遭受的损失。

第七十九条 【未到庭及中途退庭规定】原告或者上诉人申请撤诉，人民法院裁定不予准许的，原告或者上诉人经传票传唤无正当理由拒不到庭，或者未经法庭许可中途退庭的，人民法院可以缺席判决。

第三人经传票传唤无正当理由拒不到庭，或者未经法庭许可中途退庭的，不发生阻止案件审理的效果。

根据行政诉讼法第五十八条的规定，被告经传票传唤无正当理由拒不到庭，或者未经法庭许可中途退庭的，人民法院可以按期开庭或者继续开庭审理，对到庭的当事人诉讼请求、双方的诉辩理由以及已经提交的证据及其他诉讼材料进行审理后，依法缺席判决。

第八十条 【当事人放弃陈述权以及撤诉规定】原告或者上诉人在庭审中明确拒绝陈述或者以其他方式拒绝陈述，导致庭审无法进行，经法庭释明法律后果后仍不陈述意见的，视为放弃陈述权利，由其承担不利的法律后果。

当事人申请撤诉或者依法可以按撤诉处理的案件，当事人有违反法律的行为需要依法处理的，人民法院可以不准许撤诉或者不按撤诉处理。

法庭辩论终结后原告申请撤诉，人民法院可以准许，但涉及到国家利益和社会公共利益的除外。

第八十一条 【审理期间被告改变原行政行为规定】被告在一审期间改变被诉行政行为的，应当书面告知人民法院。

原告或者第三人对改变后的行政行为不服提起诉讼的，人民法院应当就改变后的行政行为进行审理。

被告改变原违法行政行为，原告仍要求确认原行政行为违法的，人民法院应当依法作出确认判决。

原告起诉被告不作为，在诉讼中被告作出行政行为，原告不撤诉的，人民法院应当就不作为依法作出确认判决。

第八十二条 【恶意诉讼处理】当事人之间恶意串通，企图通过诉讼等方式侵害国家利益、社会公共利益或者他人合法权益的，人民法院应当裁定驳回起诉或者判决驳回其请求，并根据情节轻重予以罚款、拘留；构成犯罪的，依法追究刑事责任。

第八十三条 【妨害诉讼行为的强制措施适用规定】行政诉讼法第五十九条规定的罚款、拘留可以单独适用，也可以合并适用。

对同一妨害行政诉讼行为的罚款、拘留不得连续适用。发生新的妨害行政诉讼行为的，人民法院可以重新予以罚款、拘留。

第八十四条 【迳行调解规定】人民法院审理行政诉讼法第六十条第一款规定的行政案件，认为法律关系明确、事实清楚，在征得当事人双方同意后，可以迳行调解。

第八十五条 【调解书内容和生效规定】调解达成协议，人民法院应当制作调解书。调解书应当写明诉讼请求、案件的事实和调解结果。

调解书由审判人员、书记员署名，加盖人民法院印章，送达双方当事人。

调解书经双方当事人签收后，即具有法律效力。调解书生效日期根据最后收到调解书的当事人签收的日期确定。

第八十六条 【调解协议公开及调解失败后规定】人民法院审理行政

案件，调解过程不公开，但当事人同意公开的除外。

经人民法院准许，第三人可以参加调解。人民法院认为有必要的，可以通知第三人参加调解。

调解协议内容不公开，但为保护国家利益、社会公共利益、他人合法权益，人民法院认为确有必要公开的除外。

当事人一方或者双方不愿调解、调解未达成协议的，人民法院应当及时判决。

当事人自行和解或者调解达成协议后，请求人民法院按照和解协议或者调解协议的内容制作判决书的，人民法院不予准许。

第八十七条　【中止诉讼及恢复诉讼规定】在诉讼过程中，有下列情形之一的，中止诉讼：

（一）原告死亡，须等待其近亲属表明是否参加诉讼的；

（二）原告丧失诉讼行为能力，尚未确定法定代理人的；

（三）作为一方当事人的行政机关、法人或者其他组织终止，尚未确定权利义务承受人的；

（四）一方当事人因不可抗力的事由不能参加诉讼的；

（五）案件涉及法律适用问题，需要送请有权机关作出解释或者确认的；

（六）案件的审判须以相关民事、刑事或者其他行政案件的审理结果为依据，而相关案件尚未审结的；

（七）其他应当中止诉讼的情形。

中止诉讼的原因消除后，恢复诉讼。

第八十八条　【终结诉讼情形规定】在诉讼过程中，有下列情形之一的，终结诉讼：

（一）原告死亡，没有近亲属或者近亲属放弃诉讼权利的；

（二）作为原告的法人或者其他组织终止后，其权利义务的承受人放弃诉讼权利的。

因本解释第八十七条第一款第一、二、三项原因中止诉讼满九十日仍无人继续诉讼的，裁定终结诉讼，但有特殊情况的除外。

第八十九条　【复议改变原行政行为错误规定】复议决定改变原行政行为错误，人民法院判决撤销复议决定时，可以一并责令复议机关重新作出复议决定或者判决恢复原行政行为的法律效力。

第九十条　【重新作出行政行为审查处理规定】人民法院判决被告重新作出行政行为，被告重新作出的行政行为与原行政行为的结果相同，但主要事实或者主要理由有改变的，不属于行政诉讼法第七十一条规定的情形。

人民法院以违反法定程序为由，判决撤销被诉行政行为的，行政机关重新作出行政行为不受行政诉讼法第七十一条规定的限制。

行政机关以同一事实和理由重新作出与原行政行为基本相同的行政行为，人民法院应当根据行政诉讼法第七十条、第七十一条的规定判决撤销或者部分撤销，并根据行政诉讼法第九十六条的规定处理。

第九十一条　【课予义务判决规定】原告请求被告履行法定职责的理由成立，被告违法拒绝履行或者无正当理由逾期不予答复的，人民法院可以根据行政诉讼法第七十二条的规定，判决被告在一定期限内依法履行原告请求的法定职责；尚需被告调查或者裁量的，应当判决被告针对原告的请求重新作出处理。

第九十二条　【一般给付判决规定】原告申请被告依法履行支付抚恤金、最低生活保障待遇或者社会保险待遇等给付义务的理由成立，被告依法负有给付义务而拒绝或者拖延履行义务的，人民法院可以根据行政诉讼法第七十三条的规定，判决被告在一定期限内履行相应的给付义务。

第九十三条　【履行职责、先行给付裁判方式】原告请求被告履行法定职责或者依法履行支付抚恤金、最低生活保障待遇或者社会保险待遇等给付义务，原告未先向行政机关提出申请的，人民法院裁定驳回起诉。

人民法院经审理认为原告所请求履行的法定职责或者给付义务明显不属于行政机关权限范围的，可以裁定驳回起诉。

第九十四条　【依职权选择判决方式规定】公民、法人或者其他组织起诉请求撤销行政行为，人民法院经审查认为行政行为无效的，应当作出确认无效的判决。

公民、法人或者其他组织起诉请求确认行政行为无效，人民法院审查认为行政行为不属于无效情形，经释明，原告请求撤销行政行为的，应当继续审理并依法作出相应判决；原告请求撤销行政行为但超过法定起诉期限的，裁定驳回起诉；原告拒绝变更诉讼请求的，判决驳回其诉讼请求。

第九十五条　【一并赔偿问题规定】人民法院经审理认为被诉行政行为违法或者无效，可能给原告造成损失，经释明，原告请求一并解决行政赔偿争议的，人民法院可以就赔偿事项进行调解；调解不成的，应当一并判决。人民法院也可以告知其就赔偿事项另行提起诉讼。

第九十六条　【程序轻微违法认定】有下列情形之一，且对原告依法享有的听证、陈述、申辩等重要程序性权利不产生实质损害的，属于行政诉讼法第七十四条第一款第二项规定的"程序轻微违法"：

（一）处理期限轻微违法；

（二）通知、送达等程序轻微违法；

（三）其他程序轻微违法的情形。

第九十七条　【赔偿责任比例划分】原告或者第三人的损失系由其自身过错和行政机关的违法行政行为共同造成的，人民法院应当依据各方行为与损害结果之间有无因果关系以及在损害发生和结果中作用力的大小，确定行政机关相应的赔偿责任。

第九十八条　【不作为致害赔偿】因行政机关不履行、拖延履行法定职责，致使公民、法人或者其他组织的合法权益遭受损害的，人民法院应当判决行政机关承担行政赔偿责任。在确定赔偿数额时，应当考虑该不履行、拖延履行法定职责的行为在损害发生过程和结果中所起的作用等因素。

第九十九条　【无效行政行为规定】有下列情形之一的，属于行政诉讼法第七十五条规定的"重大且明显违法"：

（一）行政行为实施主体不具有行政主体资格；

（二）减损权利或者增加义务的行政行为没有法律规范依据；

（三）行政行为的内容客观上不可能实施；

（四）其他重大且明显违法的情形。

第一百条　【裁判文书引用规定】人民法院审理行政案件，适用最高人民法院司法解释的，应当在裁判文书中援引。

人民法院审理行政案件，可以在裁判文书中引用合法有效的规章及其他规范性文件。

第一百零一条　【裁定的适用范围】裁定适用于下列范围：

（一）不予立案；

（二）驳回起诉；

（三）管辖异议；

（四）终结诉讼；

（五）中止诉讼；

（六）移送或者指定管辖；

（七）诉讼期间停止行政行为的执行或者驳回停止执行的申请；

（八）财产保全；

（九）先予执行；

（十）准许或者不准许撤诉；

（十一）补正裁判文书中的笔误；

（十二）中止或终结执行；

（十三）提审、指令再审或者发回重审；

（十四）准许或者不准许执行行政机关的行政行为；

（十五）其他需要裁定的事项。

对第一、二、三项裁定，当事人可以上诉。

裁定书应当写明裁定结果和作出该裁定的理由。裁定书由审判人员、书记员署名，加盖人民法院印章。口头裁定的，记入笔录。

第一百零二条　【简易程序适用概念确定】行政诉讼法第八十二条规定的行政案件中的"事实清楚"，是指当事人对争议的事实陈述基本一致，并能提供相应的证据，无须人民法院调查收集证据即可查明事实；"权利义务关系明确"，是指行政法律关系中权利和义务能够明确区分；"争议不大"，是指当事人对行政行为的合法性、责任承担等没有实质分歧。

第一百零三条　【简易程序适用规定】适用简易程序审理的行政案件，人民法院可以用口头通知、电话、短信、传真、电子邮件等简便方式传唤当事人、通知证人、送达裁判文书以外的诉讼文书。

以简便方式送达的开庭通知，未经当事人确认或者没有其他证据证明当事人已经收到的，人民法院不得缺席判决。

第一百零四条　【简易程序举证及答辩期限规定】适用简易程序案件的举证期限由人民法院确定，也可以由当事人协商一致并经人民法院准许，但不得超过十五日。被告要求书面答辩的，人民法院可以确定合理的答辩期间。

人民法院应当将举证期限和开庭日期告知双方当事人，并向当事人说明逾期举证以及拒不到庭的法律后果，由双方当事人在笔录和开庭传票的送达回证上签名或者捺印。

当事人双方均表示同意立即开庭或者缩短举证期限、答辩期间的，人民法院可以立即开庭审理或者确定近期开庭。

第一百零五条　【简易程序转普通程序规定】人民法院发现案情复杂，需要转为普通程序审理的，应当在审理期限届满前作出裁定并将合议庭组成人员及相关事项书面通知双方当事人。

案件转为普通程序审理的，审理期限自人民法院立案之日起计算。

第一百零六条　【"一事不再理"原则及判断标准】当事人就已经提起诉讼的事项在诉讼过程中或者裁判生效后再次起诉，同时具有下列情形的，构成重复起诉：

（一）后诉与前诉的当事人相同；

（二）后诉与前诉的诉讼标的相同；

（三）后诉与前诉的诉讼请求相同，或者后诉的诉讼请求被前诉裁判所包含。

第一百零七条　【上诉人和其他当事人地位规定】第一审人民法院作出判决和裁定后，当事人均提起上诉的，上诉各方均为上诉人。

诉讼当事人中的一部分人提出上诉，没有提出上诉的对方当事人为被上诉人，其他当事人依原审诉讼地位列明。

第一百零八条　【二审工作准备】当事人提出上诉，应当按照其他当事人或者诉讼代表人的人数提出上诉状副本。

原审人民法院收到上诉状，应当在五日内将上诉状副本发送其他当事人，对方当事人应当在收到上诉状副本之日起十五日内提出答辩状。

原审人民法院应当在收到答辩状之日起五日内将副本发送上诉人。对方当事人不提出答辩状的，不影响人民法院审理。

原审人民法院收到上诉状、答辩状，应当在五日内连同全部案卷和证据，报送第二审人民法院；已经预收的诉讼费用，一并报送。

第一百零九条　【一审遗漏诉请二审处理规定】第二审人民法院经审理认为原审人民法院不予立案或者驳回起诉的裁定确有错误且当事人的起诉符合起诉条件的，应当裁定撤销原审人民法院的裁定，指令原审人民法院依法立案或者继续审理。

第二审人民法院裁定发回原审人民法院重新审理的行政案件，原审人民法院应当另行组成合议庭进行审理。

原审判决遗漏了必须参加诉讼的当事人或者诉讼请求的，第二审人民法院应当裁定撤销原审判决，发回重审。

原审判决遗漏行政赔偿请求，第二审人民法院经审查认为依法不应当予以赔偿的，应当判决驳回行政赔偿请求。

原审判决遗漏行政赔偿请求，第二审人民法院经审理认为依法应当予以赔偿的，在确认被诉行政行为违法的同时，可以就行政赔偿问题进行调解；调解不成的，应当就行政赔偿部分发回重审。

当事人在第二审期间提出行政赔偿请求的，第二审人民法院可以进行调解；调解不成的，应当告知当事人另行起诉。

第一百一十条　【申请再审时间规定】当事人向上一级人民法院申请再审，应当在判决、裁定或者调解书发生法律效力后六个月内提出。有下列情形之一的，自知道或者应当知道之日起六个月内提出：

（一）有新的证据，足以推翻原判决、裁定的；

（二）原判决、裁定认定事实的主要证据是伪造的；

（三）据以作出原判决、裁定的法律文书被撤销或者变更的；

（四）审判人员审理该案件时有贪污受贿、徇私舞弊、枉法裁判行为的。

第一百一十一条　【提交再审意见规定】当事人申请再审的，应当提交再审申请书等材料。人民法院认为有必要的，可以自收到再审申请书之日起五日内将再审申请书副本发送对方当事人。对方当事人应当自收到再审申请书副本之日起十五日内提交书面意见。人民法院可以要求申请人和对方当事人补充有关材料，询问有关事项。

第一百一十二条　【再审审查期限规定】人民法院应当自再审申请案件立案之日起六个月内审查，有特殊情况需要延长的，由本院院长批准。

第一百一十三条　【再审审查询问程序规定】人民法院根据审查再审申请案件的需要决定是否询问当事人；新的证据可能推翻原判决、裁定的，人民法院应当询问当事人。

第一百一十四条　【再审申请处理规定】审查再审申请期间，被申请人及原审其他当事人依法提出再审申请的，人民法院应当将其列为再审申请人，对其再审事由一并审查，审查期限重新计算。经审查，其中一方再审申请人主张的再审事由成立的，应当裁定再审。各方再审申请人主张的再审事由均不成立的，一并裁定驳回再审申请。

第一百一十五条　【再审审查期间申请鉴定、勘验、撤回再审申请等规定】审查再审申请期间，再审申请人申请人民法院委托鉴定、勘验的，人民法院不予准许。

审查再审申请期间，再审申请人撤回再审申请的，是否准许，由人民法院裁定。

再审申请人经传票传唤，无正当理由拒不接受询问的，按撤回再审申请处理。

人民法院准许撤回再审申请或者按撤回再审申请处理后，再审申请人再次申请再审的，不予立案，但有行政诉讼法第九十一条第二项、第三项、第七项、第八项规定情形，自知道或者应当知道之日起六个月内提出的除外。

第一百一十六条　【再审申请处理及裁定再审标准规定】当事人主张的再审事由成立，且符合行政诉讼法和本解释规定的申请再审条件的，人民法院应当裁定再审。

当事人主张的再审事由不成立，或者当事人申请再审超过法定申请再审期限、超出法定再审事由范围等不符合行政诉讼法和本解释规定的申请再审条件的，人民法院应当裁定驳回再审申请。

第一百一十七条　【向检察机关申请抗诉或建议规定】有下列情形之一的，当事人可以向人民检察院申请抗诉或者检察建议：

（一）人民法院驳回再审申请的；

（二）人民法院逾期未对再审申请作出裁定的；

（三）再审判决、裁定有明显错误的。

人民法院基于抗诉或者检察建议作出再审判决、裁定后，当事人申请再审的,人民法院不予立案。

第一百一十八条 【决定再审案件原判决、裁定、调解书的执行问题】按照审判监督程序决定再审的案件,裁定中止原判决、裁定、调解书的执行,但支付抚恤金、最低生活保障费或者社会保险待遇的案件,可以不中止执行。

上级人民法院决定提审或者指令下级人民法院再审的,应当作出裁定,裁定应当写明中止原判决的执行;情况紧急的,可以将中止执行的裁定口头通知负责执行的人民法院或者作出生效判决、裁定的人民法院,但应当在口头通知后十日内发出裁定书。

第一百一十九条 【进入再审案件的相关程序性规定】人民法院按照审判监督程序再审的案件,发生法律效力的判决、裁定是由第一审法院作出的,按照第一审程序审理,所作的判决、裁定,当事人可以上诉;发生法律效力的判决、裁定是由第二审法院作出的,按照第二审程序审理,所作的判决、裁定,是发生法律效力的判决、裁定;上级人民法院按照审判监督程序提审的,按照第二审程序审理,所作的判决、裁定是发生法律效力的判决、裁定。

人民法院审理再审案件,应当另行组成合议庭。

第一百二十条 【再审案件的审理范围规定】人民法院审理再审案件应当围绕再审请求和被诉行政行为合法性进行。当事人的再审请求超出原审诉讼请求,符合另案诉讼条件的,告知当事人可以另行起诉。

被申请人及原审其他当事人在庭审辩论结束前提出的再审请求,符合本解释规定的申请期限的,人民法院应当一并审理。

人民法院经再审,发现已经发生法律效力的判决、裁定损害国家利益、社会公共利益、他人合法权益的,应当一并审理。

第一百二十一条 【裁定再审终结及原生效判决效力规定】再审审理期间,有下列情形之一的,裁定终结再审程序:

(一)再审申请人在再审期间撤回再审请求,人民法院准许的;

(二)再审申请人经传票传唤,无正当理由拒不到庭的,或者未经法庭许可中途退庭,按撤回再审请求处理的;

(三)人民检察院撤回抗诉的;

(四)其他应当终结再审程序的情形。

因人民检察院提出抗诉裁定再审的案件,申请抗诉的当事人有前款规定的情形,且不损害国家利益、社会公共利益或者他人合法权益的,人民法院裁定终结再审程序。

再审程序终结后,人民法院裁定中止执行的原生效判决自动恢复执行。

第一百二十二条 【原生效判决、裁定确有错误的再审案件处理规定】人民法院审理再审案件,认为原生效判决、裁定确有错误,在撤销原生效判决或者裁定的同时,可以对生效判决、裁定的内容作出相应裁判,也可以裁定撤销生效判决或者裁定,发回作出生效判决、裁定的人民法院重新审理。

第一百二十三条 【二审和再审法院对原审法院立案、不予立案或驳回起诉错误的案件处理规定】人民法院审理二审案件和再审案件,对原审法院立案、不予立案或者驳回起诉错误的,应当分别情况作如下处理:

(一)第一审人民法院作出实体判决后,第二审人民法院认为不应当立案的,在撤销第一审人民法院判决的同时,可以迳行驳回起诉;

(二)第二审人民法院维持第一审人民法院不予立案裁定错误的,再审法院应当撤销第一审、第二审人民法院裁定,指令第一审人民法院受理;

(三)第二审人民法院维持第一审人民法院驳回起诉裁定错误的,再审法院应当撤销第一审、第二审人民法院裁定,指令第一审人民法院审理。

第一百二十四条 【检察院提起抗诉案件启动再审程序规定】人民检察院提出抗诉的案件,接受抗诉的人民法院应当自收到抗诉书之日起三十日内作出再审的裁定;有行政诉讼法第九十一条第二、三项规定情形之一的,可以指令下一级人民法院再审,但经该下一级人民法院再审过的除外。

人民法院在审查抗诉材料期间,当事人之间已经达成和解协议的,人民法院可以建议人民检察院撤回抗诉。

第一百二十五条 【检察院出庭及法院通知义务规定】人民检察院提出抗诉的案件,人民法院再审开庭时,应当在开庭三日前通知人民检察院派员出庭。

第一百二十六条 【法院对再审检察建议审查程序规定】人民法院收到再审检察建议后,应当组成合议庭,在三个月内进行审查,发现原判决、裁定、调解书确有错误,需要再审的,依照行政诉讼法第九十二条规定裁定再审,并通知当事人;经审查,决定不予再审的,应当书面回复人民检察院。

第一百二十七条 【驳回当事人再审申请裁定对检察院抗诉或建议有无影响规定】人民法院审理因人民检察院抗诉或者检察建议裁定再审的案件,不受此前已经作出的驳回当事人再审申请裁定的限制。

八、行政机关负责人出庭应诉

第一百二十八条 【行政机关负责人范围、委托代理及有关禁止规定】行政诉讼法第三条第三款规定的行政机关负责人,包括行政机关的正职、副职负责人以及其他参与分管的负责人。

行政机关负责人出庭应诉的，可以另行委托一至二名诉讼代理人。行政机关负责人不能出庭的，应当委托行政机关相应的工作人员出庭，不得仅委托律师出庭。

第一百二十九条 【行政机关负责人出庭应诉情形及例外规定】涉及重大公共利益、社会高度关注或者可能引发群体性事件等案件以及人民法院书面建议行政机关负责人出庭的案件，被诉行政机关负责人应当出庭。

被诉行政机关负责人出庭应诉的，应当在当事人及其诉讼代理人基本情况、案件由来部分予以列明。

行政机关负责人有正当理由不能出庭应诉的，应当向人民法院提交情况说明，并加盖行政机关印章或者由该机关主要负责人签字认可。

行政机关拒绝说明理由的，不发生阻止案件审理的效果，人民法院可以向监察机关、上一级行政机关提出司法建议。

第一百三十条 【行政机关相应工作人员规定】行政诉讼法第三条第三款规定的"行政机关相应的工作人员"，包括该行政机关具有国家行政编制身份的工作人员以及其他依法履行公职的人员。

被诉行政行为是地方人民政府作出的，地方人民政府法制工作机构的工作人员，以及被诉行政行为具体承办机关工作人员，可以视为被诉人民政府相应的工作人员。

第一百三十一条 【行政机关负责人或其委托工作人员出庭应诉规定】行政机关负责人出庭应诉的，应当向人民法院提交能够证明该行政机关负责人职务的材料。

行政机关委托相应的工作人员出庭应诉的，应当向人民法院提交加盖行政机关印章的授权委托书，并载明工作人员的姓名、职务和代理权限。

第一百三十二条 【行政机关仅委托律师出庭或不出庭法律后果规定】行政机关负责人和行政机关相应的工作人员均不出庭，仅委托律师出庭的或者人民法院书面建议行政机关负责人出庭应诉，行政机关负责人不出庭应诉的，人民法院应当记录在案和在裁判文书中载明，并可以建议有关机关依法作出处理。

九、复议机关作共同被告

第一百三十三条 【"复议机关决定维持原行政行为"的解释规定】行政诉讼法第二十六条第二款规定的"复议机关决定维持原行政行为"，包括复议机关驳回复议申请或者复议请求的情形，但以复议申请不符合受理条件为由驳回的除外。

第一百三十四条 【追加共同被告、复议决定内容既有维持又有改变的被告、级别管辖规定】复议机关决定维持原行政行为的，作出原行政行为的行政机关和复议机关是共同被告。原告只起诉作出原行政行为的行政机关或者复议机关的，人民法院应当告知原告追加被告。原告不同意追加的，人民法院应当将另一机关列为共同被告。

行政复议决定既有维持原行政行为内容，又有改变原行政行为内容或者不予受理申请内容的，作出原行政行为的行政机关和复议机关为共同被告。

复议机关作共同被告的案件，以作出原行政行为的行政机关确定案件的级别管辖。

第一百三十五条 【复议机关作共同被告有关规定】复议机关决定维持原行政行为的，人民法院应当在审查原行政行为合法性的同时，一并审查复议决定的合法性。

作出原行政行为的行政机关和复议机关对原行政行为合法性共同承担举证责任，可以由其中一个机关实施举证行为。复议机关对复议决定的合法性承担举证责任。

复议机关作共同被告的案件，复议机关在复议程序中依法收集和补充的证据，可以作为人民法院认定复议决定和原行政行为合法的依据。

第一百三十六条 【复议机关作共同被告情况下作判决规定】人民法院对原行政行为作出判决的同时，应当对复议决定一并作出相应判决。

人民法院依职权追加作出原行政行为的行政机关或者复议机关为共同被告的，对原行政行为或者复议决定可以作出相应判决。

人民法院判决撤销原行政行为和复议决定的，可以判决作出原行政行为的行政机关重新作出行政行为。

人民法院判决作出原行政行为的行政机关履行法定职责或者给付义务的，应当同时判决撤销复议决定。

原行政行为合法、复议决定违法的，人民法院可以判决撤销复议决定或者确认复议决定违法，同时判决驳回原告针对原行政行为的诉讼请求。

原行政行为被撤销、确认违法或者无效，给原告造成损失的，应当由作出原行政行为的行政机关承担赔偿责任；因复议决定加重损害的，由复议机关对加重部分承担赔偿责任。

原行政行为不符合复议或者诉讼受案范围等受理条件，复议机关作出维持决定的，人民法院应当裁定一并驳回对原行政行为和复议决定的起诉。

十、相关民事争议的一并审理

第一百三十七条 【请求一并审理相关民事争议提出时间规定】公民、法人或者其他组织请求一并审理行政诉讼法第六十一条规定的相关民事争议,应当在第一审开庭审理前提出;有正当理由的,也可以在法庭调查中提出。

第一百三十八条 【管辖、行政案件超过起诉期限相关民事案件如何处理、民事争议为解决行政争议前提情况下处理规定】人民法院决定在行政诉讼中一并审理相关民事争议,或者案件当事人一致同意相关民事争议在行政诉讼中一并解决,人民法院准许的,由受理行政案件的人民法院管辖。

公民、法人或者其他组织请求一并审理相关民事争议,人民法院经审查发现行政案件已经超过起诉期限,民事案件尚未立案的,告知当事人另行提起民事诉讼;民事案件已经立案的,由原审判组织继续审理。

人民法院在审理行政案件中发现民事争议为解决行政争议的基础,当事人没有请求人民法院一并审理相关民事争议的,人民法院应当告知当事人依法申请一并解决民事争议。当事人就民事争议另行提起民事诉讼并已立案的,人民法院应当中止行政诉讼的审理。民事争议处理期间不计算在行政诉讼审理期限内。

第一百三十九条 【不予准许一并审理民事争议范围】有下列情形之一的,人民法院应当作出不予准许一并审理民事争议的决定,并告知当事人可以依法通过其他渠道主张权利:

(一)法律规定应当由行政机关先行处理的;
(二)违反民事诉讼法专属管辖规定或者协议管辖约定的;
(三)约定仲裁或者已经提起民事诉讼的;
(四)其他不宜一并审理民事争议的情形。

对不予准许的决定可以申请复议一次。

第一百四十条 【一并审理民事争议的立案和审判组织规定】人民法院在行政诉讼中一并审理相关民事争议的,民事争议应当单独立案,由同一审判组织审理。

人民法院审理行政机关对民事争议所作裁决的案件,一并审理民事争议的,不另行立案。

第一百四十一条 【一并审理民事争议的法律适用以及在调解中处分效力问题】人民法院一并审理相关民事争议,适用民事法律规范的相关规定,法律另有规定的除外。

当事人在调解中对民事权益的处分，不能作为审查被诉行政行为合法性的根据。

第一百四十二条 【一并审理民事争议分别裁判以及上诉程序规定】对行政争议和民事争议应当分别裁判。

当事人仅对行政裁判或者民事裁判提出上诉的，未上诉的裁判在上诉期满后即发生法律效力。第一审人民法院应当将全部案卷一并移送第二审人民法院，由行政审判庭审理。第二审人民法院发现未上诉的生效裁判确有错误的，应当按照审判监督程序再审。

第一百四十三条 【行政案件原告撤诉后民事案件处理规定】行政诉讼原告在宣判前申请撤诉的，是否准许由人民法院裁定。人民法院裁定准许行政诉讼原告撤诉，但其对已经提起的一并审理相关民事争议不撤诉的，人民法院应当继续审理。

第一百四十四条 【一并审理民事案件收取诉讼费用规定】人民法院一并审理相关民事争议，应当按行政案件、民事案件的标准分别收取诉讼费用。

十一、规范性文件的一并审查

第一百四十五条 【请求一并审查规范性文件的管辖法院规定】公民、法人或者其他组织在对行政行为提起诉讼时一并请求对所依据的规范性文件审查的，由行政行为案件管辖法院一并审查。

第一百四十六条 【请求一并审查规范性文件提出时间规定】公民、法人或者其他组织请求人民法院一并审查行政诉讼法第五十三条规定的规范性文件，应当在第一审开庭审理前提出；有正当理由的，也可以在法庭调查中提出。

第一百四十七条 【听取制定机关意见及其申请出庭说明规定】人民法院在对规范性文件审查过程中，发现规范性文件可能不合法的，应当听取规范性文件制定机关的意见。

制定机关申请出庭陈述意见的，人民法院应当准许。

行政机关未陈述意见或者未提供相关证明材料的，不能阻止人民法院对规范性文件进行审查。

第一百四十八条 【对规范性文件进行司法审查及其认定不合法规定】人民法院对规范性文件进行一并审查时，可以从规范性文件制定机关是否超越权限或者违反法定程序、作出行政行为所依据的条款以及相关条款等方面进行。

有下列情形之一的，属于行政诉讼法第六十四条规定的"规范性文件不合法"：

（一）超越制定机关的法定职权或者超越法律、法规、规章的授权范围的；

（二）与法律、法规、规章等上位法的规定相抵触的；

（三）没有法律、法规、规章依据，违法增加公民、法人和其他组织义务或者减损公民、法人和其他组织合法权益的；

（四）未履行法定批准程序、公开发布程序，严重违反制定程序的；

（五）其他违反法律、法规以及规章规定的情形。

第一百四十九条 【规范性文件不合法处理方式规定】人民法院经审查认为行政行为所依据的规范性文件合法的，应当作为认定行政行为合法的依据；经审查认为规范性文件不合法的，不作为人民法院认定行政行为合法的依据，并在裁判理由中予以阐明。作出生效裁判的人民法院应当向规范性文件的制定机关提出处理建议，并可以抄送制定机关的同级人民政府、上一级行政机关、监察机关以及规范性文件的备案机关。

规范性文件不合法的，人民法院可以在裁判生效之日起三个月内，向规范性文件制定机关提出修改或者废止该规范性文件的司法建议。

规范性文件由多个部门联合制定的，人民法院可以向该规范性文件的主办机关或者共同上一级行政机关发送司法建议。

接收司法建议的行政机关应当在收到司法建议之日起六十日内予以书面答复。情况紧急的，人民法院可以建议制定机关或者其上一级行政机关立即停止执行该规范性文件。

第一百五十条 【规范性文件不合法时备案程序规定】人民法院认为规范性文件不合法的，应当在裁判生效后报送上一级人民法院进行备案。涉及国务院部门、省级行政机关制定的规范性文件，司法建议还应当分别层报最高人民法院、高级人民法院备案。

第一百五十一条 【规范性文件合法性认定错误时纠正程序规定】各级人民法院院长对本院已经发生法律效力的判决、裁定，发现规范性文件合法性认定错误，认为需要再审的，应当提交审判委员会讨论。

最高人民法院对地方各级人民法院已经发生法律效力的判决、裁定，上级人民法院对下级人民法院已经发生法律效力的判决、裁定，发现规范性文件合法性认定错误的，有权提审或者指令下级人民法院再审。

十二、执　行

第一百五十二条 【行政诉讼执行依据规定】对发生法律效力的行政

判决书、行政裁定书、行政赔偿判决书和行政调解书，负有义务的一方当事人拒绝履行的，对方当事人可以依法申请人民法院强制执行。

人民法院判决行政机关履行行政赔偿、行政补偿或者其他行政给付义务，行政机关拒不履行的，对方当事人可以依法向法院申请强制执行。

第一百五十三条 【申请执行期限规定】申请执行的期限为二年。申请执行时效的中止、中断，适用法律有关规定。

申请执行的期限从法律文书规定的履行期间最后一日起计算；法律文书规定分期履行的，从规定的每次履行期间的最后一日起计算；法律文书中没有规定履行期限的，从该法律文书送达当事人之日起计算。

逾期申请的，除有正当理由外，人民法院不予受理。

第一百五十四条 【执行管辖规定】发生法律效力的行政判决书、行政裁定书、行政赔偿判决书和行政调解书，由第一审人民法院执行。

第一审人民法院认为情况特殊，需要由第二审人民法院执行的，可以报请第二审人民法院执行；第二审人民法院可以决定由其执行，也可以决定由第一审人民法院执行。

第一百五十五条 【申请执行其行政行为条件、提交材料和立案受理规定】行政机关根据行政诉讼法第九十七条的规定申请执行其行政行为，应当具备以下条件：

（一）行政行为依法可以由人民法院执行；

（二）行政行为已经生效并具有可执行内容；

（三）申请人是作出该行政行为的行政机关或者法律、法规、规章授权的组织；

（四）被申请人是该行政行为所确定的义务人；

（五）被申请人在行政行为确定的期限内或者行政机关催告期限内未履行义务；

（六）申请人在法定期限内提出申请；

（七）被申请执行的行政案件属于受理执行申请的人民法院管辖。

行政机关申请人民法院执行，应当提交行政强制法第五十五条规定的相关材料。

人民法院对符合条件的申请，应当在五日内立案受理，并通知申请人；对不符合条件的申请，应当裁定不予受理。行政机关对不予受理裁定有异议，在十五日内向上一级人民法院申请复议的，上一级人民法院应当在收到复议申请之日起十五日内作出裁定。

第一百五十六条 【行政机关向法院提出非诉行政执行申请有效期限规定】没有强制执行权的行政机关申请人民法院强制执行其行政行为，应当自被执行人的法定起诉期限届满之日起三个月内提出。逾期申请的，除有正当理由外，人民法院不予受理。

第一百五十七条　【行政非诉案件管辖规定】行政机关申请人民法院强制执行其行政行为的，由申请人所在地的基层人民法院受理；执行对象为不动产的，由不动产所在地的基层人民法院受理。

基层人民法院认为执行确有困难的，可以报请上级人民法院执行；上级人民法院可以决定由其执行，也可以决定由下级人民法院执行。

第一百五十八条　【有权申请执行行政裁决主体及程序规定】行政机关根据法律的授权对平等主体之间民事争议作出裁决后，当事人在法定期限内不起诉又不履行，作出裁决的行政机关在申请执行的期限内未申请人民法院强制执行的，生效行政裁决确定的权利人或者其继承人、权利承受人在六个月内可以申请人民法院强制执行。

享有权利的公民、法人或者其他组织申请人民法院强制执行生效行政裁决，参照行政机关申请人民法院强制执行行政行为的规定。

第一百五十九条　【申请人申请财产保全规定】行政机关或者行政行为确定的权利人申请人民法院强制执行前，有充分理由认为被执行人可能逃避执行的，可以申请人民法院采取财产保全措施。后者申请强制执行的，应当提供相应的财产担保。

第一百六十条　【法院对非诉强制执行申请进行合法性审查规定】人民法院受理行政机关申请执行其行政行为的案件后，应当在七日内由行政审判庭对行政行为的合法性进行审查，并作出是否准予执行的裁定。

人民法院在作出裁定前发现行政行为明显违法并损害被执行人合法权益的，应当听取被执行人和行政机关的意见，并自受理之日起三十日内作出是否准予执行的裁定。

需要采取强制执行措施的，由本院负责强制执行非诉行政行为的机构执行。

第一百六十一条　【对申请执行的行政行为合法性审查内容、标准及后果规定】被申请执行的行政行为有下列情形之一的，人民法院应当裁定不准予执行：

（一）实施主体不具有行政主体资格的；
（二）明显缺乏事实根据的；
（三）明显缺乏法律、法规依据的；
（四）其他明显违法并损害被执行人合法权益的情形。

行政机关对不准予执行的裁定有异议，在十五日内向上一级人民法院申请复议的，上一级人民法院应当在收到复议申请之日起三十日内作出裁定。

十三、附　　则

第一百六十二条　【无效行政行为溯及力问题】公民、法人或者其他组织对 2015 年 5 月 1 日之前作出的行政行为提起诉讼，请求确认行政行为无效的，人民法院不予立案。

第一百六十三条　【生效日期和溯及力规定】本解释自 2018 年 2 月 8 日起施行。

本解释施行后，《最高人民法院关于执行〈中华人民共和国行政诉讼法〉若干问题的解释》（法释〔2000〕8 号）、《最高人民法院关于适用〈中华人民共和国行政诉讼法〉若干问题的解释》（法释〔2015〕9 号）同时废止。最高人民法院以前发布的司法解释与本解释不一致的，不再适用。

最高人民法院印发《关于行政案件案由的暂行规定》的通知

（2020 年 12 月 25 日　法发〔2020〕44 号）

各省、自治区、直辖市高级人民法院，解放军军事法院，新疆维吾尔自治区高级人民法院生产建设兵团分院：

《最高人民法院关于行政案件案由的暂行规定》已于 2020 年 12 月 7 日由最高人民法院审判委员会第 1820 次会议讨论通过，自 2021 年 1 月 1 日起施行，《最高人民法院关于规范行政案件案由的通知》（法发〔2004〕2 号，以下简称 2004 年案由通知）同时废止。现将《最高人民法院关于行政案件案由的暂行规定》（以下简称《暂行规定》）印发给你们，并将适用《暂行规定》的有关问题通知如下。

一、认真学习和准确适用《暂行规定》

行政案件案由是行政案件名称的核心组成部分，起到明确被诉对象、区分案件性质、提示法律适用、引导当事人正确行使诉讼权利等作用。准确确定行政案件案由，有利于人民法院在行政立案、审判中准确确定被诉行政行为、正确适用法律，有利于提高行政审判工作的规范化程度，有利于提高行政案件司法统计的准确性和科学性，有利于为人民法院司法决策提供更有价值的参考，有利于提升人民法院服务大局、司法为民的能力和水平。各级人民法院要认真组织学习《暂行规定》，全面准确领会，确保该规定得到正确实施。

二、准确把握案由的基本结构

根据行政诉讼法和相关行政法律规范的规定，遵循简洁、明确、规范、开放的原则，行政案件案由按照被诉行政行为确定，表述为"××（行政行为）"。例如，不服行政机关作出的行政拘留处罚提起的行政诉讼，案件案由表述为"行政拘留"。

此次起草《暂行规定》时，案由基本结构中删除了2004年案由通知规定的"行政管理范围"。司法统计时，可以通过提取被告行政机关要素，确定和掌握相关行政管理领域某类行政案件的基本情况。

三、准确把握案由的适用范围

《暂行规定》适用于行政案件的立案、审理、裁判、执行的各阶段，也适用于一审、二审、申请再审和再审等诉讼程序。在立案阶段，人民法院可以根据起诉状所列被诉行政行为确定初步案由。在审理、裁判阶段，人民法院发现初步确定的案由不准确时，可以重新确定案由。二审、申请再审、再审程序中发现原审案由不准确的，人民法院应当重新确定案由。在执行阶段，人民法院应当采用据以执行的生效法律文书确定的结案案由。

案件卷宗封面、开庭传票、送达回证等材料上应当填写案由。司法统计一般以生效法律文书确定的案由为准，也可以根据统计目的的实际需要，按照相应诉讼阶段或者程序确定的案由进行统计。

四、准确理解案由的确定规则

（一）行政案件案由分为三级

1. 一级案由。行政案件的一级案由为"行政行为"，是指行政机关与行政职权相关的所有作为和不作为。

2. 二、三级案由的确定和分类。二、三级案由是对一级案由的细化。目前我国法律、法规对行政机关作出的行政行为并无明确的分类标准。三级案由主要是按照法律法规等列举的行政行为名称，以及行政行为涉及的权利内容等进行划分。目前列举的二级案由主要包括：行政处罚、行政强制措施、行政强制执行、行政许可、行政征收或者征用、行政登记、行政确认、行政给付、行政允诺、行政征缴、行政奖励、行政收费、政府信息公开、行政批复、行政处理、行政复议、行政裁决、行政协议、行政补偿、行政赔偿及不履行职责、公益诉讼。

3. 优先适用三级案由。人民法院在确定行政案件案由时，应当首先适用三级案由；无对应的三级案由时，适用二级案由；二级案由仍然无对应的名称，适用一级案由。例如，起诉行政机关作出的罚款行政处罚，该案案由只能按照三级案由确定为"罚款",不能适用二级或者一级案由。

(二)起诉多个被诉行政行为案件案由的确定

在同一个案件中存在多个被诉行政行为时,可以并列适用不同的案由。例如,起诉行政机关作出的罚款、行政拘留、没收违法所得的行政处罚时,该案案由表述为"罚款、行政拘留及没收违法所得"。如果是两个以上的被诉行政行为,其中一个行政行为适用三级案由,另一个只能适用二级案由的,可以并列适用不同层级的案由。

(三)不可诉行为案件案由的确定

当事人对不属于行政诉讼受案范围的行政行为或者民事行为、刑事侦查行为等提起行政诉讼的案件,人民法院根据《中华人民共和国行政诉讼法》第十三条和《最高人民法院关于适用〈中华人民共和国行政诉讼法〉的解释》第一条第二款规定中的相关表述确定案由,具体表为:国防外交行为、发布决定命令行为、奖惩任免行为、最终裁决行为、刑事司法行为、行政调解行为、仲裁行为、行政指导行为、重复处理行为、执行生效裁判行为、信访处理行为等。例如,起诉行政机关行政指导行为的案件,案由表述为"行政指导行为"。应当注意的是,"内部层级监督行为""过程性行为"均是对行政行为性质的概括,在确定案件案由时还应根据被诉行为名称来确定。对于前述规定没有列举,但法律、法规、规章或者司法解释有明确的法定名称表述的案件,以法定名称表述案由;尚无法律、法规、规章或者司法解释明确法定名称的行为或事项,人民法院可以通过概括当事人诉讼请求所指向的行为或者事项确定案由,例如,起诉行政机关要求为其子女安排工作的案件,案由表述为"安排子女工作"。

五、关于几种特殊行政案件案由确定规则

(一)行政复议案件

行政复议机关成为行政诉讼被告,主要有三种情形:一是行政复议机关不予受理或者程序性驳回复议申请;二是行政复议机关改变(包括撤销)原行政行为;三是行政复议机关维持原行政行为或者实体上驳回复议申请。第一、二种情形下,行政复议机关单独作被告,按《暂行规定》基本结构确定案由即可。第三种情形下,行政复议机关和原行政行为作出机关是共同被告,此类案件案由表述为"××(行政行为)及行政复议"。例如,起诉某市人民政府维持该市某局作出的政府信息公开答复的案件,案由表述为"政府信息公开及行政复议"。

(二)行政协议案件

确定行政协议案件案由时,须将行政协议名称予以列明。当事人一并提出行政赔偿、解除协议或者继续履行协议等请求的,要在案由中一并列出。

例如，起诉行政机关解除公交线路特许经营协议，请求赔偿损失并判令继续履行协议的案件，案由表述为"单方解除公交线路特许经营协议及行政赔偿、继续履行"。

（三）行政赔偿案件

行政赔偿案件分为一并提起行政赔偿案件和单独提起行政赔偿案件两类。一并提起行政赔偿案件，案由表述为"××（行政行为）及行政赔偿"。例如，起诉行政机关行政拘留一并请求赔偿限制人身自由损失的案件，案由表述为"行政拘留及行政赔偿"。单独提起行政赔偿案件，案由表述为"行政赔偿"。例如，起诉行政机关赔偿违法强制拆除房屋损失的案件，案由表述为"行政赔偿"。

（四）一并审查规范性文件案件

一并审查规范性文件案件涉及被诉行政行为和规范性文件两个审查对象，此类案件案由表述为"××（行政行为）及规范性文件审查"。例如，起诉行政机关作出的强制拆除房屋行为，同时对相关的规范性文件不服一并提起行政诉讼的案件，案由表述为"强制拆除房屋及规范性文件审查"。

（五）行政公益诉讼案件

行政公益诉讼案件案由按照"××（行政行为）"后缀"公益诉讼"的模式确定，表述为"××（行政行为）公益诉讼"。例如，人民检察院对行政机关不履行查处环境违法行为法定职责提起行政公益诉讼的案件，案由表述为"不履行查处环境违法行为职责公益诉讼"。

（六）不履行法定职责案件

"不履行法定职责"是指负有法定职责的行政机关在依法应当履职的情况下消极不作为，从而使得行政相对人权益得不到保护或者无法实现的违法状态。未依法履责、不完全履责、履责不当和迟延履责等以作为方式实施的违法履责行为，均不属于不履行法定职责。

在不履行法定职责案件案由中要明确行政机关应当履行的法定职责内容，表述为"不履行××职责"。例如，起诉行政机关不履行行政处罚职责案件，案由表述为"不履行行政处罚职责"。此处法定职责内容一般按照二级案由表述即可。确有必要的，不履行法定职责案件也可细化到三级案由，例如"不履行罚款职责"。

（七）申请执行人民法院生效法律文书案件

申请执行人民法院生效法律文书案件，案由由"申请执行"加行政诉讼案由后缀"判决""裁定"或者"调解书"构成。例如，人民法院作出变更罚款决定的生效判决后，行政机关申请人民法院执行该判决的案件，案由表述为"申请执行罚款判决"。

（八）非诉行政执行案件

非诉行政执行案件案由表述为"申请执行××（行政行为）"。其中，"××（行政行为）"应当优先适用三级案由表述。例如，行政机关作出责令退还非法占用土地的行政决定后，行政相对人未履行退还土地义务，行政机关申请人民法院强制执行的案件，案由表述为"申请执行责令退还非法占用土地决定"。

六、应注意的问题

（一）各级人民法院要正确认识行政案件案由的性质与功能，不得将《暂行规定》等同于行政诉讼的受理条件或者范围。判断被诉行政行为是否属于行政诉讼受案范围，必须严格依据行政诉讼法及相关司法解释的规定。

（二）由于行政管理领域及行政行为种类众多，《暂行规定》仅能在二、三级案由中列举人民法院受理的常见案件中被诉行政行为种类或者名称，无法列举所有被诉行政行为。为了确保行政案件案由表述的规范统一以及司法统计的科学性、准确性，各级人民法院应当严格按照《暂行规定》表述案由。对于《暂行规定》未列举案由的案件，可依据相关法律、法规、规章及司法解释对被诉行政行为的表述来确定案由，不得使用"其他"或者"其他行政行为"概括案由。

（三）行政案件的名称表述应当与案由的表述保持一致，一般表述为"××（原告）诉××（行政机关）××（行政行为）案"，不得表述为"××（原告）与××（行政机关）××行政纠纷案"。

（四）知识产权授权确权和涉及垄断的行政案件案由按照《最高人民法院关于增加部分行政案件案由的通知》（法〔2019〕261号）等规定予以确定。

对于适用《暂行规定》过程中遇到的问题和情况，请及时层报最高人民法院。

最高人民法院关于行政案件案由的暂行规定

（2020年12月7日最高人民法院审判委员会第1820次会议通过　自2021年1月1日起施行）

为规范人民法院行政立案、审判、执行工作，正确适用法律，统一确定行政案件案由，根据《中华人民共和国行政诉讼法》及相关法律法规和司法解释的规定，结合行政审判工作实际，对行政案件案由规定如下：

一级案由

行政行为

二级、三级案由

（一）行政处罚

1. 警告
2. 通报批评
3. 罚款
4. 没收违法所得
5. 没收非法财物
6. 暂扣许可证件
7. 吊销许可证件
8. 降低资质等级
9. 责令关闭
10. 责令停产停业
11. 限制开展生产经营活动
12. 限制从业
13. 行政拘留
14. 不得申请行政许可
15. 责令限期拆除

（二）行政强制措施

16. 限制人身自由
17. 查封场所、设施或者财物
18. 扣押财物
19. 冻结存款、汇款
20. 冻结资金、证券
21. 强制隔离戒毒
22. 留置
23. 采取保护性约束措施

（三）行政强制执行

24. 加处罚款或者滞纳金
25. 划拨存款、汇款
26. 拍卖查封、扣押的场所、设施或者财物
27. 处理查封、扣押的场所、设施或者财物
28. 排除妨碍
29. 恢复原状
30. 代履行

153

31. 强制拆除房屋或者设施
32. 强制清除地上物

（四）行政许可

33. 工商登记
34. 社会团体登记
35. 颁发机动车驾驶证
36. 特许经营许可
37. 建设工程规划许可
38. 建筑工程施工许可
39. 矿产资源许可
40. 药品注册许可
41. 医疗器械许可
42. 执业资格许可

（五）行政征收或者征用

43. 征收或者征用房屋
44. 征收或者征用土地
45. 征收或者征用动产

（六）行政登记

46. 房屋所有权登记
47. 集体土地所有权登记
48. 森林、林木所有权登记
49. 矿业权登记
50. 土地承包经营权登记
51. 建设用地使用权登记
52. 宅基地使用权登记
53. 海域使用权登记
54. 水利工程登记
55. 居住权登记
56. 地役权登记
57. 不动产抵押登记
58. 动产抵押登记
59. 质押登记
60. 机动车所有权登记
61. 船舶所有权登记
62. 户籍登记

63. 婚姻登记

64. 收养登记

65. 税务登记

（七）行政确认

66. 基本养老保险资格或者待遇认定

67. 基本医疗保险资格或者待遇认定

68. 失业保险资格或者待遇认定

69. 工伤保险资格或者待遇认定

70. 生育保险资格或者待遇认定

71. 最低生活保障资格或者待遇认定

72. 确认保障性住房分配资格

73. 颁发学位证书或者毕业证书

（八）行政给付

74. 给付抚恤金

75. 给付基本养老金

76. 给付基本医疗保险金

77. 给付失业保险金

78. 给付工伤保险金

79. 给付生育保险金

80. 给付最低生活保障金

（九）行政允诺

81. 兑现奖金

82. 兑现优惠

（十）行政征缴

83. 征缴税款

84. 征缴社会抚养费

85. 征缴社会保险费

86. 征缴污水处理费

87. 征缴防空地下室易地建设费

88. 征缴水土保持补偿费

89. 征缴土地闲置费

90. 征缴土地复垦费

91. 征缴耕地开垦费

（十一）行政奖励

92. 授予荣誉称号

155

93. 发放奖金

（十二）行政收费

94. 证照费

95. 车辆通行费

96. 企业注册登记费

97. 不动产登记费

98. 船舶登记费

99. 考试考务费

（十三）政府信息公开

（十四）行政批复

（十五）行政处理

100. 责令退还非法占用土地

101. 责令交还土地

102. 责令改正

103. 责令采取补救措施

104. 责令停止建设

105. 责令恢复原状

106. 责令公开

107. 责令召回

108. 责令暂停生产

109. 责令暂停销售

110. 责令暂停使用

111. 有偿收回国有土地使用权

112. 退学决定

（十六）行政复议

113. 不予受理行政复议申请决定

114. 驳回行政复议申请决定

115. ××（行政行为）及行政复议

116. 改变原行政行为的行政复议决定

（十七）行政裁决

117. 土地、矿藏、水流、荒地或者滩涂权属确权

118. 林地、林木、山岭权属确权

119. 海域使用权确权

120. 草原权属确权

121. 水利工程权属确权

122. 企业资产性质确认

（十八）行政协议

123. 订立××（行政协议）
124. 单方变更××（行政协议）
125. 单方解除××（行政协议）
126. 不依法履行××（行政协议）
127. 未按约定履行××（行政协议）
128. ××（行政协议）行政补偿
129. ××（行政协议）行政赔偿
130. 撤销××（行政协议）
131. 解除××（行政协议）
132. 继续履行××（行政协议）
133. 确认××（行政协议）无效或有效

（十九）行政补偿

134. 房屋征收或者征用补偿
135. 土地征收或者征用补偿
136. 动产征收或者征用补偿
137. 撤回行政许可补偿
138. 收回国有土地使用权补偿
139. 规划变更补偿
140. 移民安置补偿

（二十）行政赔偿

（二十一）不履行××职责

（二十二）××（行政行为）公益诉讼

最高人民法院关于审理行政协议案件若干问题的规定

（2019年11月12日最高人民法院审判委员会第1781次会议通过 2019年11月27日最高人民法院公告公布 自2020年1月1日起施行 法释〔2019〕17号）

为依法公正、及时审理行政协议案件，根据《中华人民共和国行政诉讼法》等法律的规定，结合行政审判工作实际，制定本规定。

第一条 行政机关为了实现行政管理或者公共服务目标，与公民、法人或者其他组织协商订立的具有行政法上权利义务内容的协议，属于行政诉讼法第十二条第一款第十一项规定的行政协议。

第二条 公民、法人或者其他组织就下列行政协议提起行政诉讼的，人民法院应当依法受理：

（一）政府特许经营协议；

（二）土地、房屋等征收征用补偿协议；

（三）矿业权等国有自然资源使用权出让协议；

（四）政府投资的保障性住房的租赁、买卖等协议；

（五）符合本规定第一条规定的政府与社会资本合作协议；

（六）其他行政协议。

第三条 因行政机关订立的下列协议提起诉讼的，不属于人民法院行政诉讼的受案范围：

（一）行政机关之间因公务协助等事由而订立的协议；

（二）行政机关与其工作人员订立的劳动人事协议。

第四条 因行政协议的订立、履行、变更、终止等发生纠纷，公民、法人或者其他组织作为原告，以行政机关为被告提起行政诉讼的，人民法院应当依法受理。

因行政机关委托的组织订立的行政协议发生纠纷的，委托的行政机关是被告。

第五条 下列与行政协议有利害关系的公民、法人或者其他组织提起行政诉讼的，人民法院应当依法受理：

（一）参与招标、拍卖、挂牌等竞争性活动，认为行政机关应当依法与其订立行政协议但行政机关拒绝订立，或者认为行政机关与他人订立行政协议损害其合法权益的公民、法人或者其他组织；

（二）认为征收征用补偿协议损害其合法权益的被征收征用土地、房屋等不动产的用益物权人、公房承租人；

（三）其他认为行政协议的订立、履行、变更、终止等行为损害其合法权益的公民、法人或者其他组织。

第六条 人民法院受理行政协议案件后，被告就该协议的订立、履行、变更、终止等提起反诉的，人民法院不予准许。

第七条 当事人书面协议约定选择被告所在地、原告所在地、协议履行地、协议订立地、标的物所在地等与争议有实际联系地点的人民法院管辖的，人民法院从其约定，但违反级别管辖和专属管辖的除外。

第八条 公民、法人或者其他组织向人民法院提起民事诉讼，生效法律文书以涉案协议属于行政协议为由裁定不予立案或者驳回起诉，当事人又提起行政诉讼的，人民法院应当依法受理。

第九条 在行政协议案件中，行政诉讼法第四十九条第三项规定的"有具体的诉讼请求"是指：

（一）请求判决撤销行政机关变更、解除行政协议的行政行为，或者确认该行政行为违法；

（二）请求判决行政机关依法履行或者按照行政协议约定履行义务；

（三）请求判决确认行政协议的效力；

（四）请求判决行政机关依法或者按照约定订立行政协议；

（五）请求判决撤销、解除行政协议；

（六）请求判决行政机关赔偿或者补偿；

（七）其他有关行政协议的订立、履行、变更、终止等诉讼请求。

第十条 被告对于自己具有法定职权、履行法定程序、履行相应法定职责以及订立、履行、变更、解除行政协议等行为的合法性承担举证责任。

原告主张撤销、解除行政协议的，对撤销、解除行政协议的事由承担举证责任。

对行政协议是否履行发生争议的，由负有履行义务的当事人承担举证责任。

第十一条 人民法院审理行政协议案件，应当对被告订立、履行、变更、解除行政协议的行为是否具有法定职权、是否滥用职权、适用法律法规是否正确、是否遵守法定程序、是否明显不当、是否履行相应法定职责进行合法性审查。

原告认为被告未依法或者未按照约定履行行政协议的，人民法院应当针对其诉讼请求，对被告是否具有相应义务或者履行相应义务等进行审查。

第十二条 行政协议存在行政诉讼法第七十五条规定的重大且明显违法情形的，人民法院应当确认行政协议无效。

人民法院可以适用民事法律规范确认行政协议无效。

行政协议无效的原因在一审法庭辩论终结前消除的，人民法院可以确认行政协议有效。

第十三条 法律、行政法规规定应当经过其他机关批准等程序后生效的行政协议，在一审法庭辩论终结前未获得批准的，人民法院应当确认该协议未生效。

行政协议约定被告负有履行批准程序等义务而被告未履行，原告要求被告承担赔偿责任的，人民法院应予支持。

第十四条 原告认为行政协议存在胁迫、欺诈、重大误解、显失公平等情形而请求撤销，人民法院经审理认为符合法律规定可撤销情形的，可以依法判决撤销该协议。

第十五条 行政协议无效、被撤销或者确定不发生效力后，当事人因行政协议取得的财产，人民法院应当判决予以返还；不能返还的，判决折价补偿。

因被告的原因导致行政协议被确认无效或者被撤销，可以同时判决责令被告采取补救措施；给原告造成损失的，人民法院应当判决被告予以赔偿。

第十六条 在履行行政协议过程中，可能出现严重损害国家利益、社会公共利益的情形，被告作出变更、解除协议的行政行为后，原告请求撤销该行为，人民法院经审理认为该行为合法的，判决驳回原告诉讼请求；给原告造成损失的，判决被告予以补偿。

被告变更、解除行政协议的行政行为存在行政诉讼法第七十条规定情形的，人民法院判决撤销或者部分撤销，并可以责令被告重新作出行政行为。

被告变更、解除行政协议的行政行为违法，人民法院可以依据行政诉讼法第七十八条的规定判决被告继续履行协议、采取补救措施；给原告造成损失的，判决被告予以赔偿。

第十七条 原告请求解除行政协议，人民法院认为符合约定或者法定解除情形且不损害国家利益、社会公共利益和他人合法权益的，可以判决解除该协议。

第十八条 当事人依据民事法律规范的规定行使履行抗辩权的，人民法院应予支持。

第十九条 被告未依法履行、未按照约定履行行政协议，人民法院可以依据行政诉讼法第七十八条的规定，结合原告诉讼请求，判决被告继续履行，并明确继续履行的具体内容；被告无法履行或者继续履行无实际意义的，人民法院可以判决被告采取相应的补救措施；给原告造成损失的，判决被告予以赔偿。

原告要求按照约定的违约金条款或者定金条款予以赔偿的，人民法院应予支持。

第二十条 被告明确表示或者以自己的行为表明不履行行政协议，原告在履行期限届满之前向人民法院起诉请求其承担违约责任的，人民法院应予支持。

第二十一条 被告或者其他行政机关因国家利益、社会公共利益的需要依法行使行政职权，导致原告履行不能、履行费用明显增加或者遭受损失，原告请求判令被告给予补偿的，人民法院应予支持。

第二十二条 原告以被告违约为由请求人民法院判令其承担违约责任，人民法院经审理认为行政协议无效的，应当向原告释明，并根据原告变更后的诉讼请求判决确认行政协议无效；因被告的行为造成行政协议无效的，人民法院可以依法判决被告承担赔偿责任。原告经释明后拒绝变更诉讼请求的，人民法院可以判决驳回其诉讼请求。

第二十三条 人民法院审理行政协议案件，可以依法进行调解。

人民法院进行调解时，应当遵循自愿、合法原则，不得损害国家利益、社会公共利益和他人合法权益。

第二十四条 公民、法人或者其他组织未按照行政协议约定履行义务，经催告后不履行，行政机关可以作出要求其履行协议的书面决定。公民、法人或者其他组织收到书面决定后在法定期限内未申请行政复议或者提起行政诉讼，且仍不履行，协议内容具有可执行性的，行政机关可以向人民法院申请强制执行。

法律、行政法规规定行政机关对行政协议享有监督协议履行的职权，公民、法人或者其他组织未按照约定履行义务，经催告后不履行，行政机关可以依法作出处理决定。公民、法人或者其他组织在收到该处理决定后在法定期限内未申请行政复议或者提起行政诉讼，且仍不履行，协议内容具有可执行性的，行政机关可以向人民法院申请强制执行。

第二十五条 公民、法人或者其他组织对行政机关不依法履行、未按照约定履行行政协议提起诉讼的，诉讼时效参照民事法律规范确定；对行政机关变更、解除行政协议等行政行为提起诉讼的，起诉期限依照行政诉讼法及其司法解释确定。

第二十六条 行政协议约定仲裁条款的，人民法院应当确认该条款无效，但法律、行政法规或者我国缔结、参加的国际条约另有规定的除外。

第二十七条 人民法院审理行政协议案件，应当适用行政诉讼法的规定；行政诉讼法没有规定的，参照适用民事诉讼法的规定。

人民法院审理行政协议案件，可以参照适用民事法律规范关于民事合同的相关规定。

第二十八条 2015年5月1日后订立的行政协议发生纠纷的，适用行政诉讼法及本规定。

2015年5月1日前订立的行政协议发生纠纷的，适用当时的法律、行政法规及司法解释。

第二十九条 本规定自2020年1月1日起施行。最高人民法院以前发布的司法解释与本规定不一致的，适用本规定。

立案和管辖

最高人民法院关于人民法院登记立案若干问题的规定

(2015年4月13日最高人民法院审判委员会第1647次会议通过 2015年4月15日最高人民法院公告公布 自2015年5月1日起施行 法释〔2015〕8号)

为保护公民、法人和其他组织依法行使诉权,实现人民法院依法、及时受理案件,根据《中华人民共和国民事诉讼法》《中华人民共和国行政诉讼法》《中华人民共和国刑事诉讼法》等法律规定,制定本规定。

第一条 人民法院对依法应该受理的一审民事起诉、行政起诉和刑事自诉,实行立案登记制。

第二条 对起诉、自诉,人民法院应当一律接收诉状,出具书面凭证并注明收到日期。

对符合法律规定的起诉、自诉,人民法院应当场予以登记立案。

对不符合法律规定的起诉、自诉,人民法院应当予以释明。

第三条 人民法院应当提供诉状样本,为当事人书写诉状提供示范和指引。

当事人书写诉状确有困难的,可以口头提出,由人民法院记入笔录。符合法律规定的,予以登记立案。

第四条 民事起诉状应当记明以下事项:

(一)原告的姓名、性别、年龄、民族、职业、工作单位、住所、联系方式,法人或者其他组织的名称、住所和法定代表人或者主要负责人的姓名、职务、联系方式;

(二)被告的姓名、性别、工作单位、住所等信息,法人或者其他组织的名称、住所等信息;

(三)诉讼请求和所根据的事实与理由;

(四)证据和证据来源;

（五）有证人的，载明证人姓名和住所。

行政起诉状参照民事起诉状书写。

第五条 刑事自诉状应当记明以下事项：

（一）自诉人或者代为告诉人、被告人的姓名、性别、年龄、民族、文化程度、职业、工作单位、住址、联系方式；

（二）被告人实施犯罪的时间、地点、手段、情节和危害后果等；

（三）具体的诉讼请求；

（四）致送的人民法院和具状时间；

（五）证据的名称、来源等；

（六）有证人的，载明证人的姓名、住所、联系方式等。

第六条 当事人提出起诉、自诉的，应当提交以下材料：

（一）起诉人、自诉人是自然人的，提交身份证明复印件；起诉人、自诉人是法人或者其他组织的，提交营业执照或者组织机构代码证复印件、法定代表人或者主要负责人身份证明书；法人或者其他组织不能提供组织机构代码的，应当提供组织机构被注销的情况说明；

（二）委托起诉或者代为告诉的，应当提交授权委托书、代理人身份证明、代为告诉人身份证明等相关材料；

（三）具体明确的足以使被告或者被告人与他人相区别的姓名或者名称、住所等信息；

（四）起诉状原本和与被告或者被告人及其他当事人人数相符的副本；

（五）与诉请相关的证据或者证明材料。

第七条 当事人提交的诉状和材料不符合要求的，人民法院应当一次性书面告知在指定期限内补正。

当事人在指定期限内补正的，人民法院决定是否立案的期间，自收到补正材料之日起计算。

当事人在指定期限内没有补正的，退回诉状并记录在册；坚持起诉、自诉的，裁定或者决定不予受理、不予立案。

经补正仍不符合要求的，裁定或者决定不予受理、不予立案。

第八条 对当事人提出的起诉、自诉，人民法院当场不能判定是否符合法律规定的，应当作出以下处理：

（一）对民事、行政起诉，应当在收到起诉状之日起七日内决定是否立案；

（二）对刑事自诉，应当在收到自诉状次日起十五日内决定是否立案；

（三）对第三人撤销之诉，应当在收到起诉状之日起三十日内决定是否立案；

（四）对执行异议之诉，应当在收到起诉状之日起十五日内决定是否立案。

人民法院在法定期间内不能判定起诉、自诉是否符合法律规定的，应当先行立案。

第九条 人民法院对起诉、自诉不予受理或者不予立案的，应当出具书面裁定或者决定，并载明理由。

第十条 人民法院对下列起诉、自诉不予登记立案：

（一）违法起诉或者不符合法律规定的；

（二）涉及危害国家主权和领土完整的；

（三）危害国家安全的；

（四）破坏国家统一和民族团结的；

（五）破坏国家宗教政策的；

（六）所诉事项不属于人民法院主管的。

第十一条 登记立案后，当事人未在法定期限内交纳诉讼费的，按撤诉处理，但符合法律规定的缓、减、免交诉讼费条件的除外。

第十二条 登记立案后，人民法院立案庭应当及时将案件移送审判庭审理。

第十三条 对立案工作中存在的不接收诉状、接收诉状后不出具书面凭证，不一次性告知当事人补正诉状内容，以及有案不立、拖延立案、干扰立案、既不立案又不作出裁定或者决定等违法违纪情形，当事人可以向受诉人民法院或者上级人民法院投诉。

人民法院应当在受理投诉之日起十五日内，查明事实，并将情况反馈当事人。发现违法违纪行为的，依法依纪追究相关人员责任；构成犯罪的，依法追究刑事责任。

第十四条 为方便当事人行使诉权，人民法院提供网上立案、预约立案、巡回立案等诉讼服务。

第十五条 人民法院推动多元化纠纷解决机制建设，尊重当事人选择人民调解、行政调解、行业调解、仲裁等多种方式维护权益，化解纠纷。

第十六条 人民法院依法维护登记立案秩序，推进诉讼诚信建设。对干扰立案秩序、虚假诉讼的，根据民事诉讼法、行政诉讼法有关规定予以罚款、拘留；构成犯罪的，依法追究刑事责任。

第十七条 本规定的"起诉"，是指当事人提起民事、行政诉讼；"自诉"，是指当事人提起刑事自诉。

第十八条 强制执行和国家赔偿申请登记立案工作，按照本规定执行。

上诉、申请再审、刑事申诉、执行复议和国家赔偿申诉案件立案工作，不适用本规定。

第十九条 人民法庭登记立案工作，按照本规定执行。

第二十条 本规定自 2015 年 5 月 1 日起施行。以前有关立案的规定与本规定不一致的，按照本规定执行。

最高人民法院关于行政申请再审案件立案程序的规定

（2016 年 11 月 21 日最高人民法院审判委员会第 1700 次会议通过　2017 年 10 月 13 日最高人民法院公告公布　自 2018 年 1 月 1 日起施行　法释〔2017〕18 号）

为依法保障当事人申请再审权利，规范人民法院行政申请再审案件立案工作，根据《中华人民共和国行政诉讼法》等有关规定，结合审判工作实际，制定本规定。

第一条 再审申请应当符合以下条件：

（一）再审申请人是生效裁判文书列明的当事人，或者其他因不能归责于本人的事由未被裁判文书列为当事人，但与行政行为有利害关系的公民、法人或者其他组织；

（二）受理再审申请的法院是作出生效裁判的上一级人民法院；

（三）申请再审的裁判属于行政诉讼法第九十条规定的生效裁判；

（四）申请再审的事由属于行政诉讼法第九十一条规定的情形。

第二条 申请再审，有下列情形之一的，人民法院不予立案：

（一）再审申请被驳回后再次提出申请的；

（二）对再审判决、裁定提出申请的；

（三）在人民检察院对当事人的申请作出不予提出检察建议或者抗诉决定后又提出申请的；

前款第一项、第二项规定情形，人民法院应当告知当事人可以向人民检察院申请检察建议或者抗诉。

第三条 委托他人代为申请再审的，诉讼代理人应为下列人员：

（一）律师、基层法律服务工作者；

（二）当事人的近亲属或者工作人员；

（三）当事人所在社区、单位以及有关社会团体推荐的公民。

第四条 申请再审，应当提交下列材料：

（一）再审申请书，并按照被申请人及原审其他当事人的人数提交副本；

（二）再审申请人是自然人的，应当提交身份证明复印件；再审申请人是法人或者其他组织的，应当提交营业执照复印件、组织机构代码证书复印件、法定代表人或者主要负责人身份证明；法人或者其他组织不能提供组织机构代码证书复印件的，应当提交情况说明；

（三）委托他人代为申请再审的，应当提交授权委托书和代理人身份证明；

（四）原审判决书、裁定书、调解书，或者与原件核对无异的复印件；

（五）法律、法规规定需要提交的其他材料。

第五条 当事人申请再审，一般还应提交下列材料：

（一）一审起诉状复印件、二审上诉状复印件；

（二）在原审诉讼过程中提交的主要证据材料；

（三）支持再审申请事由和再审请求的证据材料；

（四）行政机关作出相关行政行为的证据材料；

（五）其向行政机关提出申请，但行政机关不作为的相关证据材料；

（六）认为需要提交的其他材料。

第六条 再审申请人提交再审申请书等材料时，应当填写送达地址确认书，并可同时附上相关材料的电子文本。

第七条 再审申请书应当载明下列事项：

（一）再审申请人、被申请人及原审其他当事人的基本情况。当事人是自然人的，应列明姓名、性别、出生日期、民族、住址及有效联系电话、通讯地址；当事人是法人或者其他组织的，应列明名称、住所地和法定代表人或者主要负责人的姓名、职务及有效联系电话、通讯地址；

（二）原审人民法院的名称，原审判决、裁定或者调解书的案号；

（三）具体的再审请求；

（四）申请再审的具体法定事由及事实、理由；

（五）受理再审申请的人民法院名称；

（六）再审申请人的签名、捺印或者盖章；

（七）递交再审申请书的日期。

第八条 再审申请人提交的再审申请书等材料符合上述要求的，人民法院应当出具《诉讼材料收取清单》，注明收到材料日期，并加盖专用收件章。《诉讼材料收取清单》一式两份，一份由人民法院入卷，一份由再审申请人留存。

第九条 再审申请人提出的再审申请不符合本规定的，人民法院应当当场告知再审申请人。

再审申请人提交的再审申请书等材料不符合要求的，人民法院应当将材料退回再审申请人，并一次性全面告知其在指定的合理期限内予以补正。再审申请人无正当理由逾期不予补正且仍坚持申请再审的，人民法院应当裁定驳回其再审申请。

人民法院不得因再审申请人未提交本规定第五条规定的相关材料，认定其提交的材料不符合要求。

第十条 对符合上述条件的再审申请，人民法院应当及时立案，并应自收到符合条件的再审申请书等材料之日起五日内向再审申请人发送受理通知书，同时向被申请人及原审其他当事人发送应诉通知书、再审申请书副本及送达地址确认书。

因通讯地址不详等原因，受理通知书、应诉通知书、再审申请书副本等材料未送达当事人的，不影响案件的审查。

被申请人可以在收到再审申请书副本之日起十五日内向人民法院提出书面答辩意见，被申请人未提出书面答辩意见的，不影响人民法院审查。

第十一条 再审申请人向原审人民法院申请再审或者越级申请再审的，原审人民法院或者有关上级人民法院应当告知其向作出生效裁判的人民法院的上一级法院提出。

第十二条 当事人申请再审，应当在判决、裁定、调解书发生法律效力后六个月内提出。

申请再审期间为人民法院向当事人送达裁判文书之日起至再审申请人向上一级人民法院申请再审之日止。

申请再审期间为不变期间，不适用中止、中断、延长的规定。

再审申请人对2015年5月1日行政诉讼法实施前已经发生法律效力的判决、裁定、调解书申请再审的，人民法院依据《最高人民法院关于执行〈中华人民共和国行政诉讼法〉若干问题的解释》第七十三条规定的2年确定申请再审的期间，但该期间在2015年10月31日尚未届满的，截止至2015年10月31日。

第十三条 人民法院认为再审申请不符合法定申请再审期间要求的，应当告知再审申请人。

再审申请人认为未超过法定期间的，人民法院可以要求其在十日内提交生效裁判文书的送达回证复印件或其他能够证明裁判文书实际生效日期的相应证据材料。再审申请人拒不提交上述证明材料或逾期未提交，或者提交的证据材料不足以证明申请再审未超过法定期间的，人民法院裁定驳回再审申请。

第十四条 再审申请人申请撤回再审申请，尚未立案的，人民法院退回已提交材料并记录在册；已经立案的，人民法院裁定是否准许撤回再审申请。人民法院准许撤回再审申请或者按撤回再审申请处理后，再审申请人再次申请再审的，人民法院不予立案，但有行政诉讼法第九十一条第二项、第三项、第七项、第八项规定等情形，自知道或者应当知道之日起六个月内提出的除外。

第十五条 本规定自 2018 年 1 月 1 日起施行，最高人民法院以前发布的有关规定与本规定不符的，按照本规定执行。

最高人民法院关于办理行政申请再审案件若干问题的规定

（2021 年 3 月 1 日最高人民法院审判委员会第 1833 次会议通过 2021 年 3 月 25 日最高人民法院公告公布 自 2021 年 4 月 1 日起施行 法释〔2021〕6 号）

为切实保障当事人申请再审的权利，切实有效解决行政争议，结合人民法院行政审判工作实践，根据《中华人民共和国行政诉讼法》的规定，制定本解释。

第一条 当事人不服高级人民法院已经发生法律效力的判决、裁定，依照行政诉讼法第九十条的规定向最高人民法院申请再审的，最高人民法院应当依法审查，分别情况予以处理。

第二条 下列行政申请再审案件中，原判决、裁定适用法律、法规确有错误的，最高人民法院应当裁定再审：

（一）在全国具有普遍法律适用指导意义的案件；

（二）在全国范围内或者省、自治区、直辖市有重大影响的案件；

（三）跨省、自治区、直辖市的案件；

（四）重大涉外或者涉及香港特别行政区、澳门特别行政区、台湾地区的案件；

（五）涉及重大国家利益、社会公共利益的案件；

（六）经高级人民法院审判委员会讨论决定的案件；

（七）最高人民法院认为应当再审的其他案件。

第三条 行政申请再审案件有下列情形之一的，最高人民法院可以决定由作出生效判决、裁定的高级人民法院审查：

（一）案件基本事实不清、诉讼程序违法、遗漏诉讼请求的；

（二）再审申请人或者第三人人数众多的；

（三）由高级人民法院审查更适宜实质性化解行政争议的；

（四）最高人民法院认为可以由高级人民法院审查的其他情形。

第四条 已经发生法律效力的判决、裁定认定事实清楚，适用法律、法规正确,当事人主张的再审事由不成立的,最高人民法院可以迳行裁定驳回再审申请。

第五条 当事人不服人民法院再审判决、裁定的,可以依法向人民检察院申请抗诉或者检察建议。

第六条 本解释自2021年4月1日起施行。本解释施行后,最高人民法院此前作出的相关司法解释与本解释相抵触的,以本解释为准。

附件:略

最高人民法院关于正确确定县级以上地方人民政府行政诉讼被告资格若干问题的规定

(2021年2月22日最高人民法院审判委员会第1832次会议通过 2021年3月25日最高人民法院公告公布 自2021年4月1日起施行 法释〔2021〕5号)

为准确适用《中华人民共和国行政诉讼法》,依法正确确定县级以上地方人民政府的行政诉讼被告资格,结合人民法院行政审判工作实际,制定本解释。

第一条 法律、法规、规章规定属于县级以上地方人民政府职能部门的行政职权,县级以上地方人民政府通过听取报告、召开会议、组织研究、下发文件等方式进行指导,公民、法人或者其他组织不服县级以上地方人民政府的指导行为提起诉讼的,人民法院应当释明,告知其以具体实施行政行为的职能部门为被告。

第二条 县级以上地方人民政府根据城乡规划法的规定,责成有关职能部门对违法建筑实施强制拆除,公民、法人或者其他组织不服强制拆除行为提起诉讼,人民法院应当根据行政诉讼法第二十六条第一款的规定,以作出强制拆除决定的行政机关为被告;没有强制拆除决定书的,以具体实施强制拆除行为的职能部门为被告。

第三条 公民、法人或者其他组织对集体土地征收中强制拆除房屋等行为不服提起诉讼的,除有证据证明系县级以上地方人民政府具体实施外,人民法院应当根据行政诉讼法第二十六条第一款的规定,以作出强制拆除决定的行政机关为被告;没有强制拆除决定书的,以具体实施强制拆除等行为的行政机关为被告。

县级以上地方人民政府已经作出国有土地上房屋征收与补偿决定，公民、法人或者其他组织不服具体实施房屋征收与补偿工作中的强制拆除房屋等行为提起诉讼的，人民法院应当根据行政诉讼法第二十六条第一款的规定，以作出强制拆除决定的行政机关为被告；没有强制拆除决定书的，以县级以上地方人民政府确定的房屋征收部门为被告。

第四条 公民、法人或者其他组织向县级以上地方人民政府申请履行法定职责或者给付义务，法律、法规、规章规定该职责或者义务属于下级人民政府或者相应职能部门的行政职权，县级以上地方人民政府已经转送下级人民政府或者相应职能部门处理并告知申请人，申请人起诉要求履行法定职责或者给付义务的，以下级人民政府或者相应职能部门为被告。

第五条 县级以上地方人民政府确定的不动产登记机构或者其他实际履行该职责的职能部门按照《不动产登记暂行条例》的规定办理不动产登记，公民、法人或者其他组织不服提起诉讼的，以不动产登记机构或者实际履行该职责的职能部门为被告。

公民、法人或者其他组织对《不动产登记暂行条例》实施之前由县级以上地方人民政府作出的不动产登记行为不服提起诉讼的，以继续行使其职权的不动产登记机构或者实际履行该职责的职能部门为被告。

第六条 县级以上地方人民政府根据《中华人民共和国政府信息公开条例》的规定，指定具体机构负责政府信息公开日常工作，公民、法人或者其他组织对该指定机构以自己名义所作的政府信息公开行为不服提起诉讼的，以该指定机构为被告。

第七条 被诉行政行为不是县级以上地方人民政府作出，公民、法人或者其他组织以县级以上地方人民政府作为被告的，人民法院应当予以指导和释明，告知其向有管辖权的人民法院起诉；公民、法人或者其他组织经人民法院释明仍不变更的，人民法院可以裁定不予立案，也可以将案件移送有管辖权的人民法院。

第八条 本解释自 2021 年 4 月 1 日起施行。本解释施行后，最高人民法院此前作出的相关司法解释与本解释相抵触的，以本解释为准。

证 据

最高人民法院关于行政诉讼证据若干问题的规定①

（2002年6月4日最高人民法院审判委员会第1224次会议通过 2002年7月24日最高人民法院公告公布 自2002年10月1日起施行 法释〔2002〕21号）

为准确认定案件事实，公正、及时地审理行政案件，根据《中华人民共和国行政诉讼法》（以下简称行政诉讼法）等有关法律规定，结合行政审判实际，制定本规定。

一、举证责任分配和举证期限

第一条 根据行政诉讼法第三十二条和第四十三条的规定，被告对作出的具体行政行为负有举证责任，应当在收到起诉状副本之日起10日内，提供据以作出被诉具体行政行为的全部证据和所依据的规范性文件。被告不提供或者无正当理由逾期提供证据的，视为被诉具体行政行为没有相应的证据。

被告因不可抗力或者客观上不能控制的其他正当事由，不能在前款规定的期限内提供证据的，应当在收到起诉状副本之日起10日内向人民法院提出延期提供证据的书面申请。人民法院准许延期提供的，被告应当在正当事由消除后10日内提供证据。逾期提供的，视为被诉具体行政行为没有相应的证据。

第二条 原告或者第三人提出其在行政程序中没有提出的反驳理由或者证据的，经人民法院准许，被告可以在第一审程序中补充相应的证据。

第三条 根据行政诉讼法第三十三条的规定，在诉讼过程中，被告及其诉讼代理人不得自行向原告和证人收集证据。

---

① 本书中标有◆的部分，系编者为了帮助读者理解法律条文所增加的说明。

◆根据行政程序的"先取证、后裁决"原则,被告作出行政行为是以行政程序中的取证为基础的,即必须在已取得证据的基础上认定事实,并据此作出裁决,在作出行政行为之后以及在诉讼程序中不能为证明行政行为的合法性而再行收集新的证据。

第四条 公民、法人或者其他组织向人民法院起诉时,应当提供其符合起诉条件的相应的证据材料。

在起诉被告不作为的案件中,原告应当提供其在行政程序中曾经提出申请的证据材料。但有下列情形的除外:

(一)被告应当依职权主动履行法定职责的;

(二)原告因被告受理申请的登记制度不完备等正当事由不能提供相关证据材料并能够作出合理说明的。

被告认为原告起诉超过法定期限的,由被告承担举证责任。

第五条 在行政赔偿诉讼中,原告应当对被诉具体行政行为造成损害的事实提供证据。

第六条 原告可以提供证明被诉具体行政行为违法的证据。原告提供的证据不成立的,不免除被告对被诉具体行政行为合法性的举证责任。

第七条 原告或者第三人应当在开庭审理前或者人民法院指定的交换证据之日提供证据。因正当事由申请延期提供证据的,经人民法院准许,可以在法庭调查中提供。逾期提供证据的,视为放弃举证权利。

原告或者第三人在第一审程序中无正当事由未提供而在第二审程序中提供的证据,人民法院不予接纳。

第八条 人民法院向当事人送达受理案件通知书或者应诉通知书时,应当告知其举证范围、举证期限和逾期提供证据的法律后果,并告知因正当事由不能按期提供证据时应当提出延期提供证据的申请。

第九条 根据行政诉讼法第三十四条第一款的规定,人民法院有权要求当事人提供或者补充证据。

对当事人无争议,但涉及国家利益、公共利益或者他人合法权益的事实,人民法院可以责令当事人提供或者补充有关证据。

二、提供证据的要求

第十条 根据行政诉讼法第三十一条第一款第(一)项的规定,当事人向人民法院提供书证的,应当符合下列要求:

(一)提供书证的原件,原本、正本和副本均属于书证的原件。提供原件确有困难的，可以提供与原件核对无误的复印件、照片、节录本；

（二）提供由有关部门保管的书证原件的复制件、影印件或者抄录件的，应当注明出处，经该部门核对无异后加盖其印章；

（三）提供报表、图纸、会计账册、专业技术资料、科技文献等书证的，应当附有说明材料；

（四）被告提供的被诉具体行政行为所依据的询问、陈述、谈话类笔录，应当有行政执法人员、被询问人、陈述人、谈话人签名或者盖章。

法律、法规、司法解释和规章对书证的制作形式另有规定的，从其规定。

第十一条 根据行政诉讼法第三十一条第一款第（二）项的规定，当事人向人民法院提供物证的，应当符合下列要求：

（一）提供原物。提供原物确有困难的，可以提供与原物核对无误的复制件或者证明该物证的照片、录像等其他证据；

（二）原物为数量较多的种类物的，提供其中的一部分。

第十二条 根据行政诉讼法第三十一条第一款第（三）项的规定，当事人向人民法院提供计算机数据或者录音、录像等视听资料的，应当符合下列要求：

（一）提供有关资料的原始载体。提供原始载体确有困难的，可以提供复制件；

（二）注明制作方法、制作时间、制作人和证明对象等；

（三）声音资料应当附有该声音内容的文字记录。

第十三条 根据行政诉讼法第三十一条第一款第（四）项的规定，当事人向人民法院提供证人证言的，应当符合下列要求：

（一）写明证人的姓名、年龄、性别、职业、住址等基本情况；

（二）有证人的签名，不能签名的，应当以盖章等方式证明；

（三）注明出具日期；

（四）附有居民身份证复印件等证明证人身份的文件。

第十四条 根据行政诉讼法第三十一条第一款第（六）项的规定，被告向人民法院提供的在行政程序中采用的鉴定结论，应当载明委托人和委托鉴定的事项、向鉴定部门提交的相关材料、鉴定的依据和使用的科学技术手段、鉴定部门和鉴定人鉴定资格的说明，并应有鉴定人的签名和鉴定部门的盖章。通过分析获得的鉴定结论，应当说明分析过程。

第十五条 根据行政诉讼法第三十一条第一款第（七）项的规定，被告向人民法院提供的现场笔录，应当载明时间、地点和事件等内容，并由执法人员和当事人签名。当事人拒绝签名或者不能签名的，应当注明原因。有其他人在现场的，可由其他人签名。

法律、法规和规章对现场笔录的制作形式另有规定的，从其规定。

第十六条 当事人向人民法院提供的在中华人民共和国领域外形成的证据，应当说明来源，经所在国公证机关证明，并经中华人民共和国驻该国使领馆认证，或者履行中华人民共和国与证据所在国订立的有关条约中规定的证明手续。

当事人提供的在中华人民共和国香港特别行政区、澳门特别行政区和台湾地区内形成的证据，应当具有按照有关规定办理的证明手续。

第十七条 当事人向人民法院提供外文书证或者外国语视听资料的，应当附有由具有翻译资质的机构翻译的或者其他翻译准确的中文译本，由翻译机构盖章或者翻译人员签名。

第十八条 证据涉及国家秘密、商业秘密或者个人隐私的，提供人应当作出明确标注，并向法庭说明，法庭予以审查确认。

第十九条 当事人应当对其提交的证据材料分类编号，对证据材料的来源、证明对象和内容作简要说明，签名或者盖章，注明提交日期。

第二十条 人民法院收到当事人提交的证据材料，应当出具收据，注明证据的名称、份数、页数、件数、种类以及收到的时间，由经办人员签名或者盖章。

第二十一条 对于案情比较复杂或者证据数量较多的案件，人民法院可以组织当事人在开庭前向对方出示或者交换证据，并将交换证据的情况记录在卷。

三、调取和保全证据

第二十二条 根据行政诉讼法第三十四条第二款的规定，有下列情形之一的，人民法院有权向有关行政机关以及其他组织、公民调取证据：

（一）涉及国家利益、公共利益或者他人合法权益的事实认定的；

（二）涉及依职权追加当事人、中止诉讼、终结诉讼、回避等程序性事项的。

第二十三条 原告或者第三人不能自行收集，但能够提供确切线索的，可以申请人民法院调取下列证据材料：

（一）由国家有关部门保存而须由人民法院调取的证据材料；

（二）涉及国家秘密、商业秘密、个人隐私的证据材料；

（三）确因客观原因不能自行收集的其他证据材料。

人民法院不得为证明被诉具体行政行为的合法性，调取被告在作出具体行政行为时未收集的证据。

第二十四条 当事人申请人民法院调取证据的,应当在举证期限内提交调取证据申请书。

调取证据申请书应当写明下列内容:
(一)证据持有人的姓名或者名称、住址等基本情况;
(二)拟调取证据的内容;
(三)申请调取证据的原因及其要证明的案件事实。

第二十五条 人民法院对当事人调取证据的申请,经审查符合调取证据条件的,应当及时决定调取;不符合调取证据条件的,应当向当事人或者其诉讼代理人送达通知书,说明不准许调取的理由。当事人及其诉讼代理人可以在收到通知书之日起三日内向受理申请的人民法院书面申请复议一次。人民法院应当在收到复议申请之日起五日内作出答复。

人民法院根据当事人申请,经调取未能取得相应证据的,应当告知申请人并说明原因。

第二十六条 人民法院需要调取的证据在异地的,可以书面委托证据所在地人民法院调取。受托人民法院应当在收到委托书后,按照委托要求及时完成调取证据工作,送交委托人民法院。受托人民法院不能完成委托内容的,应当告知委托的人民法院并说明原因。

第二十七条 当事人根据行政诉讼法第三十六条的规定向人民法院申请保全证据的,应当在举证期限届满前以书面形式提出,并说明证据的名称和地点、保全的内容和范围、申请保全的理由等事项。

当事人申请保全证据的,人民法院可以要求其提供相应的担保。

法律、司法解释规定诉前保全证据的,依照其规定办理。

第二十八条 人民法院依照行政诉讼法第三十六条规定保全证据的,可以根据具体情况,采取查封、扣押、拍照、录音、录像、复制、鉴定、勘验、制作询问笔录等保全措施。

人民法院保全证据时,可以要求当事人或者其诉讼代理人到场。

第二十九条 原告或者第三人有证据或者有正当理由表明被告据以认定案件事实的鉴定结论可能有错误,在举证期限内书面申请重新鉴定的,人民法院应予准许。

第三十条 当事人对人民法院委托的鉴定部门作出的鉴定结论有异议申请重新鉴定,提出证据证明存在下列情形之一的,人民法院应予准许:
(一)鉴定部门或者鉴定人不具有相应的鉴定资格的;
(二)鉴定程序严重违法的;
(三)鉴定结论明显依据不足的;

（四）经过质证不能作为证据使用的其他情形。

对有缺陷的鉴定结论，可以通过补充鉴定、重新质证或者补充质证等方式解决。

第三十一条　对需要鉴定的事项负有举证责任的当事人，在举证期限内无正当理由不提出鉴定申请、不预交鉴定费用或者拒不提供相关材料，致使对案件争议的事实无法通过鉴定结论予以认定的，应当对该事实承担举证不能的法律后果。

第三十二条　人民法院对委托或者指定的鉴定部门出具的鉴定书，应当审查是否具有下列内容：

（一）鉴定的内容；

（二）鉴定时提交的相关材料；

（三）鉴定的依据和使用的科学技术手段；

（四）鉴定的过程；

（五）明确的鉴定结论；

（六）鉴定部门和鉴定人鉴定资格的说明；

（七）鉴定人及鉴定部门签名盖章。

前款内容欠缺或者鉴定结论不明确的，人民法院可以要求鉴定部门予以说明、补充鉴定或者重新鉴定。

第三十三条　人民法院可以依当事人申请或者依职权勘验现场。

勘验现场时，勘验人必须出示人民法院的证件，并邀请当地基层组织或者当事人所在单位派人参加。当事人或其成年亲属应当到场，拒不到场的，不影响勘验的进行，但应当在勘验笔录中说明情况。

第三十四条　审判人员应当制作勘验笔录，记载勘验的时间、地点、勘验人、在场人、勘验的经过和结果，由勘验人、当事人、在场人签名。

勘验现场时绘制的现场图，应当注明绘制的时间、方位、绘制人姓名和身份等内容。

当事人对勘验结论有异议的，可以在举证期限内申请重新勘验，是否准许由人民法院决定。

四、证据的对质辨认和核实

第三十五条　证据应当在法庭上出示，并经庭审质证。未经庭审质证的证据，不能作为定案的依据。

当事人在庭前证据交换过程中没有争议并记录在卷的证据，经审判人员在庭审中说明后,可以作为认定案件事实的依据。

第三十六条 经合法传唤,因被告无正当理由拒不到庭而需要依法缺席判决的,被告提供的证据不能作为定案的依据,但当事人在庭前交换证据中没有争议的证据除外。

◆ 在被告不到庭时根本无法质证,因而其提供的证据也就成为未经庭审质证的证据,不能作为定案根据。

第三十七条 涉及国家秘密、商业秘密和个人隐私或者法律规定的其他应当保密的证据,不得在开庭时公开质证。

第三十八条 当事人申请人民法院调取的证据,由申请调取证据的当事人在庭审中出示,并由当事人质证。

人民法院依职权调取的证据,由法庭出示,并可就调取该证据的情况进行说明,听取当事人意见。

第三十九条 当事人应当围绕证据的关联性、合法性和真实性,针对证据有无证明效力以及证明效力大小,进行质证。

经法庭准许,当事人及其代理人可以就证据问题相互发问,也可以向证人、鉴定人或者勘验人发问。

当事人及其代理人相互发问,或者向证人、鉴定人、勘验人发问时,发问的内容应当与案件事实有关联,不得采用引诱、威胁、侮辱等语言或者方式。

第四十条 对书证、物证和视听资料进行质证时,当事人应当出示证据的原件或者原物。但有下列情况之一的除外:

(一)出示原件或者原物确有困难并经法庭准许可以出示复制件或者复制品;

(二)原件或者原物已不存在,可以出示证明复制件、复制品与原件、原物一致的其他证据。

视听资料应当当庭播放或者显示,并由当事人进行质证。

第四十一条 凡是知道案件事实的人,都有出庭作证的义务。有下列情形之一的,经人民法院准许,当事人可以提交书面证言:

(一)当事人在行政程序或者庭前证据交换中对证人证言无异议的;

(二)证人因年迈体弱或者行动不便无法出庭的;

(三)证人因路途遥远、交通不便无法出庭的;

(四)证人因自然灾害等不可抗力或者其他意外事件无法出庭的;

(五)证人因其他特殊原因确实无法出庭的。

第四十二条 不能正确表达意志的人不能作证。

根据当事人申请，人民法院可以就证人能否正确表达意志进行审查或者交由有关部门鉴定。必要时，人民法院也可以依职权交由有关部门鉴定。

第四十三条 当事人申请证人出庭作证的，应当在举证期限届满前提出，并经人民法院许可。人民法院准许证人出庭作证的，应当在开庭审理前通知证人出庭作证。

当事人在庭审过程中要求证人出庭作证的，法庭可以根据审理案件的具体情况，决定是否准许以及是否延期审理。

第四十四条 有下列情形之一，原告或者第三人可以要求相关行政执法人员作为证人出庭作证：

（一）对现场笔录的合法性或者真实性有异议的；

（二）对扣押财产的品种或者数量有异议的；

（三）对检验的物品取样或者保管有异议的；

（四）对行政执法人员的身份的合法性有异议的；

（五）需要出庭作证的其他情形。

第四十五条 证人出庭作证时，应当出示证明其身份的证件。法庭应当告知其诚实作证的法律义务和作伪证的法律责任。

出庭作证的证人不得旁听案件的审理。法庭询问证人时，其他证人不得在场，但组织证人对质的除外。

第四十六条 证人应当陈述其亲历的具体事实。证人根据其经历所作的判断、推测或者评论，不能作为定案的依据。

第四十七条 当事人要求鉴定人出庭接受询问的，鉴定人应当出庭。鉴定人因正当事由不能出庭的，经法庭准许，可以不出庭，由当事人对其书面鉴定结论进行质证。

鉴定人不能出庭的正当事由，参照本规定第四十一条的规定。

对于出庭接受询问的鉴定人，法庭应当核实其身份、与当事人及案件的关系，并告知鉴定人如实说明鉴定情况的法律义务和故意作虚假说明的法律责任。

第四十八条 对被诉具体行政行为涉及的专门性问题，当事人可以向法庭申请由专业人员出庭进行说明，法庭也可以通知专业人员出庭说明。必要时，法庭可以组织专业人员进行对质。

当事人对出庭的专业人员是否具备相应专业知识、学历、资历等专业资格等有异议的，可以进行询问。由法庭决定其是否可以作为专业人员出庭。

专业人员可以对鉴定人进行询问。

第四十九条 法庭在质证过程中，对与案件没有关联的证据材料，应予排除并说明理由。

法庭在质证过程中，准许当事人补充证据的，对补充的证据仍应进行质证。

法庭对经过庭审质证的证据，除确有必要外，一般不再进行质证。

第五十条　在第二审程序中，对当事人依法提供的新的证据，法庭应当进行质证；当事人对第一审认定的证据仍有争议的，法庭也应当进行质证。

第五十一条　按照审判监督程序审理的案件，对当事人依法提供的新的证据，法庭应当进行质证；因原判决、裁定认定事实的证据不足而提起再审所涉及的主要证据，法庭也应当进行质证。

第五十二条　本规定第五十条和第五十一条中的"新的证据"是指以下证据：

（一）在一审程序中应当准予延期提供而未获准许的证据；

（二）当事人在一审程序中依法申请调取而未获准许或者未取得，人民法院在第二审程序中调取的证据；

（三）原告或者第三人提供的在举证期限届满后发现的证据。

五、证据的审核认定

第五十三条　人民法院裁判行政案件，应当以证据证明的案件事实为依据。

第五十四条　法庭应当对经过庭审质证的证据和无需质证的证据进行逐一审查和对全部证据综合审查，遵循法官职业道德，运用逻辑推理和生活经验，进行全面、客观和公正地分析判断，确定证据材料与案件事实之间的证明关系，排除不具有关联性的证据材料，准确认定案件事实。

第五十五条　法庭应当根据案件的具体情况，从以下方面审查证据的合法性：

（一）证据是否符合法定形式；

（二）证据的取得是否符合法律、法规、司法解释和规章的要求；

（三）是否有影响证据效力的其他违法情形。

第五十六条　法庭应当根据案件的具体情况，从以下方面审查证据的真实性：

（一）证据形成的原因；

（二）发现证据时的客观环境；

（三）证据是否为原件、原物、复制件、复制品与原件、原物是否相符；

（四）提供证据的人或者证人与当事人是否具有利害关系；

（五）影响证据真实性的其他因素。

第五十七条 下列证据材料不能作为定案依据：

（一）严重违反法定程序收集的证据材料；

（二）以偷拍、偷录、窃听等手段获取侵害他人合法权益的证据材料；

（三）以利诱、欺诈、胁迫、暴力等不正当手段获取的证据材料；

（四）当事人无正当事由超出举证期限提供的证据材料；

（五）在中华人民共和国领域以外或者在中华人民共和国香港特别行政区、澳门特别行政区和台湾地区形成的未办理法定证明手续的证据材料；

（六）当事人无正当理由拒不提供原件、原物，又无其他证据印证，且对方当事人不予认可的证据的复制件或者复制品；

（七）被当事人或者他人进行技术处理而无法辨明真伪的证据材料；

（八）不能正确表达意志的证人提供的证言；

（九）不具备合法性和真实性的其他证据材料。

第五十八条 以违反法律禁止性规定或者侵犯他人合法权益的方法取得的证据，不能作为认定案件事实的依据。

◆ 第57、58条的规定均属于非法证据排除规则，非法证据主要是违反法定程序、法定形式或者其他保护他人合法权益的法律规定的证据。但是，以偷拍、偷录、窃听等手段获取的证据并不当然属于应当排除的非法证据，还必须同时具备侵害他人合法权益的条件，才能构成非法证据。

第五十九条 被告在行政程序中依照法定程序要求原告提供证据，原告依法应当提供而拒不提供，在诉讼程序中提供的证据，人民法院一般不予采纳。

第六十条 下列证据不能作为认定被诉具体行政行为合法的依据：

（一）被告及其诉讼代理人在作出具体行政行为后或者在诉讼程序中自行收集的证据；

（二）被告在行政程序中非法剥夺公民、法人或者其他组织依法享有的陈述、申辩或者听证权利所采用的证据；

（三）原告或者第三人在诉讼程序中提供的、被告在行政程序中未作为具体行政行为依据的证据。

第六十一条 复议机关在复议程序中收集和补充的证据，或者作出原具体行政行为的行政机关在复议程序中未向复议机关提交的证据，不能作为人民法院认定原具体行政行为合法的依据。

第六十二条 对被告在行政程序中采纳的鉴定结论，原告或者第三人提出证据证明有下列情形之一的，人民法院不予采纳：

（一）鉴定人不具备鉴定资格；
（二）鉴定程序严重违法；
（三）鉴定结论错误、不明确或者内容不完整。

◆ 本条规定了优势证据规则（最佳证据规则）。即证明同一事实而又相互矛盾的数个证据之间的证明力大小的比较规则。在许多案件中，证明同一事实的数个证据往往相互矛盾，既有肯定性的，又有否定性的，此时需要法官对这些证据的证明力进行取舍，在此基础上以占优势的证据证明事实。

第六十三条 证明同一事实的数个证据，其证明效力一般可以按照下列情形分别认定：
（一）国家机关以及其他职能部门依职权制作的公文文书优于其他书证；
（二）鉴定结论、现场笔录、勘验笔录、档案材料以及经过公证或者登记的书证优于其他书证、视听资料和证人证言；
（三）原件、原物优于复制件、复制品；
（四）法定鉴定部门的鉴定结论优于其他鉴定部门的鉴定结论；
（五）法庭主持勘验所制作的勘验笔录优于其他部门主持勘验所制作的勘验笔录；
（六）原始证据优于传来证据；
（七）其他证人证言优于与当事人有亲属关系或者其他密切关系的证人提供的对该当事人有利的证言；
（八）出庭作证的证人证言优于未出庭作证的证人证言；
（九）数个种类不同、内容一致的证据优于一个孤立的证据。

第六十四条 以有形载体固定或者显示的电子数据交换、电子邮件以及其他数据资料，其制作情况和真实性经对方当事人确认，或者以公证等其他有效方式予以证明的，与原件具有同等的证明效力。

第六十五条 在庭审中一方当事人或者其代理人在代理权限范围内对另一方当事人陈述的案件事实明确表示认可的，人民法院可以对该事实予以认定。但有相反证据足以推翻的除外。

第六十六条 在行政赔偿诉讼中，人民法院主持调解时当事人为达成调解协议而对案件事实的认可，不得在其后的诉讼中作为对其不利的证据。

第六十七条 在不受外力影响的情况下，一方当事人提供的证据，对方当事人明确表示认可的，可以认定该证据的证明效力；对方当事人予以否认，但不能提供充分的证据进行反驳的，可以综合全案情况审查认定该证据的证明效力。

第六十八条 下列事实法庭可以直接认定：
（一）众所周知的事实；
（二）自然规律及定理；
（三）按照法律规定推定的事实；
（四）已经依法证明的事实；
（五）根据日常生活经验法则推定的事实。
前款（一）、（三）、（四）、（五）项，当事人有相反证据足以推翻的除外。

第六十九条 原告确有证据证明被告持有的证据对原告有利，被告无正当事由拒不提供的，可以推定原告的主张成立。

第七十条 生效的人民法院裁判文书或者仲裁机构裁决文书确认的事实，可以作为定案依据。但是如果发现裁判文书或者裁决文书认定的事实有重大问题的，应当中止诉讼，通过法定程序予以纠正后恢复诉讼。

第七十一条 下列证据不能单独作为定案依据：
（一）未成年人所作的与其年龄和智力状况不相适应的证言；
（二）与一方当事人有亲属关系或者其他密切关系的证人所作的对该当事人有利的证言，或者与一方当事人有不利关系的证人所作的对该当事人不利的证言；
（三）应当出庭作证而无正当理由不出庭作证的证人证言；
（四）难以识别是否经过修改的视听资料；
（五）无法与原件、原物核对的复制件或者复制品；
（六）经一方当事人或者他人改动，对方当事人不予认可的证据材料；
（七）其他不能单独作为定案依据的证据材料。

◆第64条、第71条规定了补强证据规则。需要补强的证据，是指证据本身的效力还不足以单独作为定案根据，而必须经其他证据的印证，即其制作情况和真实性经对方当事人确认，或者以公证等其他有效方式予以证明的，才能作为定案根据。

第七十二条 庭审中经过质证的证据，能够当庭认定的，应当当庭认定；不能当庭认定的，应当在合议庭合议时认定。
人民法院应当在裁判文书中阐明证据是否采纳的理由。

第七十三条 法庭发现当庭认定的证据有误，可以按照下列方式纠正：
（一）庭审结束前发现错误的，应当重新进行认定；
（二）庭审结束后宣判前发现错误的，在裁判文书中予以更正并说明理

由,也可以再次开庭予以认定;

(三)有新的证据材料可能推翻已认定的证据的,应当再次开庭予以认定。

六、附　　则

第七十四条 证人、鉴定人及其近亲属的人身和财产安全受法律保护。人民法院应当对证人、鉴定人的住址和联系方式予以保密。

第七十五条 证人、鉴定人因出庭作证或者接受询问而支出的合理费用,由提供证人、鉴定人的一方当事人先行支付,由败诉一方当事人承担。

第七十六条 证人、鉴定人作伪证的,依照行政诉讼法第四十九条第一款第(二)项的规定追究其法律责任。

第七十七条 诉讼参与人或者其他人有对审判人员或者证人、鉴定人、勘验人及其近亲属实施威胁、侮辱、殴打、骚扰或者打击报复等妨碍行政诉讼行为的,依照行政诉讼法第四十九条第一款第(三)项、第(五)项或者第(六)项的规定追究其法律责任。

第七十八条 对应当协助调取证据的单位和个人,无正当理由拒不履行协助义务的,依照行政诉讼法第四十九条第一款第(五)项的规定追究其法律责任。

第七十九条 本院以前有关行政诉讼的司法解释与本规定不一致的,以本规定为准。

第八十条 本规定自2002年10月1日起施行。2002年10月1日尚未审结的一审、二审和再审行政案件不适用本规定。

本规定施行前已经审结的行政案件,当事人以违反本规定为由申请再审的,人民法院不予支持。

本规定施行后按照审判监督程序决定再审的行政案件,适用本规定。

诉讼程序

最高人民法院关于行政诉讼撤诉若干问题的规定

(2007年12月17日最高人民法院审判委员会第1441次会议通过　2008年1月14日最高人民法院公告公布　自2008年2月1日起施行　法释〔2008〕2号)

为妥善化解行政争议,依法审查行政诉讼中行政机关改变被诉具体行政行为及当事人申请撤诉的行为,根据《中华人民共和国行政诉讼法》制定本规定。

第一条　人民法院经审查认为被诉具体行政行为违法或者不当,可以在宣告判决或者裁定前,建议被告改变其所作的具体行政行为。

第二条　被告改变被诉具体行政行为,原告申请撤诉,符合下列条件的,人民法院应当裁定准许:

(一)申请撤诉是当事人真实意思表示;

(二)被告改变被诉具体行政行为,不违反法律、法规的禁止性规定,不超越或者放弃职权,不损害公共利益和他人合法权益;

(三)被告已经改变或者决定改变被诉具体行政行为,并书面告知人民法院;

(四)第三人无异议。

第三条　有下列情形之一的,属于行政诉讼法第五十一条规定的"被告改变其所作的具体行政行为":

(一)改变被诉具体行政行为所认定的主要事实和证据;

(二)改变被诉具体行政行为所适用的规范依据且对定性产生影响;

(三)撤销、部分撤销或者变更被诉具体行政行为处理结果。

第四条　有下列情形之一的,可以视为"被告改变其所作的具体行政行为":

(一)根据原告的请求依法履行法定职责;

(二)采取相应的补救、补偿等措施;

（三）在行政裁决案件中，书面认可原告与第三人达成的和解。

第五条 被告改变被诉具体行政行为，原告申请撤诉，有履行内容且履行完毕的，人民法院可以裁定准许撤诉；不能即时或者一次性履行的，人民法院可以裁定准许撤诉，也可以裁定中止审理。

第六条 准许撤诉裁定可以载明被告改变被诉具体行政行为的主要内容及履行情况，并可以根据案件具体情况，在裁定理由中明确被诉具体行政行为全部或者部分不再执行。

第七条 申请撤诉不符合法定条件，或者被告改变被诉具体行政行为后当事人不撤诉的，人民法院应当及时作出裁判。

第八条 第二审或者再审期间行政机关改变被诉具体行政行为，当事人申请撤回上诉或者再审申请的，参照本规定。

准许撤回上诉或者再审申请的裁定可以载明行政机关改变被诉具体行政行为的主要内容及履行情况，并可以根据案件具体情况，在裁定理由中明确被诉具体行政行为或者原裁判全部或者部分不再执行。

第九条 本院以前所作的司法解释及规范性文件，凡与本规定不一致的，按本规定执行。

最高人民法院关于行政诉讼应诉若干问题的通知

（2016年7月28日 法〔2016〕260号）

各省、自治区、直辖市高级人民法院，解放军军事法院，新疆维吾尔自治区高级人民法院生产建设兵团分院：

中央全面深化改革领导小组于2015年10月13日讨论通过了《关于加强和改进行政应诉工作的意见》（以下简称《意见》），明确提出行政机关要支持人民法院受理和审理行政案件，保障公民、法人和其他组织的起诉权利，认真做好答辩举证工作，依法履行出庭应诉职责，配合人民法院做好开庭审理工作。2016年6月27日，国务院办公厅以国办发〔2016〕54号文形式正式发布了《意见》。《意见》的出台，对于人民法院进一步做好行政案件的受理、审理和执行工作，全面发挥行政审判职能，有效监督行政机关依法行政，提高领导干部学法用法的能力，具有重大意义。根据行政诉讼法的相关规定，为进一步规范和促进行政应诉工作，现就有关问题通知如下：

一、充分认识规范行政诉讼应诉的重大意义

推动行政机关负责人出庭应诉，是贯彻落实修改后的行政诉讼法的重要举措；规范行政诉讼应诉，是保障行政诉讼法有效实施，全面推进依法行政，加快建设法治政府的重要举措。为贯彻落实《中共中央关于全面推进依法治国若干重大问题的决定》关于"健全行政机关依法出庭应诉、支持法院受理行政案件、尊重并执行法院生效裁判的制度"的要求，《意见》从"高度重视行政应诉工作""支持人民法院依法受理和审理行政案件""认真做好答辩举证工作""依法履行出庭应诉职责""积极履行人民法院生效裁判"等十个方面对加强和改进行政应诉工作提出明确要求，作出具体部署。《意见》是我国首个全面规范行政应诉工作的专门性文件，各级人民法院要结合行政诉讼法的规定精神，全面把握《意见》内容，深刻领会精神实质，充分认识《意见》出台的重大意义，确保《意见》在人民法院行政审判领域落地生根。要及时向当地党委、人大汇报《意见》贯彻落实情况，加强与政府的沟通联系，支持地方党委政府出台本地区的具体实施办法，细化完善相关工作制度，促进行政机关做好出庭应诉工作。

二、依法做好行政案件受理和审理工作

严格执行行政诉讼法和《最高人民法院关于人民法院登记立案若干问题的规定》，进一步强化行政诉讼中的诉权保护，不得违法限缩受案范围、违法增设起诉条件，严禁以反复要求起诉人补正起诉材料的方式变相拖延、拒绝立案。对于不接收起诉状、接收起诉状后不出具书面凭证，以及不一次性告知当事人需要补正的起诉状内容的，要依照《人民法院审判人员违法审判责任追究办法（试行）》《人民法院工作人员处分条例》等相关规定，对直接负责的主管人员和其他直接责任人员依法依纪作出处理。坚决抵制干扰、阻碍人民法院依法受理和审理行政案件的各种违法行为，对领导干部或者行政机关以开协调会、发文件或者口头要求等任何形式明示或者暗示人民法院不受理案件、不判决行政机关败诉、不履行人民法院生效裁判的，要严格贯彻落实《领导干部干预司法活动、插手具体案件处理的记录、通报和责任追究规定》《司法机关内部人员过问案件的记录和责任追究规定》，全面、如实做好记录工作，做到全程留痕，有据可查。

三、依法推进行政机关负责人出庭应诉

准确理解行政诉讼法和相关司法解释的有关规定，正确把握行政机关负责人出庭应诉的基本要求，依法推进行政机关负责人出庭应诉工作。一是出庭应诉的行政机关负责人，既包括正职负责人，也包括副职负责人以及其他参与分管的负责人。二是行政机关负责人不能出庭的，应当委托行政机关相应的工作人员出庭，不得仅委托律师出庭。三是涉及重大公共利益、社会高

度关注或者可能引发群体性事件等案件以及人民法院书面建议行政机关负责人出庭的案件，被诉行政机关负责人应当出庭。四是行政诉讼法第三条第三款规定的"行政机关相应的工作人员"，包括该行政机关具有国家行政编制身份的工作人员以及其他依法履行公职的人员。被诉行政行为是人民政府作出的，人民政府所属法制工作机构的工作人员，以及被诉行政行为具体承办机关的工作人员，也可以视为被诉人民政府相应的工作人员。

行政机关负责人和行政机关相应的工作人员均不出庭，仅委托律师出庭的；或者人民法院书面建议行政机关负责人出庭应诉，行政机关负责人不出庭应诉的，人民法院应当记录在案并在裁判文书中载明，可以依照行政诉讼法第六十六条第二款的规定予以公告，建议任免机关、监察机关或者上一级行政机关对相关责任人员严肃处理。

四、为行政机关依法履行出庭应诉职责提供必要条件

各级人民法院要在坚持依法独立公正行使审判权、平等保护各方当事人诉讼权利的前提下，加强与政府法制部门和行政执法机关的联系，探索建立行政审判和行政应诉联络工作机制，及时沟通、协调行政机关负责人出庭建议书发送和庭审时间等具体事宜，切实贯彻行政诉讼法和《意见》规定的精神，稳步推进行政机关出庭应诉工作。要为行政机关负责人、工作人员、政府法律顾问和公职律师依法履行出庭应诉职责提供必要的保障和相应的便利。要正确理解行政行为合法性审查原则，行政复议机关和作出原行政行为的行政机关为共同被告的，可以根据具体情况确定由一个机关实施举证行为，确保庭审的针对性，提高庭审效率。改革案件审理模式，推广繁简分流，实现简案快审、繁案精审，减轻当事人的诉讼负担。对符合《最高人民法院关于适用〈中华人民共和国行政诉讼法〉若干问题的解释》第三条第二款规定的案件，人民法院认为不需要开庭审理的，可以径行裁定驳回起诉。要及时就行政机关出庭应诉和行政执法工作中的问题和不足提出司法建议，及时向政府法制部门通报司法建议落实和反馈情况，从源头上预防和化解争议。要积极参与行政应诉教育培训工作，提高行政机关负责人、行政执法人员等相关人员的行政应诉能力。

五、支持行政机关建立健全依法行政考核体系

人民法院要支持当地党委政府建立和完善依法行政考核体系，结合行政审判工作实际提出加强和改进行政应诉工作的意见和建议。对本地区行政机关出庭应诉工作和依法行政考核指标的实施情况、运行成效等，人民法院可以通过司法建议、白皮书等适当形式，及时向行政机关作出反馈、评价，并可以适当方式将本地区行政机关出庭应诉情况向社会公布，促进发挥考核指标的倒逼作用。

地方各级人民法院要及时总结本通知贯彻实施过程中形成的好经验好做法；对贯彻实施中遇到的困难和问题，要及时层报最高人民法院。

最高人民法院关于行政机关负责人出庭应诉若干问题的规定

（2020年3月23日最高人民法院审判委员会第1797次会议通过　2020年6月22日最高人民法院公告公布　自2020年7月1日起施行　法释〔2020〕3号）

为进一步规范行政机关负责人出庭应诉活动，根据《中华人民共和国行政诉讼法》等法律规定，结合人民法院行政审判工作实际，制定本规定。

第一条　行政诉讼法第三条第三款规定的被诉行政机关负责人应当出庭应诉，是指被诉行政机关负责人依法应当在第一审、第二审、再审等诉讼程序中出庭参加诉讼，行使诉讼权利，履行诉讼义务。

法律、法规、规章授权独立行使行政职权的行政机关内设机构、派出机构或者其他组织的负责人出庭应诉，适用本规定。

应当追加为被告而原告不同意追加，人民法院通知以第三人身份参加诉讼的行政机关，其负责人出庭应诉活动参照前款规定。

第二条　行政诉讼法第三条第三款规定的被诉行政机关负责人，包括行政机关的正职、副职负责人、参与分管被诉行政行为实施工作的副职级别的负责人以及其他参与分管的负责人。

被诉行政机关委托的组织或者下级行政机关的负责人，不能作为被诉行政机关负责人出庭。

第三条　有共同被告的行政案件，可以由共同被告协商确定行政机关负责人出庭应诉；也可以由人民法院确定。

第四条　对于涉及食品药品安全、生态环境和资源保护、公共卫生安全等重大公共利益，社会高度关注或者可能引发群体性事件等的案件，人民法院应当通知行政机关负责人出庭应诉。

有下列情形之一，需要行政机关负责人出庭的，人民法院可以通知行政机关负责人出庭应诉：

（一）被诉行政行为涉及公民、法人或者其他组织重大人身、财产权益的；

（二）行政公益诉讼；

（三）被诉行政机关的上级机关规范性文件要求行政机关负责人出庭应诉的；

（四）人民法院认为需要通知行政机关负责人出庭应诉的其他情形。

第五条 人民法院在向行政机关送达的权利义务告知书中，应当一并告知行政机关负责人出庭应诉的法定义务及相关法律后果等事项。

人民法院通知行政机关负责人出庭的，应当在开庭三日前送达出庭通知书，并告知行政机关负责人不出庭可能承担的不利法律后果。

行政机关在庭审前申请更换出庭应诉负责人且不影响正常开庭的，人民法院应当准许。

第六条 行政机关负责人出庭应诉的，应当于开庭前向人民法院提交出庭应诉负责人的身份证明。身份证明应当载明该负责人的姓名、职务等基本信息，并加盖行政机关印章。

人民法院应当对出庭应诉负责人的身份证明进行审查，经审查认为不符合条件，可以补正的，应当告知行政机关予以补正；不能补正或者补正可能影响正常开庭的，视为行政机关负责人未出庭应诉。

第七条 对于同一审级需要多次开庭的同一案件，行政机关负责人到庭参加一次庭审的，一般可以认定其已经履行出庭应诉义务，但人民法院通知行政机关负责人再次出庭的除外。

行政机关负责人在一个审理程序中出庭应诉，不免除其在其他审理程序出庭应诉的义务。

第八条 有下列情形之一的，属于行政诉讼法第三条第三款规定的行政机关负责人不能出庭的情形：

（一）不可抗力；

（二）意外事件；

（三）需要履行他人不能代替的公务；

（四）无法出庭的其他正当事由。

第九条 行政机关负责人有正当理由不能出庭的，应当提交相关证明材料，并加盖行政机关印章或者由该机关主要负责人签字认可。

人民法院应当对行政机关负责人不能出庭的理由以及证明材料进行审查。

行政机关负责人有正当理由不能出庭，行政机关申请延期开庭审理的，人民法院可以准许；人民法院也可以依职权决定延期开庭审理。

第十条 行政诉讼法第三条第三款规定的相应的工作人员，是指被诉行政机关中具体行使行政职权的工作人员。

行政机关委托行使行政职权的组织或者下级行政机关的工作人员，可以视为行政机关相应的工作人员。

人民法院应当参照本规定第六条第二款的规定,对行政机关相应的工作人员的身份证明进行审查。

第十一条　诉讼参与人参加诉讼活动,应当依法行使诉讼权利,履行诉讼义务,遵守法庭规则,自觉维护诉讼秩序。

行政机关负责人或者行政机关委托的相应工作人员在庭审过程中应当就案件情况进行陈述、答辩、提交证据、辩论、发表最后意见,对所依据的规范性文件进行解释说明。

行政机关负责人出庭应诉的,应当就实质性解决行政争议发表意见。

诉讼参与人和其他人以侮辱、谩骂、威胁等方式扰乱法庭秩序的,人民法院应当制止,并根据行政诉讼法第五十九条规定进行处理。

第十二条　有下列情形之一的,人民法院应当向监察机关、被诉行政机关的上一级行政机关提出司法建议:

(一)行政机关负责人未出庭应诉,且未说明理由或者理由不成立的;

(二)行政机关有正当理由申请延期开庭审理,人民法院准许后再次开庭审理时行政机关负责人仍未能出庭应诉,且无正当理由的;

(三)行政机关负责人和行政机关相应的工作人员均不出庭应诉的;

(四)行政机关负责人未经法庭许可中途退庭的;

(五)人民法院在庭审中要求行政机关负责人就有关问题进行解释或者说明,行政机关负责人拒绝解释或者说明,导致庭审无法进行的。

有前款情形之一的,人民法院应当记录在案并在裁判文书中载明。

第十三条　当事人对行政机关具有本规定第十二条第一款情形提出异议的,人民法院可以在庭审笔录中载明,不影响案件的正常审理。

原告以行政机关具有本规定第十二条第一款情形为由拒不到庭、未经法庭许可中途退庭的,人民法院可以按照撤诉处理。

原告以行政机关具有本规定第十二条第一款情形为由在庭审中明确拒绝陈述或者以其他方式拒绝陈述,导致庭审无法进行,经法庭释明法律后果后仍不陈述意见的,人民法院可以视为放弃陈述权利,由其承担相应的法律后果。

第十四条　人民法院可以通过适当形式将行政机关负责人出庭应诉情况向社会公开。

人民法院可以定期将辖区内行政机关负责人出庭应诉情况进行统计、分析、评价,向同级人民代表大会常务委员会报告,向同级人民政府进行通报。

第十五条　本规定自2020年7月1日起施行。

法律适用

最高人民法院关于审理工伤保险
行政案件若干问题的规定

(2014年4月21日最高人民法院审判委员会第1613次会议通过 2014年6月18日最高人民法院公告公布 自2014年9月1日起施行 法释〔2014〕9号)

为正确审理工伤保险行政案件,根据《中华人民共和国社会保险法》《中华人民共和国劳动法》《中华人民共和国行政诉讼法》《工伤保险条例》及其他有关法律、行政法规规定,结合行政审判实际,制定本规定。

第一条 人民法院审理工伤认定行政案件,在认定是否存在《工伤保险条例》第十四条第(六)项"本人主要责任"、第十六条第(二)项"醉酒或者吸毒"和第十六条第(三)项"自残或者自杀"等情形时,应当以有权机构出具的事故责任认定书、结论性意见和人民法院生效裁判等法律文书为依据,但有相反证据足以推翻事故责任认定书和结论性意见的除外。

前述法律文书不存在或者内容不明确,社会保险行政部门就前款事实作出认定的,人民法院应当结合其提供的相关证据依法进行审查。

《工伤保险条例》第十六条第(一)项"故意犯罪"的认定,应当以刑事侦查机关、检察机关和审判机关的生效法律文书或者结论性意见为依据。

第二条 人民法院受理工伤认定行政案件后,发现原告或者第三人在提起行政诉讼前已经就是否存在劳动关系申请劳动仲裁或者提起民事诉讼的,应当中止行政案件的审理。

第三条 社会保险行政部门认定下列单位为承担工伤保险责任单位的,人民法院应予支持:

(一)职工与两个或两个以上单位建立劳动关系,工伤事故发生时,职工为之工作的单位为承担工伤保险责任的单位;

(二)劳务派遣单位派遣的职工在用工单位工作期间因工伤亡的,派遣单位为承担工伤保险责任的单位;

（三）单位指派到其他单位工作的职工因工伤亡的，指派单位为承担工伤保险责任的单位；

（四）用工单位违反法律、法规规定将承包业务转包给不具备用工主体资格的组织或者自然人，该组织或者自然人聘用的职工从事承包业务时因工伤亡的，用工单位为承担工伤保险责任的单位；

（五）个人挂靠其他单位对外经营，其聘用的人员因工伤亡的，被挂靠单位为承担工伤保险责任的单位。

前款第（四）、（五）项明确的承担工伤保险责任的单位承担赔偿责任或者社会保险经办机构从工伤保险基金支付工伤保险待遇后，有权向相关组织、单位和个人追偿。

第四条 社会保险行政部门认定下列情形为工伤的，人民法院应予支持：

（一）职工在工作时间和工作场所内受到伤害，用人单位或者社会保险行政部门没有证据证明是非工作原因导致的；

（二）职工参加用人单位组织或者受用人单位指派参加其他单位组织的活动受到伤害的；

（三）在工作时间内，职工来往于多个与其工作职责相关的工作场所之间的合理区域因工受到伤害的；

（四）其他与履行工作职责相关，在工作时间及合理区域内受到伤害的。

第五条 社会保险行政部门认定下列情形为"因工外出期间"的，人民法院应予支持：

（一）职工受用人单位指派或者因工作需要在工作场所以外从事与工作职责有关的活动期间；

（二）职工受用人单位指派外出学习或者开会期间；

（三）职工因工作需要的其他外出活动期间。

职工因工外出期间从事与工作或者受用人单位指派外出学习、开会无关的个人活动受到伤害，社会保险行政部门不认定为工伤的，人民法院应予支持。

第六条 对社会保险行政部门认定下列情形为"上下班途中"的，人民法院应予支持：

（一）在合理时间内往返于工作地与住所地、经常居住地、单位宿舍的合理路线的上下班途中；

（二）在合理时间内往返于工作地与配偶、父母、子女居住地的合理路线的上下班途中；

（三）从事属于日常工作生活所需要的活动，且在合理时间和合理路线的上下班途中；

（四）在合理时间内其他合理路线的上下班途中。

第七条 由于不属于职工或者其近亲属自身原因超过工伤认定申请期限的，被耽误的时间不计算在工伤认定申请期限内。

有下列情形之一耽误申请时间的，应当认定为不属于职工或者其近亲属自身原因：

（一）不可抗力；

（二）人身自由受到限制；

（三）属于用人单位原因；

（四）社会保险行政部门登记制度不完善；

（五）当事人对是否存在劳动关系申请仲裁、提起民事诉讼。

第八条 职工因第三人的原因受到伤害，社会保险行政部门以职工或者其近亲属已经对第三人提起民事诉讼或者获得民事赔偿为由，作出不予受理工伤认定申请或者不予认定工伤决定的，人民法院不予支持。

职工因第三人的原因受到伤害，社会保险行政部门已经作出工伤认定，职工或者其近亲属未对第三人提起民事诉讼或者尚未获得民事赔偿，起诉要求社会保险经办机构支付工伤保险待遇的，人民法院应予支持。

职工因第三人的原因导致工伤，社会保险经办机构以职工或者其近亲属已经对第三人提起民事诉讼为由，拒绝支付工伤保险待遇的，人民法院不予支持，但第三人已经支付的医疗费用除外。

第九条 因工伤认定申请人或者用人单位隐瞒有关情况或者提供虚假材料，导致工伤认定错误的，社会保险行政部门可以在诉讼中依法予以更正。

工伤认定依法更正后，原告不申请撤诉，社会保险行政部门在作出原工伤认定时有过错的，人民法院应当判决确认违法；社会保险行政部门无过错的，人民法院可以驳回原告诉讼请求。

第十条 最高人民法院以前颁布的司法解释与本规定不一致的，以本规定为准。

最高人民法院关于办理申请人民法院强制执行国有土地上房屋征收补偿决定案件若干问题的规定

(2012年2月27日最高人民法院审判委员会第1543次会议通过 2012年3月26日最高人民法院公告公布 自2012年4月10日起施行 法释〔2012〕4号)

为依法正确办理市、县级人民政府申请人民法院强制执行国有土地上房屋征收补偿决定(以下简称征收补偿决定)案件,维护公共利益,保障被征收房屋所有权人的合法权益,根据《中华人民共和国行政诉讼法》、《中华人民共和国行政强制法》、《国有土地上房屋征收与补偿条例》(以下简称《条例》)等有关法律、行政法规规定,结合审判实际,制定本规定。

第一条 申请人民法院强制执行征收补偿决定案件,由房屋所在地基层人民法院管辖,高级人民法院可以根据本地实际情况决定管辖法院。

第二条 申请机关向人民法院申请强制执行,除提供《条例》第二十八条规定的强制执行申请书及附具材料外,还应当提供下列材料:

(一)征收补偿决定及相关证据和所依据的规范性文件;

(二)征收补偿决定送达凭证、催告情况及房屋被征收人、直接利害关系人的意见;

(三)社会稳定风险评估材料;

(四)申请强制执行的房屋状况;

(五)被执行人的姓名或者名称、住址及与强制执行相关的财产状况等具体情况;

(六)法律、行政法规规定应当提交的其他材料。

强制执行申请书应当由申请机关负责人签名,加盖申请机关印章,并注明日期。

强制执行的申请应当自被执行人的法定起诉期限届满之日起三个月内提出;逾期申请的,除有正当理由外,人民法院不予受理。

第三条 人民法院认为强制执行的申请符合形式要件且材料齐全的,应当在接到申请后五日内立案受理,并通知申请机关;不符合形式要件或者材料不全的应当限期补正,并在最终补正的材料提供后五日内立案受理;不符合形式要件或者逾期无正当理由不补正材料的,裁定不予受理。

申请机关对不予受理的裁定有异议的,可以自收到裁定之日起十五日内向上一级人民法院申请复议,上一级人民法院应当自收到复议申请之日起十五日内作出裁定。

第四条 人民法院应当自立案之日起三十日内作出是否准予执行的裁定;有特殊情况需要延长审查期限的,由高级人民法院批准。

第五条 人民法院在审查期间,可以根据需要调取相关证据、询问当事人、组织听证或者进行现场调查。

第六条 征收补偿决定存在下列情形之一的,人民法院应当裁定不准予执行:

(一)明显缺乏事实根据;

(二)明显缺乏法律、法规依据;

(三)明显不符合公平补偿原则,严重损害被执行人合法权益,或者使被执行人基本生活、生产经营条件没有保障;

(四)明显违反行政目的,严重损害公共利益;

(五)严重违反法定程序或者正当程序;

(六)超越职权;

(七)法律、法规、规章等规定的其他不宜强制执行的情形。

人民法院裁定不准予执行的,应当说明理由,并在五日内将裁定送达申请机关。

第七条 申请机关对不准予执行的裁定有异议的,可以自收到裁定之日起十五日内向上一级人民法院申请复议,上一级人民法院应当自收到复议申请之日起三十日内作出裁定。

第八条 人民法院裁定准予执行的,应当在五日内将裁定送达申请机关和被执行人,并可以根据实际情况建议申请机关依法采取必要措施,保障征收与补偿活动顺利实施。

第九条 人民法院裁定准予执行的,一般由作出征收补偿决定的市、县级人民政府组织实施,也可以由人民法院执行。

第十条 《条例》施行前已依法取得房屋拆迁许可证的项目,人民法院裁定准予执行房屋拆迁裁决的,参照本规定第九条精神办理。

第十一条 最高人民法院以前所作的司法解释与本规定不一致的,按本规定执行。

诉讼监督

人民检察院行政诉讼监督规则

(2021年4月8日最高人民检察院第十三届检察委员会第六十五次会议通过 2021年7月27日最高人民检察院公告公布 自2021年9月1日起施行 高检发释字〔2021〕3号)

第一章 总　则

第一条 为了保障和规范人民检察院依法履行行政诉讼监督职责，根据《中华人民共和国行政诉讼法》《中华人民共和国民事诉讼法》《中华人民共和国人民检察院组织法》和其他有关规定，结合人民检察院工作实际，制定本规则。

第二条 人民检察院依法独立行使检察权，通过办理行政诉讼监督案件，监督人民法院依法审判和执行，促进行政机关依法行使职权，维护司法公正和司法权威，维护国家利益和社会公共利益，保护公民、法人和其他组织的合法权益，推动行政争议实质性化解，保障国家法律的统一正确实施。

第三条 人民检察院通过提出抗诉、检察建议等方式，对行政诉讼实行法律监督。

第四条 人民检察院对行政诉讼实行法律监督，应当以事实为根据，以法律为准绳，坚持公开、公平、公正，依法全面审查，监督和支持人民法院、行政机关依法行使职权。

第五条 人民检察院办理行政诉讼监督案件，应当实行繁简分流，繁案精办、简案快办。

人民检察院办理行政诉讼监督案件，应当加强智慧借助，对于重大、疑难、复杂问题，可以向专家咨询或者组织专家论证，听取专家意见建议。

第六条 人民检察院办理行政诉讼监督案件，应当查清案件事实、辨明是非，综合运用监督纠正、公开听证、释法说理、司法救助等手段，开展行政争议实质性化解工作。

第七条 负责控告申诉检察、行政检察、案件管理的部门分别承担行政诉讼监督案件的受理、办理、管理工作,各部门互相配合,互相制约。

当事人不服人民法院生效行政赔偿判决、裁定、调解书的案件,由负责行政检察的部门办理,适用本规则规定。

第八条 人民检察院办理行政诉讼监督案件,由检察官、检察长、检察委员会在各自职权范围内对办案事项作出决定,并依照规定承担相应司法责任。

检察官在检察长领导下开展工作。重大办案事项,由检察长决定。检察长可以根据案件情况,提交检察委员会讨论决定。其他办案事项,检察长可以自行决定,也可以委托检察官决定。

本规则对应当由检察长或者检察委员会决定的重大办案事项有明确规定的,依照本规则的规定;本规则没有明确规定的,省级人民检察院可以制定有关规定,报最高人民检察院批准。

以人民检察院名义制发的法律文书,由检察长签发;属于检察官职权范围内决定事项的,检察长可以授权检察官签发。

重大、疑难、复杂或者有社会影响的案件,应当向检察长报告。

第九条 人民检察院办理行政诉讼监督案件,根据案件情况,可以由一名检察官独任办理,也可以由两名以上检察官组成办案组办理。由检察官办案组办理的,检察长应当指定一名检察官担任主办检察官,组织、指挥办案组办理案件。

检察官办理行政诉讼监督案件,可以根据需要配备检察官助理、书记员、司法警察、检察技术人员等检察辅助人员。检察辅助人员依照有关规定承担相应的检察辅助事务。

第十条 最高人民检察院领导地方各级人民检察院和专门人民检察院的行政诉讼监督工作,上级人民检察院领导下级人民检察院的行政诉讼监督工作。

上级人民检察院认为下级人民检察院的决定错误的,有权指令下级人民检察院纠正,或者依法撤销、变更。上级人民检察院的决定,应当以书面形式作出,下级人民检察院应当执行。下级人民检察院对上级人民检察院的决定有不同意见的,可以在执行的同时向上级人民检察院报告。

上级人民检察院可以依法统一调用辖区的检察人员办理行政诉讼监督案件,调用的决定应当以书面形式作出。被调用的检察官可以代表办理案件的人民检察院履行相关检察职责。

第十一条 人民检察院检察长或者检察长委托的副检察长在同级人民法院审判委员会讨论行政诉讼监督案件或者其他与行政诉讼监督工作有关的议

题时，可以依照有关规定列席会议。

第十二条 检察人员办理行政诉讼监督案件，应当秉持客观公正的立场，自觉接受监督。

检察人员不得违反规定与当事人、律师、特殊关系人、中介组织接触、交往。

检察人员有收受贿赂、徇私枉法等行为的，应当追究纪律责任和法律责任。

检察人员对过问或者干预、插手行政诉讼监督案件办理等重大事项的行为，应当依照有关规定全面、如实、及时记录、报告。

第二章 回 避

第十三条 检察人员办理行政诉讼监督案件，有下列情形之一的，应当自行回避，当事人有权申请他们回避：

（一）是本案当事人或者当事人、委托代理人近亲属的；
（二）担任过本案的证人、委托代理人、审判人员、行政执法人员的；
（三）与本案有利害关系的；
（四）与本案当事人、委托代理人有其他关系，可能影响对案件公正办理的。

检察人员接受当事人、委托代理人请客送礼及其他利益，或者违反规定会见当事人、委托代理人，当事人有权申请他们回避。

上述规定，适用于书记员、翻译人员、鉴定人、勘验人等。

第十四条 检察人员自行回避的，可以口头或者书面方式提出，并说明理由。口头提出申请的，应当记录在卷。

第十五条 当事人申请回避，应当在人民检察院作出提出抗诉或者检察建议等决定前以口头或者书面方式提出，并说明理由。口头提出申请的，应当记录在卷。依照本规则第十三条第二款规定提出回避申请的，应当提供相关证据。

被申请回避的人员在人民检察院作出是否回避的决定前，应当暂停参与本案工作，但案件需要采取紧急措施的除外。

第十六条 检察长的回避，由检察委员会讨论决定；检察人员和其他人员的回避，由检察长决定。检察委员会讨论检察长回避问题时，由副检察长主持，检察长不得参加。

第十七条 人民检察院对当事人提出的回避申请，应当在三日内作出决定,并通知申请人。对明显不属于法定回避事由的申请,可以当场驳回,并记录在卷。

申请人对驳回回避申请的决定不服的,可以在接到决定时向原决定机关申请复议一次。人民检察院应当在三日内作出复议决定,并通知复议申请人。复议期间,被申请回避的人员不停止参与本案工作。

第三章 受　理

第十八条 人民检察院受理行政诉讼监督案件的途径包括:
(一) 当事人向人民检察院申请监督;
(二) 当事人以外的公民、法人或者其他组织向人民检察院控告;
(三) 人民检察院依职权发现。

第十九条 有下列情形之一的,当事人可以向人民检察院申请监督:
(一) 人民法院驳回再审申请或者逾期未对再审申请作出裁定,当事人对已经发生法律效力的行政判决、裁定、调解书,认为确有错误的;
(二) 认为再审行政判决、裁定确有错误的;
(三) 认为行政审判程序中审判人员存在违法行为的;
(四) 认为人民法院行政案件执行活动存在违法情形的。

当事人死亡或者终止的,其权利义务承继者可以依照前款规定向人民检察院申请监督。

第二十条 当事人依照本规则第十九条第一款第一项、第二项规定向人民检察院申请监督,应当在人民法院送达驳回再审申请裁定之日或者再审判决、裁定发生法律效力之日起六个月内提出;对人民法院逾期未对再审申请作出裁定的,应当在再审申请审查期限届满之日起六个月内提出。

当事人依照本规则第十九条第一款第一项、第二项规定向人民检察院申请监督,具有下列情形之一的,应当在知道或者应当知道之日起六个月内提出:
(一) 有新的证据,足以推翻原生效判决、裁定的;
(二) 原生效判决、裁定认定事实的主要证据系伪造的;
(三) 据以作出原生效判决、裁定的法律文书被撤销或者变更的;
(四) 审判人员在审理该案件时有贪污受贿、徇私舞弊、枉法裁判行为的。

当事人依照本规则第十九条第一款第三项、第四项向人民检察院申请监督,应当在知道或者应当知道审判人员违法行为或者执行活动违法情形发生之日起六个月内提出。

本条规定的期间为不变期间，不适用中止、中断、延长的规定。

第二十一条 当事人向人民检察院申请监督，应当提交监督申请书、身份证明、相关法律文书及证据材料。提交证据材料的，应当附证据清单。

申请监督材料不齐备的，人民检察院应当要求申请人限期补齐，并一次性明确告知应当补齐的全部材料以及逾期未按要求补齐视为撤回监督申请的法律后果。申请人逾期未补齐主要材料的，视为撤回监督申请。

第二十二条 本规则第二十一条规定的监督申请书应当记明下列事项：

（一）申请人的姓名、性别、年龄、民族、职业、工作单位、住址、有效联系方式，法人或者其他组织的名称、住所和法定代表人或者主要负责人的姓名、职务、有效联系方式；

（二）其他当事人的姓名、性别、工作单位、住址、有效联系方式等信息，法人或者其他组织的名称、住所、法定代表人或者主要负责人的姓名、职务、有效联系方式等信息；

（三）申请监督请求；

（四）申请监督的具体法定情形及事实、理由。

申请人应当按照其他当事人的人数提交监督申请书副本。

第二十三条 本规则第二十一条规定的身份证明包括：

（一）公民的居民身份证、军官证、士兵证、护照等能够证明本人身份的有效证件；

（二）法人或者其他组织的统一社会信用代码证书或者营业执照、法定代表人或者主要负责人的身份证明等有效证照。

对当事人提交的身份证明，人民检察院经核对无误留存复印件。

第二十四条 本规则第二十一条规定的相关法律文书是指人民法院在该案件诉讼过程中作出的全部判决书、裁定书、决定书、调解书等法律文书。

第二十五条 当事人申请监督，可以依照《中华人民共和国行政诉讼法》的规定委托代理人。

第二十六条 当事人申请监督同时符合下列条件的，人民检察院应当受理：

（一）符合本规则第十九条的规定；

（二）符合本规则第二十条的规定；

（三）申请人提供的材料符合本规则第二十一条至第二十四条的规定；

（四）属于本院受理案件范围；

（五）不具有本规则规定的不予受理情形。

第二十七条 当事人向人民检察院申请监督，有下列情形之一的，人民检察院不予受理：

（一）当事人对生效行政判决、裁定、调解书未向人民法院申请再审的；

（二）当事人申请再审超过法律规定的期限的；

（三）人民法院在法定期限内正在对再审申请进行审查的；

（四）人民法院已经裁定再审且尚未审结的；

（五）人民检察院已经审查终结作出决定的；

（六）行政判决、裁定、调解书是人民法院根据人民检察院的抗诉或者再审检察建议再审后作出的；

（七）申请监督超过本规则第二十条规定的期限的；

（八）根据法律规定可以对人民法院的执行活动提出异议、申请复议或者提起诉讼，当事人、利害关系人、案外人没有提出异议、申请复议或者提起诉讼的，但有正当理由或者人民检察院依职权监督的除外；

（九）当事人提出有关执行的异议、申请复议、申诉或者提起诉讼后，人民法院已经受理并正在审查处理的，但超过法定期限未作出处理的除外；

（十）其他不应当受理的情形。

第二十八条　当事人对已经发生法律效力的行政判决、裁定、调解书向人民检察院申请监督的，由作出生效判决、裁定、调解书的人民法院所在地同级人民检察院负责控告申诉检察的部门受理。

第二十九条　当事人认为行政审判程序中审判人员存在违法行为或者执行活动存在违法情形，向人民检察院申请监督的，由审理、执行案件的人民法院所在地同级人民检察院负责控告申诉检察的部门受理。

当事人不服审理、执行案件人民法院的上级人民法院作出的复议裁定、决定等，向人民检察院申请监督的，由作出复议裁定、决定等的人民法院所在地同级人民检察院负责控告申诉检察的部门受理。

第三十条　人民检察院不依法受理当事人监督申请的，当事人可以向上一级人民检察院申请监督。上一级人民检察院认为当事人监督申请符合受理条件的，应当指令下一级人民检察院受理，必要时也可以直接受理。

第三十一条　人民检察院负责控告申诉检察的部门对监督申请，应当在七日内根据以下情形作出处理，并答复申请人：

（一）符合受理条件的，应当依照本规则规定作出受理决定；

（二）不属于本院受理案件范围的，应当告知申请人向有关人民检察院申请监督；

（三）不属于人民检察院主管范围的，告知申请人向有关机关反映；

（四）不符合受理条件，且申请人不撤回监督申请的，可以决定不予受理。

第三十二条 负责控告申诉检察的部门应当在决定受理之日起三日内制作《受理通知书》,发送申请人,并告知其权利义务。

需要通知其他当事人的,应当将《受理通知书》和监督申请书副本发送其他当事人,并告知其权利义务。其他当事人可以在收到监督申请书副本之日起十五日内提出书面意见;不提出意见的,不影响人民检察院对案件的审查。

第三十三条 负责控告申诉检察的部门应当在决定受理之日起三日内将案件材料移送本院负责行政检察的部门,同时将《受理通知书》抄送本院负责案件管理的部门。负责控告申诉检察的部门收到其他当事人提交的书面意见等材料,应当及时移送负责行政检察的部门。

第三十四条 当事人以外的公民、法人或者其他组织认为人民法院行政审判程序中审判人员存在违法行为或者执行活动存在违法情形的,可以向同级人民检察院控告。控告由人民检察院负责控告申诉检察的部门受理。

负责控告申诉检察的部门对收到的控告,应当依照《人民检察院信访工作规定》等办理。

第三十五条 负责控告申诉检察的部门可以依照《人民检察院信访工作规定》,向下级人民检察院交办涉及行政诉讼监督的信访案件。

第三十六条 人民检察院在履行职责中发现行政案件有下列情形之一的,应当依职权监督:

(一)损害国家利益或者社会公共利益的;

(二)审判人员、执行人员审理和执行行政案件时有贪污受贿、徇私舞弊、枉法裁判等行为的;

(三)依照有关规定需要人民检察院跟进监督的;

(四)人民检察院作出的不支持监督申请决定确有错误的;

(五)其他确有必要进行监督的。

人民检察院对行政案件依职权监督,不受当事人是否申请再审的限制。

第三十七条 下级人民检察院提请抗诉、提请其他监督等案件,由上一级人民检察院负责案件管理的部门受理。

依职权监督的案件,负责行政检察的部门应当到负责案件管理的部门登记受理。

第三十八条 负责案件管理的部门接收案件材料后,应当在三日内登记并将案件材料和案件登记表移送负责行政检察的部门;案件材料不符合规定的,应当要求补齐。

负责案件管理的部门登记受理后,需要通知当事人的,负责行政检察的部门应当制作《受理通知书》,并在三日内发送当事人。

第四章 审 查

第一节 一般规定

第三十九条 人民检察院负责行政检察的部门负责对受理后的行政诉讼监督案件进行审查。

第四十条 负责行政检察的部门收到负责控告申诉检察、案件管理的部门移送的行政诉讼监督案件后,应当按照随机分案为主、指定分案为辅的原则,确定承办案件的独任检察官或者检察官办案组。

第四十一条 上级人民检察院可以将受理的行政诉讼监督案件交由下级人民检察院办理,并限定办理期限。交办的案件应当制作《交办通知书》,并将有关材料移送下级人民检察院。下级人民检察院应当依法办理,在规定期限内提出处理意见并报送上级人民检察院,上级人民检察院应当在法定期限内作出决定。

上级人民检察院交办案件需要通知当事人的,应当制作通知文书,并发送当事人。

第四十二条 上级人民检察院认为确有必要的,可以办理下级人民检察院受理的行政诉讼监督案件。

下级人民检察院受理的行政诉讼监督案件,认为需要由上级人民检察院办理的,可以报请上级人民检察院办理。

最高人民检察院、省级人民检察院根据实质性化解行政争议等需要,可以指定下级人民检察院办理案件。

第四十三条 人民检察院审查行政诉讼监督案件,应当围绕申请人的申请监督请求、争议焦点、本规则第三十六条规定的情形以及发现的其他违法情形,对行政诉讼活动进行全面审查。其他当事人在人民检察院作出决定前也申请监督的,应当将其列为申请人,对其申请监督请求一并审查。

第四十四条 人民检察院在审查行政诉讼监督案件期间收到申请人或者其他当事人提交的证据材料,应当出具收据。

第四十五条 被诉行政机关以外的当事人对不能自行收集的证据,在原审中向人民法院申请调取,人民法院应当调取而未予以调取,在诉讼监督阶段向人民检察院申请调取,符合下列情形之一的,人民检察院可以调取:

(一)由国家机关保存只能由国家机关调取的证据;

(二)涉及国家秘密、商业秘密和个人隐私的证据;

（三）确因客观原因不能自行收集的其他证据。

当事人依照前款规定申请调取证据，人民检察院认为与案件事实无关联、对证明案件事实无意义或者其他无调取收集必要的，不予调取。

第四十六条 人民检察院应当告知当事人有申请回避的权利，并告知办理行政诉讼监督案件的检察人员、书记员等的姓名、法律职务。

第四十七条 人民检察院审查案件，应当听取当事人意见，调查核实有关情况，必要时可以举行听证，也可以听取专家意见。

对于当事人委托律师担任代理人的，人民检察院应听取代理律师意见，尊重和支持代理律师依法履行职责，依法为代理律师履职提供相关协助和便利，保障代理律师执业权利。

第四十八条 人民检察院可以采取当面、视频、电话、传真、电子邮件、由当事人提交书面意见等方式听取当事人意见。

听取意见的内容包括：

（一）申请人认为生效行政判决、裁定、调解书符合再审情形的主要事实和理由；

（二）申请人认为人民法院行政审判程序中审判人员违法的事实和理由；

（三）申请人认为人民法院行政案件执行活动违法的事实和理由；

（四）其他当事人针对申请人申请监督请求所提出的意见及理由；

（五）行政机关作出行政行为的事实和理由；

（六）申请人与其他当事人有无和解意愿；

（七）其他需要听取的意见。

第四十九条 人民检察院审查案件，可以依照有关规定调阅人民法院的诉讼卷宗、执行卷宗。

通过拷贝电子卷、查阅、复制、摘录等方式能够满足办案需要的，可以不调阅卷宗。

对于人民法院已经结案尚未归档的行政案件，正在办理或者已经结案尚未归档的执行案件，人民检察院可以直接到办理部门查阅、复制、拷贝、摘录案件材料，不调阅卷宗。

在对生效行政判决、裁定或者调解书的监督案件进行审查过程中，需要调取人民法院正在办理的其他案件材料的，人民检察院可以商办理案件的人民法院调取。

第五十条 人民检察院审查案件，对于事实认定、法律适用的重大、疑难、复杂问题，可以采用以下方式听取专家意见：

（一）召开专家论证会；

（二）口头或者书面咨询；
（三）其他咨询或者论证方式。

第五十一条 人民检察院办理行政诉讼监督案件，应当全面检索相关指导性案例、典型案例和关联案例，并在审查终结报告中作出说明。

第五十二条 承办检察官对审查认定的事实负责。审查终结后，应当制作审查终结报告。审查终结报告应当全面、客观、公正地叙述案件事实，依照法律提出明确的处理意见。

第五十三条 承办检察官办理案件过程中，可以提请负责行政检察的部门负责人召集检察官联席会议讨论。

负责行政检察的部门负责人对本部门的办案活动进行监督管理。需要报请检察长决定的事项和需要向检察长报告的案件，应当先由部门负责人审核。部门负责人可以主持召开检察官联席会议进行讨论，也可以直接报请检察长决定或者向检察长报告。

检察官联席会议讨论情况和意见应当如实记录，由参加会议的检察官签名后附卷保存。讨论结果供办案参考。

第五十四条 检察长不同意检察官意见的，可以要求检察官复核，也可以直接作出决定，或者提请检察委员会讨论决定。

检察官执行检察长决定时，认为决定错误的，应当书面提出意见。检察长不改变原决定的，检察官应当执行。

第五十五条 人民检察院对审查终结的案件，应当区分情况依法作出下列决定：

（一）提出再审检察建议；
（二）提请抗诉或者提请其他监督；
（三）提出抗诉；
（四）提出检察建议；
（五）不支持监督申请；
（六）终结审查。

对于负责控告申诉检察的部门受理的当事人申请监督案件，负责行政检察的部门应当将案件办理结果告知负责控告申诉检察的部门。

第五十六条 人民检察院受理当事人申请对人民法院已经发生法律效力的行政判决、裁定、调解书监督的案件，应当在三个月内审查终结并作出决定，但调卷、鉴定、评估、审计、专家咨询等期间不计入审查期限。

有需要调查核实、实质性化解行政争议及其他特殊情况需要延长审查期限的，由本院检察长批准。

人民检察院受理当事人申请对行政审判程序中审判人员违法行为监督的

案件和申请对行政案件执行活动监督的案件的审查期限，参照第一款、第二款规定执行。

第五十七条 人民检察院办理行政诉讼监督案件，在当面听取当事人意见、调查核实、举行听证、出席法庭时，可以依照有关规定指派司法警察执行职务。

第二节 调 查 核 实

第五十八条 人民检察院因履行法律监督职责的需要，有下列情形之一的，可以向当事人或者案外人调查核实有关情况：

（一）行政判决、裁定、调解书可能存在法律规定需要监督的情形，仅通过阅卷及审查现有材料难以认定的；

（二）行政审判程序中审判人员可能存在违法行为的；

（三）人民法院行政案件执行活动可能存在违法情形的；

（四）被诉行政行为及相关行政行为可能违法的；

（五）行政相对人、权利人合法权益未得到依法实现的；

（六）其他需要调查核实的情形。

人民检察院不得为证明行政行为的合法性调取行政机关作出行政行为时未收集的证据。

第五十九条 人民检察院通过阅卷以及调查核实难以认定有关事实的，可以听取人民法院相关审判、执行人员的意见，全面了解案件审判、执行的相关事实和理由。

第六十条 人民检察院可以采取以下调查核实措施：

（一）查询、调取、复制相关证据材料；

（二）询问当事人、有关知情人员或者其他相关人员；

（三）咨询专业人员、相关部门或者行业协会等对专门问题的意见；

（四）委托鉴定、评估、审计；

（五）勘验物证、现场；

（六）查明案件事实所需要采取的其他措施。

检察人员应当保守国家秘密和工作秘密，对调查核实中知悉的商业秘密和个人隐私予以保密。

人民检察院调查核实，不得采取限制人身自由和查封、扣押、冻结财产等强制性措施。

第六十一条 有下列情形之一的，人民检察院可以向银行业金融机构查询、调取、复制相关证据材料：

（一）可能损害国家利益、社会公共利益的；

（二）审判、执行人员可能存在违法行为的；
（三）当事人有伪造证据、恶意串通损害他人合法权益可能的。

人民检察院可以依照有关规定指派具备相应资格的检察技术人员对行政诉讼监督案件中的鉴定意见等技术性证据进行专门审查，并出具审查意见。

第六十二条 人民检察院可以就专门性问题书面或者口头咨询有关专业人员、相关部门或者行业协会的意见。口头咨询的，应当制作笔录，由接受咨询的专业人员签名或者盖章。拒绝签名盖章的，应当记明情况。

人民检察院对专门性问题认为需要鉴定、评估、审计的，可以委托具备资格的机构进行鉴定、评估、审计。在诉讼过程中已经进行过鉴定、评估、审计的，除确有必要外，一般不再委托鉴定、评估、审计。

第六十三条 人民检察院认为确有必要的，可以勘验物证或者现场。勘验人应当出示人民检察院的证件，并邀请当地基层组织或者当事人所在单位派人参加。当事人或者当事人的成年家属应当到场，拒不到场的，不影响勘验的进行。

勘验人应当将勘验情况和结果制作笔录，由勘验人、当事人和被邀参加人签名或者盖章。

第六十四条 需要调查核实的，由承办检察官在职权范围内决定，或者报检察长决定。

第六十五条 人民检察院调查核实，应当由二人以上共同进行。

调查笔录经被调查人校阅后，由调查人、被调查人签名或者盖章。被调查人拒绝签名盖章的，应当记明情况。

第六十六条 人民检察院可以指令下级人民检察院或者委托外地人民检察院调查核实。

人民检察院指令调查或者委托调查的，应当发送《指令调查通知书》或者《委托调查函》，载明调查核实事项、证据线索及要求。受指令或者受委托人民检察院收到《指令调查通知书》或者《委托调查函》后，应当在十五日内完成调查核实工作并书面回复。因客观原因不能完成调查的，应当在上述期限内书面回复指令或者委托的人民检察院。

人民检察院到外地调查的，当地人民检察院应当配合。

第六十七条 人民检察院调查核实，有关单位和个人应当配合。拒绝或者妨碍人民检察院调查核实的，人民检察院可以向有关单位或者其上级主管机关提出检察建议，责令纠正，必要时可以通报同级政府、监察机关；涉嫌违纪违法犯罪的，依照规定移送有关机关处理。

第三节 听　　证

第六十八条 人民检察院审查行政诉讼监督案件，在事实认定、法律适用、案件处理等方面存在较大争议，或者有重大社会影响，需要当面听取当事人和其他相关人员意见的，可以召开听证会。

第六十九条 人民检察院召开听证会，可以邀请与案件没有利害关系的人大代表、政协委员、人民监督员、特约检察员、专家咨询委员、人民调解员或者当事人所在单位、居住地的居民委员会、村民委员会成员以及专家、学者、律师等其他社会人士担任听证员。

人民检察院应当邀请人民监督员参加听证会，依照有关规定接受人民监督员监督。

第七十条 人民检察院决定召开听证会的，应当做好以下准备工作：

（一）制定听证方案，确定听证会参加人；

（二）在听证三日前告知听证会参加人案由、听证时间和地点；

（三）告知当事人主持听证会的检察官及听证员的姓名、身份。

第七十一条 当事人和其他相关人员应当按时参加听证会。当事人无正当理由缺席或者未经许可中途退席的，听证程序是否继续进行，由主持人决定。

第七十二条 听证会由检察官主持，书记员负责记录，司法警察负责维持秩序。

听证过程应当全程录音录像。经检察长批准，人民检察院可以通过中国检察听证网和其他公共媒体，对听证会进行图文、音频、视频直播或者录播。

第七十三条 听证会应当围绕行政诉讼监督案件中的事实认定和法律适用等问题进行。

对当事人提交的有争议的或者新的证据材料和人民检察院调查取得的证据，应当充分听取各方当事人的意见。

第七十四条 听证会一般按照下列步骤进行：

（一）承办案件的检察官介绍案件情况和需要听证的问题；

（二）申请人陈述申请监督请求、事实和理由；

（三）其他当事人发表意见；

（四）申请人和其他当事人提交新证据的，应当出示并予以说明；

（五）出示人民检察院调查取得的证据；

（六）案件各方当事人陈述对听证中所出示证据的意见；

（七）听证员、检察官向申请人和其他当事人提问；

（八）当事人发表最后陈述意见；

（九）主持人对听证会进行总结。

第七十五条 听证应当制作笔录，经参加听证的人员校阅后，由参加听证的人员签名。拒绝签名的，应当记明情况。

听证会结束后，主持人可以组织听证员对事实认定、法律适用和案件处理等进行评议，并制作评议笔录，由主持人、听证员签名。

听证员的意见是人民检察院依法处理案件的重要参考。

第七十六条 参加听证的人员应当服从听证主持人指挥。

对违反听证秩序的，人民检察院可以予以批评教育，责令退出听证场所；对哄闹、冲击听证场所，侮辱、诽谤、威胁、殴打他人等严重扰乱听证秩序的，依法追究相应法律责任。

第四节 简易案件办理

第七十七条 行政诉讼监督案件具有下列情形之一的，可以确定为简易案件：

（一）原一审人民法院适用简易程序审理的；

（二）案件事实清楚，法律关系简单的。

地方各级人民检察院可以结合本地实际确定简易案件具体情形。

第七十八条 审查简易案件，承办检察官通过审查监督申请书等材料即可以认定案件事实的，可以直接制作审查终结报告，提出处理建议。

审查过程中发现案情复杂或者需要调查核实，不宜适用简易程序的，转为普通案件办理程序。

第七十九条 办理简易案件，不适用延长审查期限的规定。

简易案件的审查终结报告、审批程序应当简化。

第五节 中止审查和终结审查

第八十条 有下列情形之一的，人民检察院可以中止审查：

（一）申请监督的公民死亡，需要等待继承人表明是否继续申请监督的；

（二）申请监督的法人或者其他组织终止，尚未确定权利义务承受人的；

（三）本案必须以另一案的处理结果为依据，而另一案尚未审结的；

（四）其他可以中止审查的情形。

中止审查的，应当制作《中止审查决定书》，并发送当事人。中止审查的原因消除后，应当及时恢复审查。

第八十一条 有下列情形之一的，人民检察院应当终结审查：

（一）人民法院已经裁定再审或者已经纠正违法行为的；

（二）申请人撤回监督申请，且不损害国家利益、社会公共利益或者他人合法权益的；

（三）申请人在与其他当事人达成的和解协议中声明放弃申请监督权利，且不损害国家利益、社会公共利益或者他人合法权益的；

（四）申请监督的公民死亡，没有继承人或者继承人放弃申请，且没有发现其他应当监督的违法情形的；

（五）申请监督的法人或者其他组织终止，没有权利义务承受人或者权利义务承受人放弃申请，且没有发现其他应当监督的违法情形的；

（六）发现已经受理的案件不符合受理条件的；

（七）人民检察院依职权发现的案件，经审查不需要监督的；

（八）其他应当终结审查的情形。

终结审查的，应当制作《终结审查决定书》，需要通知当事人的，发送当事人。

第五章 对生效行政判决、裁定、调解书的监督

第一节 一般规定

第八十二条 申请人提供的新证据以及人民检察院调查取得的证据，能够证明原判决、裁定确有错误的，应当认定为《中华人民共和国行政诉讼法》第九十一条第二项规定的情形，但原审被诉行政机关无正当理由逾期提供证据的除外。

第八十三条 有下列情形之一的，应当认定为《中华人民共和国行政诉讼法》第九十一条第三项规定的"认定事实的主要证据不足"：

（一）认定的事实没有证据支持，或者认定的事实所依据的证据虚假的；

（二）认定的事实所依据的主要证据不合法的；

（三）对认定事实的主要证据有无证明力、证明力大小或者证明对象的判断违反证据规则、逻辑推理或者经验法则的；

（四）认定事实的主要证据不足的其他情形。

第八十四条 有下列情形之一，导致原判决、裁定结果确有错误的，应当认定为《中华人民共和国行政诉讼法》第九十一条第四项规定的"适用法律、法规确有错误"：

（一）适用的法律、法规与案件性质明显不符的；

（二）适用的法律、法规已经失效或者尚未施行的；
（三）违反《中华人民共和国立法法》规定的法律适用规则的；
（四）违背法律、法规的立法目的和基本原则的；
（五）应当适用的法律、法规未适用的；
（六）适用法律、法规错误的其他情形。

第八十五条　有下列情形之一的，应当认定为《中华人民共和国行政诉讼法》第九十一条第五项规定的"违反法律规定的诉讼程序，可能影响公正审判"：
（一）审判组织的组成不合法的；
（二）依法应当回避的审判人员没有回避的；
（三）未经合法传唤缺席判决的；
（四）无诉讼行为能力人未经法定代理人代为诉讼的；
（五）遗漏应当参加诉讼的当事人的；
（六）违反法律规定，剥夺当事人辩论权、上诉权等重大诉讼权利的；
（七）其他严重违反法定程序的情形。

第八十六条　有下列情形之一的，应当认定为本规则第八十五条第一项规定的"审判组织的组成不合法"：
（一）应当组成合议庭审理的案件独任审判的；
（二）再审、发回重审的案件没有另行组成合议庭的；
（三）审理案件的人员不具有审判资格的；
（四）审判组织或者人员不合法的其他情形。

第八十七条　有下列情形之一的，应当认定为本规则第八十五条第六项规定的"违反法律规定，剥夺当事人辩论权"：
（一）不允许或者严重限制当事人行使辩论权利的；
（二）应当开庭审理而未开庭审理的；
（三）违反法律规定送达起诉状副本或者上诉状副本，致使当事人无法行使辩论权利的；
（四）违法剥夺当事人辩论权利的其他情形。

第二节　提出再审检察建议和提请抗诉、提出抗诉

第八十八条　地方各级人民检察院发现同级人民法院已经发生法律效力的行政判决、裁定有下列情形之一的，可以向同级人民法院提出再审检察建议：
（一）不予立案或者驳回起诉确有错误的；
（二）有新的证据，足以推翻原判决、裁定的；

（三）原判决、裁定认定事实的主要证据不足、未经质证或者系伪造的；

（四）违反法律规定的诉讼程序，可能影响公正审判的；

（五）原判决、裁定遗漏诉讼请求的；

（六）据以作出原判决、裁定的法律文书被撤销或者变更的。

第八十九条　符合本规则第八十八条规定的案件有下列情形之一的，地方各级人民检察院应当提请上一级人民检察院抗诉：

（一）判决、裁定是经同级人民法院再审后作出的；

（二）判决、裁定是经同级人民法院审判委员会讨论作出的；

（三）其他不适宜由同级人民法院再审纠正的。

第九十条　地方各级人民检察院发现同级人民法院已经发生法律效力的行政判决、裁定具有下列情形之一的，应当提请上一级人民检察院抗诉：

（一）原判决、裁定适用法律、法规确有错误的；

（二）审判人员在审理该案件时有贪污受贿、徇私舞弊、枉法裁判行为的。

审判人员在审理该案件时有贪污受贿、徇私舞弊、枉法裁判行为，是指已经由生效刑事法律文书或者纪律处分决定所确认的行为。

第九十一条　地方各级人民检察院发现同级人民法院已经发生法律效力的行政调解书损害国家利益或者社会公共利益的，可以向同级人民法院提出再审检察建议，也可以提请上一级人民检察院抗诉。

第九十二条　人民检察院提出再审检察建议，应当制作《再审检察建议书》，在决定之日起十五日内将《再审检察建议书》连同案件卷宗移送同级人民法院，并制作通知文书，发送当事人。

人民检察院提出再审检察建议，应当经本院检察委员会决定，并在提出再审检察建议之日起五日内将《再审检察建议书》及审查终结报告等案件材料报上一级人民检察院备案。上一级人民检察院认为下级人民检察院发出的《再审检察建议书》错误或者不当的，应当指令下级人民检察院撤回或者变更。

第九十三条　人民检察院提请抗诉，应当制作《提请抗诉报告书》，在决定之日起十五日内将《提请抗诉报告书》连同案件卷宗等材料报送上一级人民检察院，并制作通知文书，发送当事人。

第九十四条　最高人民检察院对各级人民法院已经发生法律效力的行政判决、裁定、调解书，上级人民检察院对下级人民法院已经发生法律效力的行政判决、裁定、调解书，发现有《中华人民共和国行政诉讼法》第九十一条、第九十三条规定情形的，应当向同级人民法院提出抗诉。

人民检察院提出抗诉后，接受抗诉的人民法院未在法定期限内作出审判监督的相关裁定的，人民检察院可以采取询问、走访等方式进行督促，并制作工作记录。人民法院对抗诉案件裁定再审后，对于人民法院在审判活动中存在违反法定审理期限等违法情形的，依照本规则第六章规定办理。

人民检察院提出抗诉的案件，接受抗诉的人民法院将案件交下一级人民法院再审，下一级人民法院审理后作出的再审判决、裁定仍符合抗诉条件且存在明显错误的，原提出抗诉的人民检察院可以再次提出抗诉。

第九十五条 人民检察院提出抗诉，应当制作《抗诉书》，在决定之日起十五日内将《抗诉书》连同案件卷宗移送同级人民法院，并由接受抗诉的人民法院向当事人送达再审裁定时一并送达《抗诉书》。

人民检察院应当制作决定抗诉的通知文书，发送当事人。上级人民检察院可以委托提请抗诉的人民检察院将通知文书发送当事人。

第九十六条 人民检察院认为当事人不服人民法院生效行政判决、裁定、调解书的监督申请不符合监督条件，应当制作《不支持监督申请决定书》，在决定之日起十五日内发送当事人。

下级人民检察院提请抗诉的案件，上级人民检察院可以委托提请抗诉的人民检察院将《不支持监督申请决定书》发送当事人。

第九十七条 人民检察院办理行政诉讼监督案件，发现地方性法规同行政法规相抵触的，或者认为规章以及国务院各部门、省、自治区、直辖市和设区的市、自治州的人民政府发布的其他具有普遍约束力的行政决定、命令同法律、行政法规相抵触的，可以层报最高人民检察院，由最高人民检察院向国务院书面提出审查建议。

第三节　出　席　法　庭

第九十八条 人民检察院提出抗诉的案件，人民法院再审时，人民检察院应当派员出席法庭，并全程参加庭审活动。

接受抗诉的人民法院将抗诉案件交下级人民法院再审的，提出抗诉的人民检察院可以指令再审人民法院的同级人民检察院派员出庭。

第九十九条 检察人员在出庭前，应当做好以下准备工作：

（一）进一步熟悉案情，掌握证据情况；

（二）深入研究与本案有关的法律问题；

（三）拟定出示和说明证据的计划；

（四）对可能出现证据真实性、合法性和关联性争议的，拟定应对方案并准备相关材料；

（五）做好其他出庭准备工作。

第一百条 检察人员出席再审法庭的任务是:

(一) 宣读抗诉书;

(二) 对人民检察院调查取得的证据予以出示和说明;

(三) 经审判长许可,对证据采信、法律适用和案件情况予以说明,针对争议焦点,客观、公正、全面地阐述法律监督意见;

(四) 对法庭审理中违反诉讼程序的情况予以记录;

(五) 依法从事其他诉讼活动。

出席法庭的检察人员发现庭审活动违反诉讼程序的,应当待休庭或者庭审结束之后,及时向检察长报告。人民检察院对违反诉讼程序的庭审活动提出检察建议,应当由人民检察院在庭审后提出。

第一百零一条 当事人或者其他参加庭审人员在庭审中有哄闹法庭,对检察机关或者出庭检察人员有侮辱、诽谤、威胁等不当言论或者行为,法庭未予制止的,出庭检察人员应当建议法庭即时制止;情节严重的,应当建议法庭依照规定予以处理,并在庭审结束后向检察长报告。

第一百零二条 人民法院开庭审理人民检察院提出再审检察建议的案件,人民检察院派员出席再审法庭的,参照适用本节规定。

人民检察院派员出席法庭的再审案件公开审理的,可以协调人民法院安排人民监督员旁听。

第六章 对行政审判程序中审判人员
违法行为的监督

第一百零三条 人民检察院依法对人民法院下列行政审判程序中审判人员违法行为进行监督:

(一) 第一审普通程序;

(二) 简易程序;

(三) 第二审程序;

(四) 审判监督程序。

《中华人民共和国行政诉讼法》第九十三条第三款的规定适用于法官、人民陪审员、法官助理、书记员。

第一百零四条 人民检察院发现人民法院行政审判活动有下列情形之一的,应当向同级人民法院提出检察建议:

(一) 判决、裁定确有错误,但不适用再审程序纠正的;

(二) 调解违反自愿原则或者调解协议内容违反法律的;

（三）对公民、法人或者其他组织提起的诉讼未在法定期限内决定是否立案的；

（四）当事人依照《中华人民共和国行政诉讼法》第五十二条规定向上一级人民法院起诉，上一级人民法院未按该规定处理的；

（五）审理案件适用审判程序错误的；

（六）保全、先予执行、停止执行或者不停止执行行政行为裁定违反法律规定的；

（七）诉讼中止或者诉讼终结违反法律规定的；

（八）违反法定审理期限的；

（九）对当事人采取罚款、拘留等妨害行政诉讼的强制措施违反法律规定的；

（十）违反法律规定送达的；

（十一）其他违反法律规定的情形。

第一百零五条　人民检察院发现同级人民法院行政审判程序中审判人员有《中华人民共和国法官法》第四十六条等规定的违法行为且可能影响案件公正审判、执行的，应当向同级人民法院提出检察建议。

第一百零六条　人民检察院依照本章规定提出检察建议，应当经检察长批准或者检察委员会决定，制作《检察建议书》，在决定之日起十五日内将《检察建议书》连同案件卷宗移送同级人民法院。当事人申请监督的案件，人民检察院应当制作通知文书，发送申请人。

第一百零七条　人民检察院认为当事人申请监督的行政审判程序中审判人员违法行为认定依据不足的，应当作出不支持监督申请的决定，并在决定之日起十五日内制作《不支持监督申请决定书》，发送申请人。

第七章　对行政案件执行活动的监督

第一百零八条　人民检察院对人民法院行政案件执行活动实行法律监督。

第一百零九条　人民检察院发现人民法院执行裁定、决定等有下列情形之一的，应当向同级人民法院提出检察建议：

（一）提级管辖、指定管辖或者对管辖异议的裁定违反法律规定的；

（二）裁定受理、不予受理、中止执行、终结执行、终结本次执行程序、恢复执行、执行回转等违反法律规定的；

（三）变更、追加执行主体错误的；

（四）裁定采取财产调查、控制、处置等措施违反法律规定的；

（五）审查执行异议、复议以及案外人异议作出的裁定违反法律规定的；

（六）决定罚款、拘留、暂缓执行等事项违反法律规定的；

（七）执行裁定、决定等违反法定程序的；

（八）对行政机关申请强制执行的行政行为作出准予执行或者不准予执行的裁定违反法律规定的；

（九）执行裁定、决定等有其他违法情形的。

第一百一十条　人民检察院发现人民法院在执行活动中违反规定采取调查、查封、扣押、冻结、评估、拍卖、变卖、保管、发还财产，以及信用惩戒等执行实施措施的，应当向同级人民法院提出检察建议。

第一百一十一条　人民检察院发现人民法院有下列不履行或者怠于履行执行职责情形之一的，应当向同级人民法院提出检察建议：

（一）对依法应当受理的执行申请不予受理又不依法作出不予受理裁定的；

（二）对已经受理的执行案件不依法作出执行裁定、无正当理由未在法定期限内采取执行措施或者执行结案的；

（三）违法不受理执行异议、复议或者受理后逾期未作出裁定、决定的；

（四）暂缓执行、停止执行、中止执行的原因消失后，不按规定恢复执行的；

（五）依法应当变更或者解除执行措施而不变更、解除的；

（六）对拒绝履行行政判决、裁定、调解书的行政机关未依照《中华人民共和国行政诉讼法》第九十六条规定采取执行措施的；

（七）其他不履行或者怠于履行执行职责行为的。

第一百一十二条　人民检察院认为人民法院在行政案件执行活动中可能存在怠于履行职责情形的，可以向人民法院发出《说明案件执行情况通知书》，要求说明案件的执行情况及理由，并在十五日内书面回复人民检察院。

第一百一十三条　人民检察院依照本章规定提出检察建议，适用本规则第一百零六条的规定。

第一百一十四条　对于当事人申请的执行监督案件，人民检察院认为人民法院执行活动不存在违法情形的，应当作出不支持监督申请的决定，并在决定之日起十五日内制作《不支持监督申请决定书》，发送申请人。

第一百一十五条　人民检察院发现同级人民法院行政案件执行活动中执行人员存在违法行为的，参照本规则第六章有关规定执行。

第八章 案件管理

第一百一十六条 人民检察院负责案件管理的部门对行政诉讼监督案件的受理、期限、程序、质量等进行管理、监督、预警。

第一百一十七条 负责案件管理的部门对以本院名义制发行政诉讼监督法律文书实施监督管理。

第一百一十八条 负责案件管理的部门发现本院办案活动有下列情形之一的,应当及时提出纠正意见:

(一)法律文书制作、使用不符合法律和有关规定的;

(二)违反办案期限有关规定的;

(三)侵害当事人、委托代理人诉讼权利的;

(四)未依法对行政诉讼活动中的违法行为履行法律监督职责的;

(五)其他应当提出纠正意见的情形。

情节轻微的,可以口头提示;情节较重的,应当发送《案件流程监控通知书》,提示办案部门及时查明情况并予以纠正;情节严重的,应当同时向检察长报告。

负责行政检察的部门收到《案件流程监控通知书》后,应当在十日内将核查情况书面回复负责案件管理的部门。

第九章 其他规定

第一百一十九条 人民检察院发现人民法院在多起同一类行政案件中有下列情形之一的,可以提出检察建议:

(一)同类问题适用法律不一致的;

(二)适用法律存在同类错误的;

(三)其他同类违法行为。

人民检察院发现有关单位的工作制度、管理方法、工作程序违法或者不当,需要改正、改进的,可以提出检察建议。

第一百二十条 人民检察院依照有关规定提出改进工作、完善治理的检察建议,对同类违法情形,应当制发一份检察建议。

第一百二十一条 人民检察院办理行政诉讼监督案件,可以对行政诉讼监督情况进行年度或者专题分析,向人民法院、行政机关通报,向党委、人大报告。通报、报告包括以下内容:

（一）审判机关、行政机关存在的普遍性问题和突出问题；

（二）审判机关、行政机关存在的苗头性、倾向性问题或者某方面问题的特点和趋势；

（三）促进依法行政、公正司法的意见和建议；

（四）认为需要通报、报告的其他情形。

第一百二十二条 人民检察院可以针对行政诉讼监督中的普遍性问题或者突出问题，组织开展专项监督活动。

第一百二十三条 人民检察院负责行政检察的部门在履行职责过程中，发现涉嫌违纪违法犯罪以及需要追究司法责任的行为，经检察长批准，应当及时将相关线索及材料移送有管辖权的机关或者部门。

人民检察院其他职能部门在履行职责中发现符合本规则规定的应当依职权监督的行政诉讼监督案件线索，应当及时向负责行政检察的部门通报。

第一百二十四条 人民法院对行政诉讼监督案件作出再审判决、裁定或者其他处理决定后，提出监督意见的人民检察院应当对处理结果进行审查，并填写《行政诉讼监督案件处理结果审查登记表》。

第一百二十五条 有下列情形之一的，人民检察院可以依照有关规定跟进监督或者提请上级人民检察院监督：

（一）人民法院审理行政抗诉案件作出的判决、裁定、调解书仍符合抗诉条件且存在明显错误的；

（二）人民法院、行政机关对人民检察院提出的检察建议未在规定的期限内作出处理并书面回复的；

（三）人民法院、行政机关对检察建议的处理错误的。

第一百二十六条 地方各级人民检察院对适用法律确属疑难、复杂，本院难以决断的重大行政诉讼监督案件，可以向上一级人民检察院请示。

请示案件依照最高人民检察院关于办理下级人民检察院请示件、下级人民检察院向最高人民检察院报送公文的相关规定办理。

第一百二十七条 人民检察院发现作出的相关决定确有错误或者有其他情形需要撤回、变更的，应当经检察长批准或者检察委员会决定。

第一百二十八条 人民法院对人民检察院监督行为提出书面异议的，人民检察院应当在规定期限内将处理结果书面回复人民法院。人民法院对回复意见仍有异议，并通过上一级人民法院向上一级人民检察院提出的，上一级人民检察院认为人民法院异议正确，应当要求下级人民检察院及时纠正。

第一百二十九条 制作行政诉讼监督法律文书，应当符合规定的格式。

行政诉讼监督法律文书的格式另行制定。

第一百三十条　人民检察院可以参照《中华人民共和国行政诉讼法》《中华人民共和国民事诉讼法》有关规定发送法律文书。

第一百三十一条　人民检察院发现制作的法律文书存在笔误的，应当作出《补正决定书》予以补正。

第一百三十二条　人民检察院办理行政诉讼监督案件，应当依照规定立卷归档。

第一百三十三条　人民检察院办理行政诉讼监督案件，不收取案件受理费。申请复印、鉴定、审计、勘验等产生的费用由申请人直接支付给有关机构或者单位，人民检察院不得代收代付。

第一百三十四条　人民检察院办理行政诉讼监督案件，对于申请人诉求具有一定合理性，但通过法律途径难以解决，且生活困难的，可以依法给予司法救助。

对于未纳入国家司法救助范围或者实施国家司法救助后仍然面临生活困难的申请人，可以引导其依照相关规定申请社会救助。

第十章　附　　则

第一百三十五条　人民检察院办理行政诉讼监督案件，本规则没有规定的，适用《人民检察院民事诉讼监督规则》的相关规定。

第一百三十六条　人民检察院办理行政诉讼监督案件，向有关单位和部门提出检察建议，本规则没有规定的，适用《人民检察院检察建议工作规定》的相关规定。

第一百三十七条　本规则自2021年9月1日起施行，《人民检察院行政诉讼监督规则（试行）》同时废止。本院之前公布的其他规定与本规则内容不一致的，以本规则为准。

行政赔偿

中华人民共和国国家赔偿法（节录）

（1994年5月12日第八届全国人民代表大会常务委员会第七次会议通过　根据2010年4月29日第十一届全国人民代表大会常务委员会第十四次会议《关于修改〈中华人民共和国国家赔偿法〉的决定》第一次修正　根据2012年10月26日第十一届全国人民代表大会常务委员会第二十九次会议《关于修改〈中华人民共和国国家赔偿法〉的决定》第二次修正）

……

第二章　行政赔偿

第一节　赔偿范围

第三条　行政机关及其工作人员在行使行政职权时有下列侵犯人身权情形之一的，受害人有取得赔偿的权利：

（一）违法拘留或者违法采取限制公民人身自由的行政强制措施的；

（二）非法拘禁或者以其他方法非法剥夺公民人身自由的；

（三）以殴打、虐待等行为或者唆使、放纵他人以殴打、虐待等行为造成公民身体伤害或者死亡的；

（四）违法使用武器、警械造成公民身体伤害或者死亡的；

（五）造成公民身体伤害或者死亡的其他违法行为。

第四条　行政机关及其工作人员在行使行政职权时有下列侵犯财产权情形之一的，受害人有取得赔偿的权利：

（一）违法实施罚款、吊销许可证和执照、责令停产停业、没收财物等行政处罚的；

（二）违法对财产采取查封、扣押、冻结等行政强制措施的；

（三）违法征收、征用财产的；
（四）造成财产损害的其他违法行为。
第五条 属于下列情形之一的，国家不承担赔偿责任：
（一）行政机关工作人员与行使职权无关的个人行为；
（二）因公民、法人和其他组织自己的行为致使损害发生的；
（三）法律规定的其他情形。

第二节 赔偿请求人和赔偿义务机关

第六条 受害的公民、法人和其他组织有权要求赔偿。

受害的公民死亡，其继承人和其他有扶养关系的亲属有权要求赔偿。

受害的法人或者其他组织终止的，其权利承受人有权要求赔偿。

第七条 行政机关及其工作人员行使行政职权侵犯公民、法人和其他组织的合法权益造成损害的，该行政机关为赔偿义务机关。

两个以上行政机关共同行使行政职权时侵犯公民、法人和其他组织的合法权益造成损害的，共同行使行政职权的行政机关为共同赔偿义务机关。

法律、法规授权的组织在行使授予的行政权力时侵犯公民、法人和其他组织的合法权益造成损害的，被授权的组织为赔偿义务机关。

受行政机关委托的组织或者个人在行使受委托的行政权力时侵犯公民、法人和其他组织的合法权益造成损害的，委托的行政机关为赔偿义务机关。

赔偿义务机关被撤销的，继续行使其职权的行政机关为赔偿义务机关；没有继续行使其职权的行政机关的，撤销该赔偿义务机关的行政机关为赔偿义务机关。

第八条 经复议机关复议的，最初造成侵权行为的行政机关为赔偿义务机关，但复议机关的复议决定加重损害的，复议机关对加重的部分履行赔偿义务。

第三节 赔偿程序

第九条 赔偿义务机关有本法第三条、第四条规定情形之一的，应当给予赔偿。

赔偿请求人要求赔偿，应当先向赔偿义务机关提出，也可以在申请行政复议或者提起行政诉讼时一并提出。

第十条 赔偿请求人可以向共同赔偿义务机关中的任何一个赔偿义务机关要求赔偿，该赔偿义务机关应当先予赔偿。

第十一条 赔偿请求人根据受到的不同损害，可以同时提出数项赔偿要求。

第十二条 要求赔偿应当递交申请书，申请书应当载明下列事项：

（一）受害人的姓名、性别、年龄、工作单位和住所，法人或者其他组织的名称、住所和法定代表人或者主要负责人的姓名、职务；

（二）具体的要求、事实根据和理由；

（三）申请的年、月、日。

赔偿请求人书写申请书确有困难的，可以委托他人代书；也可以口头申请，由赔偿义务机关记入笔录。

赔偿请求人不是受害人本人的，应当说明与受害人的关系，并提供相应证明。

赔偿请求人当面递交申请书的，赔偿义务机关应当当场出具加盖本行政机关专用印章并注明收讫日期的书面凭证。申请材料不齐全的，赔偿义务机关应当当场或者在五日内一次性告知赔偿请求人需要补正的全部内容。

第十三条 赔偿义务机关应当自收到申请之日起两个月内，作出是否赔偿的决定。赔偿义务机关作出赔偿决定，应当充分听取赔偿请求人的意见，并可以与赔偿请求人就赔偿方式、赔偿项目和赔偿数额依照本法第四章的规定进行协商。

赔偿义务机关决定赔偿的，应当制作赔偿决定书，并自作出决定之日起十日内送达赔偿请求人。

赔偿义务机关决定不予赔偿的，应当自作出决定之日起十日内书面通知赔偿请求人，并说明不予赔偿的理由。

第十四条 赔偿义务机关在规定期限内未作出是否赔偿的决定，赔偿请求人可以自期限届满之日起三个月内，向人民法院提起诉讼。

赔偿请求人对赔偿的方式、项目、数额有异议的，或者赔偿义务机关作出不予赔偿决定的，赔偿请求人可以自赔偿义务机关作出赔偿或者不予赔偿决定之日起三个月内，向人民法院提起诉讼。

第十五条 人民法院审理行政赔偿案件，赔偿请求人和赔偿义务机关对自己提出的主张，应当提供证据。

赔偿义务机关采取行政拘留或者限制人身自由的强制措施期间，被限制人身自由的人死亡或者丧失行为能力的，赔偿义务机关的行为与被限制人身自由的人的死亡或者丧失行为能力是否存在因果关系，赔偿义务机关应当提供证据。

第十六条 赔偿义务机关赔偿损失后，应当责令有故意或者重大过失的工作人员或者受委托的组织或者个人承担部分或者全部赔偿费用。

对有故意或者重大过失的责任人员，有关机关应当依法给予处分；构成犯罪的，应当依法追究刑事责任。

……

最高人民法院关于审理行政赔偿案件若干问题的规定

(2021年12月6日最高人民法院审判委员会第1855次会议通过　2022年3月20日最高人民法院公布　自2022年5月1日起施行　法释〔2022〕10号)

为保护公民、法人和其他组织的合法权益，监督行政机关依法履行行政赔偿义务，确保人民法院公正、及时审理行政赔偿案件，实质化解行政赔偿争议，根据《中华人民共和国行政诉讼法》（以下简称行政诉讼法）《中华人民共和国国家赔偿法》（以下简称国家赔偿法）等法律规定，结合行政审判工作实际，制定本规定。

一、受案范围

第一条　国家赔偿法第三条、第四条规定的"其他违法行为"包括以下情形：

（一）不履行法定职责行为；

（二）行政机关及其工作人员在履行行政职责过程中作出的不产生法律效果，但事实上损害公民、法人或者其他组织人身权、财产权等合法权益的行为。

第二条　依据行政诉讼法第一条、第十二条第一款第十二项和国家赔偿法第二条规定，公民、法人或者其他组织认为行政机关及其工作人员违法行使行政职权对其劳动权、相邻权等合法权益造成人身、财产损害的，可以依法提起行政赔偿诉讼。

第三条　赔偿请求人不服赔偿义务机关下列行为的，可以依法提起行政赔偿诉讼：

（一）确定赔偿方式、项目、数额的行政赔偿决定；

（二）不予赔偿决定；

（三）逾期不作出赔偿决定；

（四）其他有关行政赔偿的行为。

第四条　法律规定由行政机关最终裁决的行政行为被确认违法后，赔偿请求人可以单独提起行政赔偿诉讼。

第五条 公民、法人或者其他组织认为国防、外交等国家行为或者行政机关制定发布行政法规、规章或者具有普遍约束力的决定、命令侵犯其合法权益造成损害，向人民法院提起行政赔偿诉讼的，不属于人民法院行政赔偿诉讼的受案范围。

二、诉讼当事人

第六条 公民、法人或者其他组织一并提起行政赔偿诉讼中的当事人地位，按照其在行政诉讼中的地位确定，行政诉讼与行政赔偿诉讼当事人不一致的除外。

第七条 受害的公民死亡，其继承人和其他有扶养关系的人可以提起行政赔偿诉讼，并提供该公民死亡证明、赔偿请求人与死亡公民之间的关系证明。

受害的公民死亡，支付受害公民医疗费、丧葬费等合理费用的人可以依法提起行政赔偿诉讼。

有权提起行政赔偿诉讼的法人或者其他组织分立、合并、终止，承受其权利的法人或者其他组织可以依法提起行政赔偿诉讼。

第八条 两个以上行政机关共同实施侵权行政行为造成损害的，共同侵权行政机关为共同被告。赔偿请求人坚持对其中一个或者几个侵权机关提起行政赔偿诉讼，以被起诉的机关为被告，未被起诉的机关追加为第三人。

第九条 原行政行为造成赔偿请求人损害，复议决定加重损害的，复议机关与原行政行为机关为共同被告。赔偿请求人坚持对作出原行政行为机关或者复议机关提起行政赔偿诉讼，以被起诉的机关为被告，未被起诉的机关追加为第三人。

第十条 行政机关依据行政诉讼法第九十七条的规定申请人民法院强制执行其行政行为，因据以强制执行的行政行为违法而发生行政赔偿诉讼的，申请强制执行的行政机关为被告。

三、证　　据

第十一条 行政赔偿诉讼中，原告应当对行政行为造成的损害提供证据；因被告的原因导致原告无法举证的，由被告承担举证责任。

人民法院对于原告主张的生产和生活所必需物品的合理损失，应当予以支持；对于原告提出的超出生产和生活所必需的其他贵重物品、现金损失，可以结合案件相关证据予以认定。

第十二条 原告主张其被限制人身自由期间受到身体伤害，被告否认相关损害事实或者损害与违法行政行为存在因果关系的，被告应当提供相应的证据证明。

四、起诉与受理

第十三条 行政行为未被确认为违法，公民、法人或者其他组织提起行政赔偿诉讼的，人民法院应当视为提起行政诉讼时一并提起行政赔偿诉讼。

行政行为已被确认为违法，并符合下列条件的，公民、法人或者其他组织可以单独提起行政赔偿诉讼：

（一）原告具有行政赔偿请求资格；
（二）有明确的被告；
（三）有具体的赔偿请求和受损害的事实根据；
（四）赔偿义务机关已先行处理或者超过法定期限不予处理；
（五）属于人民法院行政赔偿诉讼的受案范围和受诉人民法院管辖；
（六）在法律规定的起诉期限内提起诉讼。

第十四条 原告提起行政诉讼时未一并提起行政赔偿诉讼，人民法院审查认为可能存在行政赔偿的，应当告知原告可以一并提起行政赔偿诉讼。

原告在第一审庭审终结前提起行政赔偿诉讼，符合起诉条件的，人民法院应当依法受理；原告在第一审庭审终结后、宣判前提起行政赔偿诉讼的，是否准许由人民法院决定。

原告在第二审程序或者再审程序中提出行政赔偿请求的，人民法院可以组织各方调解；调解不成的，告知其另行起诉。

第十五条 公民、法人或者其他组织应当自知道或者应当知道行政行为侵犯其合法权益之日起两年内，向赔偿义务机关申请行政赔偿。赔偿义务机关在收到赔偿申请之日起两个月内未作出赔偿决定的，公民、法人或者其他组织可以依照行政诉讼法有关规定提起行政赔偿诉讼。

第十六条 公民、法人或者其他组织提起行政诉讼时一并请求行政赔偿的，适用行政诉讼法有关起诉期限的规定。

第十七条 公民、法人或者其他组织仅对行政复议决定中的行政赔偿部分有异议，自复议决定书送达之日起十五日内提起行政赔偿诉讼的，人民法院应当依法受理。

225

行政机关作出有赔偿内容的行政复议决定时，未告知公民、法人或者其他组织起诉期限的，起诉期限从公民、法人或者其他组织知道或者应当知道起诉期限之日起计算，但从知道或者应当知道行政复议决定内容之日起最长不得超过一年。

第十八条　行政行为被有权机关依照法定程序撤销、变更、确认违法或无效，或者实施行政行为的行政机关工作人员因该行为被生效法律文书或监察机关政务处分确认为渎职、滥用职权的，属于本规定所称的行政行为被确认为违法的情形。

第十九条　公民、法人或者其他组织一并提起行政赔偿诉讼，人民法院经审查认为行政诉讼不符合起诉条件的，对一并提起的行政赔偿诉讼，裁定不予立案；已经立案的，裁定驳回起诉。

第二十条　在涉及行政许可、登记、征收、征用和行政机关对民事争议所作的裁决的行政案件中，原告提起行政赔偿诉讼的同时，有关当事人申请一并解决相关民事争议的，人民法院可以一并审理。

五、审理和判决

第二十一条　两个以上行政机关共同实施违法行政行为，或者行政机关及其工作人员与第三人恶意串通作出的违法行政行为，造成公民、法人或者其他组织人身权、财产权等合法权益实际损害的，应当承担连带赔偿责任。

一方承担连带赔偿责任后，对于超出其应当承担部分，可以向其他连带责任人追偿。

第二十二条　两个以上行政机关分别实施违法行政行为造成同一损害，每个行政机关的违法行为都足以造成全部损害的，各个行政机关承担连带赔偿责任。

两个以上行政机关分别实施违法行政行为造成同一损害的，人民法院应当根据其违法行政行为在损害发生和结果中的作用大小，确定各自承担相应的行政赔偿责任；难以确定责任大小的，平均承担责任。

第二十三条　由于第三人提供虚假材料，导致行政机关作出的行政行为违法，造成公民、法人或者其他组织损害的，人民法院应当根据违法行政行为在损害发生和结果中的作用大小，确定行政机关承担相应的行政赔偿责任；行政机关已经尽到审慎审查义务的，不承担行政赔偿责任。

第二十四条　由于第三人行为造成公民、法人或者其他组织损害的，应当由第三人依法承担侵权赔偿责任；第三人赔偿不足、无力承担赔偿责任或者下落不明，行政机关又未尽保护、监管、救助等法定义务的，人民法院应当根据行政机关未尽法定义务在损害发生和结果中的作用大小，确定其承担相应的行政赔偿责任。

第二十五条 由于不可抗力等客观原因造成公民、法人或者其他组织损害，行政机关不依法履行、拖延履行法定义务导致未能及时止损或者损害扩大的，人民法院应当根据行政机关不依法履行、拖延履行法定义务行为在损害发生和结果中的作用大小，确定其承担相应的行政赔偿责任。

第二十六条 有下列情形之一的，属于国家赔偿法第三十五条规定的"造成严重后果"：

（一）受害人被非法限制人身自由超过六个月；

（二）受害人经鉴定为轻伤以上或者残疾；

（三）受害人经诊断、鉴定为精神障碍或者精神残疾，且与违法行政行为存在关联；

（四）受害人名誉、荣誉、家庭、职业、教育等方面遭受严重损害，且与违法行政行为存在关联。

有下列情形之一的，可以认定为后果特别严重：

（一）受害人被限制人身自由十年以上；

（二）受害人死亡；

（三）受害人经鉴定为重伤或者残疾一至四级，且生活不能自理；

（四）受害人经诊断、鉴定为严重精神障碍或者精神残疾一至二级，生活不能自理，且与违法行政行为存在关联。

第二十七条 违法行政行为造成公民、法人或者其他组织财产损害，不能返还财产或者恢复原状的，按照损害发生时该财产的市场价格计算损失。市场价格无法确定，或者该价格不足以弥补公民、法人或者其他组织损失的，可以采用其他合理方式计算。

违法征收征用土地、房屋，人民法院判决给予被征收人的行政赔偿，不得少于被征收人依法应当获得的安置补偿权益。

第二十八条 下列损失属于国家赔偿法第三十六条第六项规定的"停产停业期间必要的经常性费用开支"：

（一）必要留守职工的工资；

（二）必须缴纳的税款、社会保险费；

（三）应当缴纳的水电费、保管费、仓储费、承包费；

（四）合理的房屋场地租金、设备租金、设备折旧费；

（五）维系停产停业期间运营所需的其他基本开支。

第二十九条 下列损失属于国家赔偿法第三十六条第八项规定的"直接

损失":

（一）存款利息、贷款利息、现金利息；
（二）机动车停运期间的营运损失；
（三）通过行政补偿程序依法应当获得的奖励、补贴等；
（四）对财产造成的其他实际损失。

第三十条 被告有国家赔偿法第三条规定情形之一，致人精神损害的，人民法院应当判决其在违法行政行为影响的范围内，为受害人消除影响、恢复名誉、赔礼道歉；消除影响、恢复名誉和赔礼道歉的履行方式，可以双方协商，协商不成的，人民法院应当责令被告以适当的方式履行。造成严重后果的，应当判决支付相应的精神损害抚慰金。

第三十一条 人民法院经过审理认为被告对公民、法人或者其他组织造成财产损害的，判决被告限期返还财产、恢复原状；无法返还财产、恢复原状的，判决被告限期支付赔偿金和相应的利息损失。

人民法院审理行政赔偿案件，可以对行政机关赔偿的方式、项目、标准等予以明确，赔偿内容确定的，应当作出具有赔偿金额等给付内容的判决；行政赔偿决定对赔偿数额的确定确有错误的，人民法院判决予以变更。

第三十二条 有下列情形之一的，人民法院判决驳回原告的行政赔偿请求：

（一）原告主张的损害没有事实根据的；
（二）原告主张的损害与违法行政行为没有因果关系的；
（三）原告的损失已经通过行政补偿等其他途径获得充分救济的；
（四）原告请求行政赔偿的理由不能成立的其他情形。

六、其　他

第三十三条 本规定自 2022 年 5 月 1 日起施行。《最高人民法院关于审理行政赔偿案件若干问题的规定》（法发〔1997〕10 号）同时废止。

本规定实施前本院发布的司法解释与本规定不一致的，以本规定为准。

最高人民法院关于审理民事、行政诉讼中司法赔偿案件适用法律若干问题的解释

(2016年2月15日最高人民法院审判委员会第1678次会议通过 2016年9月7日最高人民法院公告公布 自2016年10月1日起施行 法释〔2016〕20号)

根据《中华人民共和国国家赔偿法》及有关法律规定,结合人民法院国家赔偿工作实际,现就人民法院赔偿委员会审理民事、行政诉讼中司法赔偿案件的若干法律适用问题解释如下:

第一条 人民法院在民事、行政诉讼过程中,违法采取对妨害诉讼的强制措施、保全措施、先予执行措施,或者对判决、裁定及其他生效法律文书执行错误,侵犯公民、法人和其他组织合法权益并造成损害的,赔偿请求人可以依法向人民法院申请赔偿。

第二条 违法采取对妨害诉讼的强制措施,包括以下情形:

(一)对没有实施妨害诉讼行为的人采取罚款或者拘留措施的;

(二)超过法律规定金额采取罚款措施的;

(三)超过法律规定期限采取拘留措施的;

(四)对同一妨害诉讼的行为重复采取罚款、拘留措施的;

(五)其他违法情形。

第三条 违法采取保全措施,包括以下情形:

(一)依法不应当采取保全措施而采取的;

(二)依法不应当解除保全措施而解除,或者依法应当解除保全措施而不解除的;

(三)明显超出诉讼请求的范围采取保全措施的,但保全财产为不可分割物且被保全人无其他财产或者其他财产不足以担保债权实现的除外;

(四)在给付特定物之诉中,对与案件无关的财物采取保全措施的;

(五)违法保全案外人财产的;

(六)对查封、扣押、冻结的财产不履行监管职责,造成被保全财产毁损、灭失的;

(七)对季节性商品或者鲜活、易腐烂变质以及其他不宜长期保存的物

品采取保全措施，未及时处理或者违法处理，造成物品毁损或者严重贬值的；

（八）对不动产或者船舶、航空器和机动车等特定动产采取保全措施，未依法通知有关登记机构不予办理该保全财产的变更登记，造成该保全财产所有权被转移的；

（九）违法采取行为保全措施的；

（十）其他违法情形。

第四条 违法采取先予执行措施，包括以下情形：

（一）违反法律规定的条件和范围先予执行的；

（二）超出诉讼请求的范围先予执行的；

（三）其他违法情形。

第五条 对判决、裁定及其他生效法律文书执行错误，包括以下情形：

（一）执行未生效法律文书的；

（二）超出生效法律文书确定的数额和范围执行的；

（三）对已经发现的被执行人的财产，故意拖延执行或者不执行，导致被执行财产流失的；

（四）应当恢复执行而不恢复，导致被执行财产流失的；

（五）违法执行案外人财产的；

（六）违法将案件执行款物执行给其他当事人或者案外人的；

（七）违法对抵押物、质物或者留置物采取执行措施，致使抵押权人、质权人或者留置权人的优先受偿权无法实现的；

（八）对执行中查封、扣押、冻结的财产不履行监管职责，造成财产毁损、灭失的；

（九）对季节性商品或者鲜活、易腐烂变质以及其他不宜长期保存的物品采取执行措施，未及时处理或者违法处理，造成物品毁损或者严重贬值的；

（十）对执行财产应当拍卖而未依法拍卖的，或者应当由资产评估机构评估而未依法评估，违法变卖或者以物抵债的；

（十一）其他错误情形。

第六条 人民法院工作人员在民事、行政诉讼过程中，有殴打、虐待或者唆使、放纵他人殴打、虐待等行为，以及违法使用武器、警械，造成公民身体伤害或者死亡的，适用国家赔偿法第十七条第四项、第五项的规定予以赔偿。

第七条 具有下列情形之一的，国家不承担赔偿责任：

（一）属于民事诉讼法第一百零五条、第一百零七条第二款和第二百三十三条规定情形的；

（二）申请执行人提供执行标的物错误的，但人民法院明知该标的物错误仍予以执行的除外；

（三）人民法院依法指定的保管人对查封、扣押、冻结的财产违法动用、隐匿、毁损、转移或者变卖的；

（四）人民法院工作人员与行使职权无关的个人行为；

（五）因不可抗力、正当防卫和紧急避险造成损害后果的；

（六）依法不应由国家承担赔偿责任的其他情形。

第八条 因多种原因造成公民、法人和其他组织合法权益损害的，应当根据人民法院及其工作人员行使职权的行为对损害结果的发生或者扩大所起的作用等因素，合理确定赔偿金额。

第九条 受害人对损害结果的发生或者扩大也有过错的，应当根据其过错对损害结果的发生或者扩大所起的作用等因素，依法减轻国家赔偿责任。

第十条 公民、法人和其他组织的损失，已经在民事、行政诉讼过程中获得赔偿、补偿的，对该部分损失，国家不承担赔偿责任。

第十一条 人民法院及其工作人员在民事、行政诉讼过程中，具有本解释第二条、第六条规定情形，侵犯公民人身权的，应当依照国家赔偿法第三十三条、第三十四条的规定计算赔偿金。致人精神损害的，应当依照国家赔偿法第三十五条的规定，在侵权行为影响的范围内，为受害人消除影响、恢复名誉、赔礼道歉；造成严重后果的，还应当支付相应的精神损害抚慰金。

第十二条 人民法院及其工作人员在民事、行政诉讼过程中，具有本解释第二条至第五条规定情形，侵犯公民、法人和其他组织的财产权并造成损害的，应当依照国家赔偿法第三十六条的规定承担赔偿责任。

财产不能恢复原状或者灭失的，应当按照侵权行为发生时的市场价格计算损失；市场价格无法确定或者该价格不足以弥补受害人所受损失的，可以采用其他合理方式计算损失。

第十三条 人民法院及其工作人员对判决、裁定及其他生效法律文书执行错误，且对公民、法人或者其他组织的财产已经依照法定程序拍卖或者变卖的，应当给付拍卖或者变卖所得的价款。

人民法院违法拍卖，或者变卖价款明显低于财产价值的，应当依照本解释第十二条的规定支付相应的赔偿金。

第十四条 国家赔偿法第三十六条第六项规定的停产停业期间必要的经常性费用开支，是指法人、其他组织和个体工商户为维系停产停业期间运营所需的基本开支，包括留守职工工资、必须缴纳的税费、水电费、房屋场地租金、设备租金、设备折旧费等必要的经常性费用。

第十五条　国家赔偿法第三十六条第七项规定的银行同期存款利息,以作出生效赔偿决定时中国人民银行公布的一年期人民币整存整取定期存款基准利率计算,不计算复利。

应当返还的财产属于金融机构合法存款的,对存款合同存续期间的利息按照合同约定利率计算。

应当返还的财产系现金的,比照本条第一款规定支付利息。

第十六条　依照国家赔偿法第三十六条规定返还的财产系国家批准的金融机构贷款的,除贷款本金外,还应当支付该贷款借贷状态下的贷款利息。

第十七条　用益物权人、担保物权人、承租人或者其他合法占有使用财产的人,依据国家赔偿法第三十八条规定申请赔偿的,人民法院应当依照《最高人民法院关于国家赔偿案件立案工作的规定》予以审查立案。

第十八条　人民法院在民事、行政诉讼过程中,违法采取对妨害诉讼的强制措施、保全措施、先予执行措施,或者对判决、裁定及其他生效法律文书执行错误,系因上一级人民法院复议改变原裁决所致的,由该上一级人民法院作为赔偿义务机关。

第十九条　公民、法人或者其他组织依据国家赔偿法第三十八条规定申请赔偿的,应当在民事、行政诉讼程序或者执行程序终结后提出,但下列情形除外:

(一)人民法院已依法撤销对妨害诉讼的强制措施的;

(二)人民法院采取对妨害诉讼的强制措施,造成公民身体伤害或者死亡的;

(三)经诉讼程序依法确认不属于被保全人或者被执行人的财产,且无法在相关诉讼程序或者执行程序中予以补救的;

(四)人民法院生效法律文书已确认相关行为违法,且无法在相关诉讼程序或者执行程序中予以补救的;

(五)赔偿请求人有证据证明其请求与民事、行政诉讼程序或者执行程序无关的;

(六)其他情形。

赔偿请求人依据前款规定,在民事、行政诉讼程序或者执行程序终结后申请赔偿的,该诉讼程序或者执行程序期间不计入赔偿请求时效。

第二十条　人民法院赔偿委员会审理民事、行政诉讼中的司法赔偿案件,有下列情形之一的,相应期间不计入审理期限:

(一)需要向赔偿义务机关、有关人民法院或者其他国家机关调取案卷或者其他材料的;

(二)人民法院赔偿委员会委托鉴定、评估的。

第二十一条 人民法院赔偿委员会审理民事、行政诉讼中的司法赔偿案件，应当对人民法院及其工作人员行使职权的行为是否符合法律规定，赔偿请求人主张的损害事实是否存在，以及该职权行为与损害事实之间是否存在因果关系等事项一并予以审查。

第二十二条 本解释自 2016 年 10 月 1 日起施行。本解释施行前最高人民法院发布的司法解释与本解释不一致的，以本解释为准。

相关法律法规

中华人民共和国行政强制法

（2011年6月30日第十一届全国人民代表大会常务委员会第二十一次会议通过 2011年6月30日中华人民共和国主席令第49号公布 自2012年1月1日起施行）

第一章 总　　则

第一条 为了规范行政强制的设定和实施，保障和监督行政机关依法履行职责，维护公共利益和社会秩序，保护公民、法人和其他组织的合法权益，根据宪法，制定本法。

第二条 本法所称行政强制，包括行政强制措施和行政强制执行。

行政强制措施，是指行政机关在行政管理过程中，为制止违法行为、防止证据损毁、避免危害发生、控制危险扩大等情形，依法对公民的人身自由实施暂时性限制，或者对公民、法人或者其他组织的财物实施暂时性控制的行为。

行政强制执行，是指行政机关或者行政机关申请人民法院，对不履行行政决定的公民、法人或者其他组织，依法强制履行义务的行为。

第三条 行政强制的设定和实施，适用本法。

发生或者即将发生自然灾害、事故灾难、公共卫生事件或者社会安全事件等突发事件，行政机关采取应急措施或者临时措施，依照有关法律、行政法规的规定执行。

行政机关采取金融业审慎监管措施、进出境货物强制性技术监控措施，依照有关法律、行政法规的规定执行。

第四条 行政强制的设定和实施，应当依照法定的权限、范围、条件和程序。

第五条 行政强制的设定和实施，应当适当。采用非强制手段可以达到行政管理目的的，不得设定和实施行政强制。

第六条 实施行政强制，应当坚持教育与强制相结合。

第七条 行政机关及其工作人员不得利用行政强制权为单位或者个人谋取利益。

第八条 公民、法人或者其他组织对行政机关实施行政强制，享有陈述权、申辩权；有权依法申请行政复议或者提起行政诉讼；因行政机关违法实施行政强制受到损害的，有权依法要求赔偿。

公民、法人或者其他组织因人民法院在强制执行中有违法行为或者扩大强制执行范围受到损害的，有权依法要求赔偿。

第二章 行政强制的种类和设定

第九条 行政强制措施的种类：
（一）限制公民人身自由；
（二）查封场所、设施或者财物；
（三）扣押财物；
（四）冻结存款、汇款；
（五）其他行政强制措施。

第十条 行政强制措施由法律设定。

尚未制定法律，且属于国务院行政管理职权事项的，行政法规可以设定除本法第九条第一项、第四项和应当由法律规定的行政强制措施以外的其他行政强制措施。

尚未制定法律、行政法规，且属于地方性事务的，地方性法规可以设定本法第九条第二项、第三项的行政强制措施。

法律、法规以外的其他规范性文件不得设定行政强制措施。

第十一条 法律对行政强制措施的对象、条件、种类作了规定的，行政法规、地方性法规不得作出扩大规定。

法律中未设定行政强制措施的，行政法规、地方性法规不得设定行政强制措施。但是，法律规定特定事项由行政法规规定具体管理措施的，行政法规可以设定除本法第九条第一项、第四项和应当由法律规定的行政强制措施以外的其他行政强制措施。

第十二条 行政强制执行的方式：
（一）加处罚款或者滞纳金；
（二）划拨存款、汇款；
（三）拍卖或者依法处理查封、扣押的场所、设施或者财物；

（四）排除妨碍、恢复原状；
（五）代履行；
（六）其他强制执行方式。

第十三条 行政强制执行由法律设定。

法律没有规定行政机关强制执行的，作出行政决定的行政机关应当申请人民法院强制执行。

第十四条 起草法律草案、法规草案，拟设定行政强制的，起草单位应当采取听证会、论证会等形式听取意见，并向制定机关说明设定该行政强制的必要性、可能产生的影响以及听取和采纳意见的情况。

第十五条 行政强制的设定机关应当定期对其设定的行政强制进行评价，并对不适当的行政强制及时予以修改或者废止。

行政强制的实施机关可以对已设定的行政强制的实施情况及存在的必要性适时进行评价，并将意见报告该行政强制的设定机关。

公民、法人或者其他组织可以向行政强制的设定机关和实施机关就行政强制的设定和实施提出意见和建议。有关机关应当认真研究论证，并以适当方式予以反馈。

第三章 行政强制措施实施程序

第一节 一般规定

第十六条 行政机关履行行政管理职责，依照法律、法规的规定，实施行政强制措施。

违法行为情节显著轻微或者没有明显社会危害的，可以不采取行政强制措施。

第十七条 行政强制措施由法律、法规规定的行政机关在法定职权范围内实施。行政强制措施权不得委托。

依据《中华人民共和国行政处罚法》的规定行使相对集中行政处罚权的行政机关，可以实施法律、法规规定的与行政处罚权有关的行政强制措施。

行政强制措施应当由行政机关具备资格的行政执法人员实施，其他人员不得实施。

第十八条 行政机关实施行政强制措施应当遵守下列规定：
（一）实施前须向行政机关负责人报告并经批准；
（二）由两名以上行政执法人员实施；
（三）出示执法身份证件；

（四）通知当事人到场；

（五）当场告知当事人采取行政强制措施的理由、依据以及当事人依法享有的权利、救济途径；

（六）听取当事人的陈述和申辩；

（七）制作现场笔录；

（八）现场笔录由当事人和行政执法人员签名或者盖章，当事人拒绝的，在笔录中予以注明；

（九）当事人不到场的，邀请见证人到场，由见证人和行政执法人员在现场笔录上签名或者盖章；

（十）法律、法规规定的其他程序。

第十九条 情况紧急，需要当场实施行政强制措施的，行政执法人员应当在二十四小时内向行政机关负责人报告，并补办批准手续。行政机关负责人认为不应当采取行政强制措施的，应当立即解除。

第二十条 依照法律规定实施限制公民人身自由的行政强制措施，除应当履行本法第十八条规定的程序外，还应当遵守下列规定：

（一）当场告知或者实施行政强制措施后立即通知当事人家属实施行政强制措施的行政机关、地点和期限；

（二）在紧急情况下当场实施行政强制措施的，在返回行政机关后，立即向行政机关负责人报告并补办批准手续；

（三）法律规定的其他程序。

实施限制人身自由的行政强制措施不得超过法定期限。实施行政强制措施的目的已经达到或者条件已经消失，应当立即解除。

第二十一条 违法行为涉嫌犯罪应当移送司法机关的，行政机关应当将查封、扣押、冻结的财物一并移送，并书面告知当事人。

第二节 查封、扣押

第二十二条 查封、扣押应当由法律、法规规定的行政机关实施，其他任何行政机关或者组织不得实施。

第二十三条 查封、扣押限于涉案的场所、设施或者财物，不得查封、扣押与违法行为无关的场所、设施或者财物；不得查封、扣押公民个人及其所扶养家属的生活必需品。

当事人的场所、设施或者财物已被其他国家机关依法查封的，不得重复查封。

第二十四条 行政机关决定实施查封、扣押的，应当履行本法第十八条规定的程序，制作并当场交付查封、扣押决定书和清单。

查封、扣押决定书应当载明下列事项：
（一）当事人的姓名或者名称、地址；
（二）查封、扣押的理由、依据和期限；
（三）查封、扣押场所、设施或者财物的名称、数量等；
（四）申请行政复议或者提起行政诉讼的途径和期限；
（五）行政机关的名称、印章和日期。
查封、扣押清单一式二份，由当事人和行政机关分别保存。

第二十五条 查封、扣押的期限不得超过三十日；情况复杂的，经行政机关负责人批准，可以延长，但是延长期限不得超过三十日。法律、行政法规另有规定的除外。

延长查封、扣押的决定应当及时书面告知当事人，并说明理由。

对物品需要进行检测、检验、检疫或者技术鉴定的，查封、扣押的期间不包括检测、检验、检疫或者技术鉴定的期间。检测、检验、检疫或者技术鉴定的期间应当明确，并书面告知当事人。检测、检验、检疫或者技术鉴定的费用由行政机关承担。

第二十六条 对查封、扣押的场所、设施或者财物，行政机关应当妥善保管，不得使用或者损毁；造成损失的，应当承担赔偿责任。

对查封的场所、设施或者财物，行政机关可以委托第三人保管，第三人不得损毁或者擅自转移、处置。因第三人的原因造成的损失，行政机关先行赔付后，有权向第三人追偿。

因查封、扣押发生的保管费用由行政机关承担。

第二十七条 行政机关采取查封、扣押措施后，应当及时查清事实，在本法第二十五条规定的期限内作出处理决定。对违法事实清楚，依法应当没收的非法财物予以没收；法律、行政法规规定应当销毁的，依法销毁；应当解除查封、扣押的，作出解除查封、扣押的决定。

第二十八条 有下列情形之一的，行政机关应当及时作出解除查封、扣押决定：
（一）当事人没有违法行为；
（二）查封、扣押的场所、设施或者财物与违法行为无关；
（三）行政机关对违法行为已经作出处理决定，不再需要查封、扣押；
（四）查封、扣押期限已经届满；
（五）其他不再需要采取查封、扣押措施的情形。

解除查封、扣押应当立即退还财物；已将鲜活物品或者其他不易保管的财物拍卖或者变卖的，退还拍卖或者变卖所得款项。变卖价格明显低于市场价格，给当事人造成损失的，应当给予补偿。

第三节 冻 结

第二十九条 冻结存款、汇款应当由法律规定的行政机关实施，不得委托给其他行政机关或者组织；其他任何行政机关或者组织不得冻结存款、汇款。

冻结存款、汇款的数额应当与违法行为涉及的金额相当；已被其他国家机关依法冻结的，不得重复冻结。

第三十条 行政机关依照法律规定决定实施冻结存款、汇款的，应当履行本法第十八条第一项、第二项、第三项、第七项规定的程序，并向金融机构交付冻结通知书。

金融机构接到行政机关依法作出的冻结通知书后，应当立即予以冻结，不得拖延，不得在冻结前向当事人泄露信息。

法律规定以外的行政机关或者组织要求冻结当事人存款、汇款的，金融机构应当拒绝。

第三十一条 依照法律规定冻结存款、汇款的，作出决定的行政机关应当在三日内向当事人交付冻结决定书。冻结决定书应当载明下列事项：

（一）当事人的姓名或者名称、地址；

（二）冻结的理由、依据和期限；

（三）冻结的账号和数额；

（四）申请行政复议或者提起行政诉讼的途径和期限；

（五）行政机关的名称、印章和日期。

第三十二条 自冻结存款、汇款之日起三十日内，行政机关应当作出处理决定或者作出解除冻结决定；情况复杂的，经行政机关负责人批准，可以延长，但是延长期限不得超过三十日。法律另有规定的除外。

延长冻结的决定应当及时书面告知当事人，并说明理由。

第三十三条 有下列情形之一的，行政机关应当及时作出解除冻结决定：

（一）当事人没有违法行为；

（二）冻结的存款、汇款与违法行为无关；

（三）行政机关对违法行为已经作出处理决定，不再需要冻结；

（四）冻结期限已经届满；

（五）其他不再需要采取冻结措施的情形。

行政机关作出解除冻结决定的，应当及时通知金融机构和当事人。金融机构接到通知后，应当立即解除冻结。

行政机关逾期未作出处理决定或者解除冻结决定的，金融机构应当自冻结期满之日起解除冻结。

第四章　行政机关强制执行程序

第一节　一般规定

第三十四条　行政机关依法作出行政决定后，当事人在行政机关决定的期限内不履行义务的，具有行政强制执行权的行政机关依照本章规定强制执行。

第三十五条　行政机关作出强制执行决定前，应当事先催告当事人履行义务。催告应当以书面形式作出，并载明下列事项：

（一）履行义务的期限；

（二）履行义务的方式；

（三）涉及金钱给付的，应当有明确的金额和给付方式；

（四）当事人依法享有的陈述权和申辩权。

第三十六条　当事人收到催告书后有权进行陈述和申辩。行政机关应当充分听取当事人的意见，对当事人提出的事实、理由和证据，应当进行记录、复核。当事人提出的事实、理由或者证据成立的，行政机关应当采纳。

第三十七条　经催告，当事人逾期仍不履行行政决定，且无正当理由的，行政机关可以作出强制执行决定。

强制执行决定应当以书面形式作出，并载明下列事项：

（一）当事人的姓名或者名称、地址；

（二）强制执行的理由和依据；

（三）强制执行的方式和时间；

（四）申请行政复议或者提起行政诉讼的途径和期限；

（五）行政机关的名称、印章和日期。

在催告期间，对有证据证明有转移或者隐匿财物迹象的，行政机关可以作出立即强制执行决定。

第三十八条　催告书、行政强制执行决定书应当直接送达当事人。当事人拒绝接收或者无法直接送达当事人的，应当依照《中华人民共和国民事诉讼法》的有关规定送达。

第三十九条　有下列情形之一的，中止执行：

（一）当事人履行行政决定确有困难或者暂无履行能力的；

（二）第三人对执行标的主张权利，确有理由的；

（三）执行可能造成难以弥补的损失，且中止执行不损害公共利益的；

（四）行政机关认为需要中止执行的其他情形。

中止执行的情形消失后，行政机关应当恢复执行。对没有明显社会危害，当事人确无能力履行,中止执行满三年未恢复执行的,行政机关不再执行。

第四十条 有下列情形之一的,终结执行:
(一)公民死亡,无遗产可供执行,又无义务承受人的;
(二)法人或者其他组织终止,无财产可供执行,又无义务承受人的;
(三)执行标的灭失的;
(四)据以执行的行政决定被撤销的;
(五)行政机关认为需要终结执行的其他情形。

第四十一条 在执行中或者执行完毕后,据以执行的行政决定被撤销、变更,或者执行错误的,应当恢复原状或者退还财物;不能恢复原状或者退还财物的,依法给予赔偿。

第四十二条 实施行政强制执行,行政机关可以在不损害公共利益和他人合法权益的情况下,与当事人达成执行协议。执行协议可以约定分阶段履行;当事人采取补救措施的,可以减免加处的罚款或者滞纳金。

执行协议应当履行。当事人不履行执行协议的,行政机关应当恢复强制执行。

第四十三条 行政机关不得在夜间或者法定节假日实施行政强制执行。但是,情况紧急的除外。

行政机关不得对居民生活采取停止供水、供电、供热、供燃气等方式迫使当事人履行相关行政决定。

第四十四条 对违法的建筑物、构筑物、设施等需要强制拆除的,应当由行政机关予以公告,限期当事人自行拆除。当事人在法定期限内不申请行政复议或者提起行政诉讼,又不拆除的,行政机关可以依法强制拆除。

第二节 金钱给付义务的执行

第四十五条 行政机关依法作出金钱给付义务的行政决定,当事人逾期不履行的,行政机关可以依法加处罚款或者滞纳金。加处罚款或者滞纳金的标准应当告知当事人。

加处罚款或者滞纳金的数额不得超出金钱给付义务的数额。

第四十六条 行政机关依照本法第四十五条规定实施加处罚款或者滞纳金超过三十日,经催告当事人仍不履行的,具有行政强制执行权的行政机关可以强制执行。

行政机关实施强制执行前,需要采取查封、扣押、冻结措施的,依照本法第三章规定办理。

没有行政强制执行权的行政机关应当申请人民法院强制执行。但是,当事人在法定期限内不申请行政复议或者提起行政诉讼,经催告仍不履行的,

241

在实施行政管理过程中已经采取查封、扣押措施的行政机关，可以将查封、扣押的财物依法拍卖抵缴罚款。

第四十七条 划拨存款、汇款应当由法律规定的行政机关决定，并书面通知金融机构。金融机构接到行政机关依法作出划拨存款、汇款的决定后，应当立即划拨。

法律规定以外的行政机关或者组织要求划拨当事人存款、汇款的，金融机构应当拒绝。

第四十八条 依法拍卖财物，由行政机关委托拍卖机构依照《中华人民共和国拍卖法》的规定办理。

第四十九条 划拨的存款、汇款以及拍卖和依法处理所得的款项应当上缴国库或者划入财政专户。任何行政机关或者个人不得以任何形式截留、私分或者变相私分。

第三节 代 履 行

第五十条 行政机关依法作出要求当事人履行排除妨碍、恢复原状等义务的行政决定，当事人逾期不履行，经催告仍不履行，其后果已经或者将危害交通安全、造成环境污染或者破坏自然资源的，行政机关可以代履行，或者委托没有利害关系的第三人代履行。

第五十一条 代履行应当遵守下列规定：

（一）代履行前送达决定书，代履行决定书应当载明当事人的姓名或者名称、地址，代履行的理由和依据、方式和时间、标的、费用预算以及代履行人；

（二）代履行三日前，催告当事人履行，当事人履行的，停止代履行；

（三）代履行时，作出决定的行政机关应当派员到场监督；

（四）代履行完毕，行政机关到场监督的工作人员、代履行人和当事人或者见证人应当在执行文书上签名或者盖章。

代履行的费用按照成本合理确定，由当事人承担。但是，法律另有规定的除外。

代履行不得采用暴力、胁迫以及其他非法方式。

第五十二条 需要立即清除道路、河道、航道或者公共场所的遗洒物、障碍物或者污染物，当事人不能清除的，行政机关可以决定立即实施代履行；当事人不在场的，行政机关应当在事后立即通知当事人，并依法作出处理。

第五章 申请人民法院强制执行

第五十三条 当事人在法定期限内不申请行政复议或者提起行政诉讼，

又不履行行政决定的,没有行政强制执行权的行政机关可以自期限届满之日起三个月内,依照本章规定申请人民法院强制执行。

第五十四条　行政机关申请人民法院强制执行前,应当催告当事人履行义务。催告书送达十日后当事人仍未履行义务的,行政机关可以向所在地有管辖权的人民法院申请强制执行;执行对象是不动产的,向不动产所在地有管辖权的人民法院申请强制执行。

第五十五条　行政机关向人民法院申请强制执行,应当提供下列材料:
(一)强制执行申请书;
(二)行政决定书及作出决定的事实、理由和依据;
(三)当事人的意见及行政机关催告情况;
(四)申请强制执行标的情况;
(五)法律、行政法规规定的其他材料。

强制执行申请书应当由行政机关负责人签名,加盖行政机关的印章,并注明日期。

第五十六条　人民法院接到行政机关强制执行的申请,应当在五日内受理。

行政机关对人民法院不予受理的裁定有异议的,可以在十五日内向上一级人民法院申请复议,上一级人民法院应当自收到复议申请之日起十五日内作出是否受理的裁定。

第五十七条　人民法院对行政机关强制执行的申请进行书面审查,对符合本法第五十五条规定,且行政决定具备法定执行效力的,除本法第五十八条规定的情形外,人民法院应当自受理之日起七日内作出执行裁定。

第五十八条　人民法院发现有下列情形之一的,在作出裁定前可以听取被执行人和行政机关的意见:
(一)明显缺乏事实根据的;
(二)明显缺乏法律、法规依据的;
(三)其他明显违法并损害被执行人合法权益的。

人民法院应当自受理之日起三十日内作出是否执行的裁定。裁定不予执行的,应当说明理由,并在五日内将不予执行的裁定送达行政机关。

行政机关对人民法院不予执行的裁定有异议的,可以自收到裁定之日起十五日内向上一级人民法院申请复议,上一级人民法院应当自收到复议申请之日起三十日内作出是否执行的裁定。

第五十九条　因情况紧急,为保障公共安全,行政机关可以申请人民法院立即执行。经人民法院院长批准,人民法院应当自作出执行裁定之日起五日内执行。

第六十条　行政机关申请人民法院强制执行,不缴纳申请费。强制执的费用由被执行人承担。

人民法院以划拨、拍卖方式强制执行的，可以在划拨、拍卖后将强制执行的费用扣除。

依法拍卖财物，由人民法院委托拍卖机构依照《中华人民共和国拍卖法》的规定办理。

划拨的存款、汇款以及拍卖和依法处理所得的款项应当上缴国库或者划入财政专户，不得以任何形式截留、私分或者变相私分。

第六章 法律责任

第六十一条 行政机关实施行政强制，有下列情形之一的，由上级行政机关或者有关部门责令改正，对直接负责的主管人员和其他直接责任人员依法给予处分：

（一）没有法律、法规依据的；

（二）改变行政强制对象、条件、方式的；

（三）违反法定程序实施行政强制的；

（四）违反本法规定，在夜间或者法定节假日实施行政强制执行的；

（五）对居民生活采取停止供水、供电、供热、供燃气等方式迫使当事人履行相关行政决定的；

（六）有其他违法实施行政强制情形的。

第六十二条 违反本法规定，行政机关有下列情形之一的，由上级行政机关或者有关部门责令改正，对直接负责的主管人员和其他直接责任人员依法给予处分：

（一）扩大查封、扣押、冻结范围的；

（二）使用或者损毁查封、扣押场所、设施或者财物的；

（三）在查封、扣押法定期间不作出处理决定或者未依法及时解除查封、扣押的；

（四）在冻结存款、汇款法定期间不作出处理决定或者未依法及时解除冻结的。

第六十三条 行政机关将查封、扣押的财物或者划拨的存款、汇款以及拍卖和依法处理所得的款项，截留、私分或者变相私分的，由财政部门或者有关部门予以追缴；对直接负责的主管人员和其他直接责任人员依法给予记大过、降级、撤职或者开除的处分。

行政机关工作人员利用职务上的便利，将查封、扣押的场所、设施或者财物据为己有的,由上级行政机关或者有关部门责令改正,依法给予记大过、降级、撤职或者开除的处分。

第六十四条 行政机关及其工作人员利用行政强制权为单位或者个人谋取利益的,由上级行政机关或者有关部门责令改正,对直接负责的主管人员和其他直接责任人员依法给予处分。

第六十五条 违反本法规定,金融机构有下列行为之一的,由金融业监督管理机构责令改正,对直接负责的主管人员和其他直接责任人员依法给予处分:

(一)在冻结前向当事人泄露信息的;

(二)对应当立即冻结、划拨的存款、汇款不冻结或者不划拨,致使存款、汇款转移的;

(三)将不应当冻结、划拨的存款、汇款予以冻结或者划拨的;

(四)未及时解除冻结存款、汇款的。

第六十六条 违反本法规定,金融机构将款项划入国库或者财政专户以外的其他账户的,由金融业监督管理机构责令改正,并处以违法划拨款项二倍的罚款;对直接负责的主管人员和其他直接责任人员依法给予处分。

违反本法规定,行政机关、人民法院指令金融机构将款项划入国库或者财政专户以外的其他账户的,对直接负责的主管人员和其他直接责任人员依法给予处分。

第六十七条 人民法院及其工作人员在强制执行中有违法行为或者扩大强制执行范围的,对直接负责的主管人员和其他直接责任人员依法给予处分。

第六十八条 违反本法规定,给公民、法人或者其他组织造成损失的,依法给予赔偿。

违反本法规定,构成犯罪的,依法追究刑事责任。

第七章 附 则

第六十九条 本法中十日以内期限的规定是指工作日,不含法定节假日。

第七十条 法律、行政法规授权的具有管理公共事务职能的组织在法定授权范围内,以自己的名义实施行政强制,适用本法有关行政机关的规定。

第七十一条 本法自2012年1月1日起施行。

中华人民共和国行政复议法

（1999年4月29日第九届全国人民代表大会常务委员会第九次会议通过 根据2009年8月27日第十一届全国人民代表大会常务委员会第十次会议《关于修改部分法律的决定》第一次修正 根据2017年9月1日第十二届全国人民代表大会常务委员会第二十九次会议《关于修改〈中华人民共和国法官法〉等八部法律的决定》第二次修正 2023年9月1日第十四届全国人民代表大会常务委员会第五次会议修订 2023年9月1日中华人民共和国主席令第9号公布 自2024年1月1日起施行）

第一章 总 则

第一条 为了防止和纠正违法的或者不当的行政行为，保护公民、法人和其他组织的合法权益，监督和保障行政机关依法行使职权，发挥行政复议化解行政争议的主渠道作用，推进法治政府建设，根据宪法，制定本法。

第二条 公民、法人或者其他组织认为行政机关的行政行为侵犯其合法权益，向行政复议机关提出行政复议申请，行政复议机关办理行政复议案件，适用本法。

前款所称行政行为，包括法律、法规、规章授权的组织的行政行为。

第三条 行政复议工作坚持中国共产党的领导。

行政复议机关履行行政复议职责，应当遵循合法、公正、公开、高效、便民、为民的原则，坚持有错必纠，保障法律、法规的正确实施。

第四条 县级以上各级人民政府以及其他依照本法履行行政复议职责的行政机关是行政复议机关。

行政复议机关办理行政复议事项的机构是行政复议机构。行政复议机构同时组织办理行政复议机关的行政应诉事项。

行政复议机关应当加强行政复议工作，支持和保障行政复议机构依法履行职责。上级行政复议机构对下级行政复议机构的行政复议工作进行指导、监督。

国务院行政复议机构可以发布行政复议指导性案例。

第五条 行政复议机关办理行政复议案件，可以进行调解。

调解应当遵循合法、自愿的原则，不得损害国家利益、社会公共利益和他人合法权益，不得违反法律、法规的强制性规定。

第六条 国家建立专业化、职业化行政复议人员队伍。

行政复议机构中初次从事行政复议工作的人员，应当通过国家统一法律职业资格考试取得法律职业资格，并参加统一职前培训。

国务院行政复议机构应当会同有关部门制定行政复议人员工作规范，加强对行政复议人员的业务考核和管理。

第七条 行政复议机关应当确保行政复议机构的人员配备与所承担的工作任务相适应，提高行政复议人员专业素质，根据工作需要保障办案场所、装备等设施。县级以上各级人民政府应当将行政复议工作经费列入本级预算。

第八条 行政复议机关应当加强信息化建设，运用现代信息技术，方便公民、法人或者其他组织申请、参加行政复议，提高工作质量和效率。

第九条 对在行政复议工作中做出显著成绩的单位和个人，按照国家有关规定给予表彰和奖励。

第十条 公民、法人或者其他组织对行政复议决定不服的，可以依照《中华人民共和国行政诉讼法》的规定向人民法院提起行政诉讼，但是法律规定行政复议决定为最终裁决的除外。

第二章 行政复议申请

第一节 行政复议范围

第十一条 有下列情形之一的，公民、法人或者其他组织可以依照本法申请行政复议：

（一）对行政机关作出的行政处罚决定不服；

（二）对行政机关作出的行政强制措施、行政强制执行决定不服；

（三）申请行政许可，行政机关拒绝或者在法定期限内不予答复，或者对行政机关作出的有关行政许可的其他决定不服；

（四）对行政机关作出的确认自然资源的所有权或者使用权的决定不服；

（五）对行政机关作出的征收征用决定及其补偿决定不服；

（六）对行政机关作出的赔偿决定或者不予赔偿决定不服；

（七）对行政机关作出的不予受理工伤认定申请的决定或者工伤认定结

论不服；

（八）认为行政机关侵犯其经营自主权或者农村土地承包经营权、农村土地经营权；

（九）认为行政机关滥用行政权力排除或者限制竞争；

（十）认为行政机关违法集资、摊派费用或者违法要求履行其他义务；

（十一）申请行政机关履行保护人身权利、财产权利、受教育权利等合法权益的法定职责，行政机关拒绝履行、未依法履行或者不予答复；

（十二）申请行政机关依法给付抚恤金、社会保险待遇或者最低生活保障等社会保障，行政机关没有依法给付；

（十三）认为行政机关不依法订立、不依法履行、未按照约定履行或者违法变更、解除政府特许经营协议、土地房屋征收补偿协议等行政协议；

（十四）认为行政机关在政府信息公开工作中侵犯其合法权益；

（十五）认为行政机关的其他行政行为侵犯其合法权益。

第十二条　下列事项不属于行政复议范围：

（一）国防、外交等国家行为；

（二）行政法规、规章或者行政机关制定、发布的具有普遍约束力的决定、命令等规范性文件；

（三）行政机关对行政机关工作人员的奖惩、任免等决定；

（四）行政机关对民事纠纷作出的调解。

第十三条　公民、法人或者其他组织认为行政机关的行政行为所依据的下列规范性文件不合法，在对行政行为申请行政复议时，可以一并向行政复议机关提出对该规范性文件的附带审查申请：

（一）国务院部门的规范性文件；

（二）县级以上地方各级人民政府及其工作部门的规范性文件；

（三）乡、镇人民政府的规范性文件；

（四）法律、法规、规章授权的组织的规范性文件。

前款所列规范性文件不含规章。规章的审查依照法律、行政法规办理。

第二节　行政复议参加人

第十四条　依照本法申请行政复议的公民、法人或者其他组织是申请人。

有权申请行政复议的公民死亡的，其近亲属可以申请行政复议。有权申请行政复议的法人或者其他组织终止的，其权利义务承受人可以申请行政复议。

有权申请行政复议的公民为无民事行为能力人或者限制民事行为能力人

的,其法定代理人可以代为申请行政复议。

第十五条 同一行政复议案件申请人人数众多的,可以由申请人推选代表人参加行政复议。

代表人参加行政复议的行为对其所代表的申请人发生效力,但是代表人变更行政复议请求、撤回行政复议申请、承认第三人请求的,应当经被代表的申请人同意。

第十六条 申请人以外的同被申请行政复议的行政行为或者行政复议案件处理结果有利害关系的公民、法人或者其他组织,可以作为第三人申请参加行政复议,或者由行政复议机构通知其作为第三人参加行政复议。

第三人不参加行政复议,不影响行政复议案件的审理。

第十七条 申请人、第三人可以委托一至二名律师、基层法律服务工作者或者其他代理人代为参加行政复议。

申请人、第三人委托代理人的,应当向行政复议机构提交授权委托书、委托人及被委托人的身份证明文件。授权委托书应当载明委托事项、权限和期限。申请人、第三人变更或者解除代理人权限的,应当书面告知行政复议机构。

第十八条 符合法律援助条件的行政复议申请人申请法律援助的,法律援助机构应当依法为其提供法律援助。

第十九条 公民、法人或者其他组织对行政行为不服申请行政复议的,作出行政行为的行政机关或者法律、法规、规章授权的组织是被申请人。

两个以上行政机关以共同的名义作出同一行政行为的,共同作出行政行为的行政机关是被申请人。

行政机关委托的组织作出行政行为的,委托的行政机关是被申请人。

作出行政行为的行政机关被撤销或者职权变更的,继续行使其职权的行政机关是被申请人。

第三节 申请的提出

第二十条 公民、法人或者其他组织认为行政行为侵犯其合法权益的,可以自知道或者应当知道该行政行为之日起六十日内提出行政复议申请;但是法律规定的申请期限超过六十日的除外。

因不可抗力或者其他正当理由耽误法定申请期限的,申请期限自障碍消除之日起继续计算。

行政机关作出行政行为时,未告知公民、法人或者其他组织申请行政复议的权利、行政复议机关和申请期限的,申请期限自公民、法人或者其他组织知道或者应当知道申请行政复议的权利、行政复议机关和申请期限之日起计算，但是自知道或者应当知道行政行为内容之日起最长不得超过一年。

第二十一条　因不动产提出的行政复议申请自行政行为作出之日起超过二十年，其他行政复议申请自行政行为作出之日起超过五年的，行政复议机关不予受理。

第二十二条　申请人申请行政复议，可以书面申请；书面申请有困难的，也可以口头申请。

书面申请的，可以通过邮寄或者行政复议机关指定的互联网渠道等方式提交行政复议申请书，也可以当面提交行政复议申请书。行政机关通过互联网渠道送达行政行为决定书的，应当同时提供提交行政复议申请书的互联网渠道。

口头申请的，行政复议机关应当当场记录申请人的基本情况、行政复议请求、申请行政复议的主要事实、理由和时间。

申请人对两个以上行政行为不服的，应当分别申请行政复议。

第二十三条　有下列情形之一的，申请人应当先向行政复议机关申请行政复议，对行政复议决定不服的，可以再依法向人民法院提起行政诉讼：

（一）对当场作出的行政处罚决定不服的；

（二）对行政机关作出的侵犯其已经依法取得的自然资源的所有权或者使用权的决定不服的；

（三）认为行政机关存在本法第十一条规定的未履行法定职责情形的；

（四）申请政府信息公开，行政机关不予公开的；

（五）法律、行政法规规定应当先向行政复议机关申请行政复议的其他情形。

对前款规定的情形，行政机关在作出行政行为时应当告知公民、法人或者其他组织先向行政复议机关申请行政复议。

第四节　行政复议管辖

第二十四条　县级以上地方各级人民政府管辖下列行政复议案件：

（一）对本级人民政府工作部门作出的行政行为不服的；

（二）对下一级人民政府作出的行政行为不服的；

（三）对本级人民政府依法设立的派出机关作出的行政行为不服的；

（四）对本级人民政府或者其工作部门管理的法律、法规、规章授权的组织作出的行政行为不服的。

除前款规定外，省、自治区、直辖市人民政府同时管辖对本机关作出的行政行为不服的行政复议案件。

省、自治区人民政府依法设立的派出机关参照设区的市级人民政府的职责权限，管辖相关行政复议案件。

对县级以上地方各级人民政府工作部门依法设立的派出机构依照法律、法规、规章规定，以派出机构的名义作出的行政行为不服的行政复议案件，由本级人民政府管辖；其中，对直辖市、设区的市人民政府工作部门按照行政区划设立的派出机构作出的行政行为不服的，也可以由其所在地的人民政府管辖。

第二十五条　国务院部门管辖下列行政复议案件：
（一）对本部门作出的行政行为不服的；
（二）对本部门依法设立的派出机构依照法律、行政法规、部门规章规定，以派出机构的名义作出的行政行为不服的；
（三）对本部门管理的法律、行政法规、部门规章授权的组织作出的行政行为不服的。

第二十六条　对省、自治区、直辖市人民政府依照本法第二十四条第二款的规定、国务院部门依照本法第二十五条第一项的规定作出的行政复议决定不服的，可以向人民法院提起行政诉讼；也可以向国务院申请裁决，国务院依照本法的规定作出最终裁决。

第二十七条　对海关、金融、外汇管理等实行垂直领导的行政机关、税务和国家安全机关的行政行为不服的，向上一级主管部门申请行政复议。

第二十八条　对履行行政复议机构职责的地方人民政府司法行政部门的行政行为不服的，可以向本级人民政府申请行政复议，也可以向上一级司法行政部门申请行政复议。

第二十九条　公民、法人或者其他组织申请行政复议，行政复议机关已经依法受理的，在行政复议期间不得向人民法院提起行政诉讼。

公民、法人或者其他组织向人民法院提起行政诉讼，人民法院已经依法受理的，不得申请行政复议。

第三章　行政复议受理

第三十条　行政复议机关收到行政复议申请后，应当在五日内进行审查。对符合下列规定的，行政复议机关应当予以受理：
（一）有明确的申请人和符合本法规定的被申请人；
（二）申请人与被申请行政复议的行政行为有利害关系；
（三）有具体的行政复议请求和理由；
（四）在法定申请期限内提出；

251

（五）属于本法规定的行政复议范围；

（六）属于本机关的管辖范围；

（七）行政复议机关未受理过该申请人就同一行政行为提出的行政复议申请，并且人民法院未受理过该申请人就同一行政行为提起的行政诉讼。

对不符合前款规定的行政复议申请，行政复议机关应当在审查期限内决定不予受理并说明理由；不属于本机关管辖的，还应当在不予受理决定中告知申请人有管辖权的行政复议机关。

行政复议申请的审查期限届满，行政复议机关未作出不予受理决定的，审查期限届满之日起视为受理。

第三十一条 行政复议申请材料不齐全或者表述不清楚，无法判断行政复议申请是否符合本法第三十条第一款规定的，行政复议机关应当自收到申请之日起五日内书面通知申请人补正。补正通知应当一次性载明需要补正的事项。

申请人应当自收到补正通知之日起十日内提交补正材料。有正当理由不能按期补正的，行政复议机关可以延长合理的补正期限。无正当理由逾期不补正的，视为申请人放弃行政复议申请，并记录在案。

行政复议机关收到补正材料后，依照本法第三十条的规定处理。

第三十二条 对当场作出或者依据电子技术监控设备记录的违法事实作出的行政处罚决定不服申请行政复议的，可以通过作出行政处罚决定的行政机关提交行政复议申请。

行政机关收到行政复议申请后，应当及时处理；认为需要维持行政处罚决定的，应当自收到行政复议申请之日起五日内转送行政复议机关。

第三十三条 行政复议机关受理行政复议申请后，发现该行政复议申请不符合本法第三十条第一款规定的，应当决定驳回申请并说明理由。

第三十四条 法律、行政法规规定应当先向行政复议机关申请行政复议、对行政复议决定不服再向人民法院提起行政诉讼的，行政复议机关决定不予受理、驳回申请或者受理后超过行政复议期限不作答复的，公民、法人或者其他组织可以自收到决定书之日起或者行政复议期限届满之日起十五日内，依法向人民法院提起行政诉讼。

第三十五条 公民、法人或者其他组织依法提出行政复议申请，行政复议机关无正当理由不予受理、驳回申请或者受理后超过行政复议期限不作答复的，申请人有权向上级行政机关反映，上级行政机关应当责令其纠正；必要时，上级行政复议机关可以直接受理。

第四章　行政复议审理

第一节　一般规定

第三十六条　行政复议机关受理行政复议申请后，依照本法适用普通程序或者简易程序进行审理。行政复议机构应当指定行政复议人员负责办理行政复议案件。

行政复议人员对办理行政复议案件过程中知悉的国家秘密、商业秘密和个人隐私，应当予以保密。

第三十七条　行政复议机关依照法律、法规、规章审理行政复议案件。

行政复议机关审理民族自治地方的行政复议案件，同时依照该民族自治地方的自治条例和单行条例。

第三十八条　上级行政复议机关根据需要，可以审理下级行政复议机关管辖的行政复议案件。

下级行政复议机关对其管辖的行政复议案件，认为需要由上级行政复议机关审理的，可以报请上级行政复议机关决定。

第三十九条　行政复议期间有下列情形之一的，行政复议中止：

（一）作为申请人的公民死亡，其近亲属尚未确定是否参加行政复议；

（二）作为申请人的公民丧失参加行政复议的行为能力，尚未确定法定代理人参加行政复议；

（三）作为申请人的公民下落不明；

（四）作为申请人的法人或者其他组织终止，尚未确定权利义务承受人；

（五）申请人、被申请人因不可抗力或者其他正当理由，不能参加行政复议；

（六）依照本法规定进行调解、和解，申请人和被申请人同意中止；

（七）行政复议案件涉及的法律适用问题需要有权机关作出解释或者确认；

（八）行政复议案件审理需要以其他案件的审理结果为依据，而其他案件尚未审结；

（九）有本法第五十六条或者第五十七条规定的情形；

（十）需要中止行政复议的其他情形。

行政复议中止的原因消除后，应当及时恢复行政复议案件的审理。

行政复议机关中止、恢复行政复议案件的审理，应当书面告知当事人。

第四十条 行政复议期间，行政复议机关无正当理由中止行政复议的，上级行政机关应当责令其恢复审理。

第四十一条 行政复议期间有下列情形之一的，行政复议机关决定终止行政复议：

（一）申请人撤回行政复议申请，行政复议机构准予撤回；

（二）作为申请人的公民死亡，没有近亲属或者其近亲属放弃行政复议权利；

（三）作为申请人的法人或者其他组织终止，没有权利义务承受人或者其权利义务承受人放弃行政复议权利；

（四）申请人对行政拘留或者限制人身自由的行政强制措施不服申请行政复议后，因同一违法行为涉嫌犯罪，被采取刑事强制措施；

（五）依照本法第三十九条第一款第一项、第二项、第四项的规定中止行政复议满六十日，行政复议中止的原因仍未消除。

第四十二条 行政复议期间行政行为不停止执行；但是有下列情形之一的，应当停止执行：

（一）被申请人认为需要停止执行的；

（二）行政复议机关认为需要停止执行的；

（三）申请人、第三人申请停止执行，行政复议机关认为其要求合理，决定停止执行的；

（四）法律、法规、规章规定停止执行的其他情形。

第二节　行政复议证据

第四十三条 行政复议证据包括：

（一）书证；

（二）物证；

（三）视听资料；

（四）电子数据；

（五）证人证言；

（六）当事人的陈述；

（七）鉴定意见；

（八）勘验笔录、现场笔录。

以上证据经行政复议机构审查属实，才能作为认定行政复议案件事实的根据。

第四十四条 被申请人对其作出的行政行为的合法性、适当性负有举证责任。

有下列情形之一的，申请人应当提供证据：

（一）认为被申请人不履行法定职责的，提供曾经要求被申请人履行法定职责的证据，但是被申请人应当依职权主动履行法定职责或者申请人因正当理由不能提供的除外；

（二）提出行政赔偿请求的，提供受行政行为侵害而造成损害的证据，但是因被申请人原因导致申请人无法举证的，由被申请人承担举证责任；

（三）法律、法规规定需要申请人提供证据的其他情形。

第四十五条 行政复议机关有权向有关单位和个人调查取证，查阅、复制、调取有关文件和资料，向有关人员进行询问。

调查取证时，行政复议人员不得少于两人，并应当出示行政复议工作证件。

被调查取证的单位和个人应当积极配合行政复议人员的工作，不得拒绝或者阻挠。

第四十六条 行政复议期间，被申请人不得自行向申请人和其他有关单位或者个人收集证据；自行收集的证据不作为认定行政行为合法性、适当性的依据。

行政复议期间，申请人或者第三人提出被申请行政复议的行政行为作出时没有提出的理由或者证据的，经行政复议机构同意，被申请人可以补充证据。

第四十七条 行政复议期间，申请人、第三人及其委托代理人可以按照规定查阅、复制被申请人提出的书面答复、作出行政行为的证据、依据和其他有关材料，除涉及国家秘密、商业秘密、个人隐私或者可能危及国家安全、公共安全、社会稳定的情形外，行政复议机构应当同意。

第三节 普通程序

第四十八条 行政复议机构应当自行政复议申请受理之日起七日内，将行政复议申请书副本或者行政复议申请笔录复印件发送被申请人。被申请人应当自收到行政复议申请书副本或者行政复议申请笔录复印件之日起十日内，提出书面答复，并提交作出行政行为的证据、依据和其他有关材料。

第四十九条 适用普通程序审理的行政复议案件，行政复议机构应当当面或者通过互联网、电话等方式听取当事人的意见，并将听取的意见记录在案。因当事人原因不能听取意见的，可以书面审理。

第五十条 审理重大、疑难、复杂的行政复议案件，行政复议机构应当组织听证。

255

行政复议机构认为有必要听证,或者申请人请求听证的,行政复议机构可以组织听证。

听证由一名行政复议人员任主持人,两名以上行政复议人员任听证员,一名记录员制作听证笔录。

第五十一条 行政复议机构组织听证的,应当于举行听证的五日前将听证的时间、地点和拟听证事项书面通知当事人。

申请人无正当理由拒不参加听证的,视为放弃听证权利。

被申请人的负责人应当参加听证。不能参加的,应当说明理由并委托相应的工作人员参加听证。

第五十二条 县级以上各级人民政府应当建立相关政府部门、专家、学者等参与的行政复议委员会,为办理行政复议案件提供咨询意见,并就行政复议工作中的重大事项和共性问题研究提出意见。行政复议委员会的组成和开展工作的具体办法,由国务院行政复议机构制定。

审理行政复议案件涉及下列情形之一的,行政复议机构应当提请行政复议委员会提出咨询意见:

(一)案情重大、疑难、复杂;

(二)专业性、技术性较强;

(三)本法第二十四条第二款规定的行政复议案件;

(四)行政复议机构认为有必要。

行政复议机构应当记录行政复议委员会的咨询意见。

第四节 简易程序

第五十三条 行政复议机关审理下列行政复议案件,认为事实清楚、权利义务关系明确、争议不大的,可以适用简易程序:

(一)被申请行政复议的行政行为是当场作出;

(二)被申请行政复议的行政行为是警告或者通报批评;

(三)案件涉及款额三千元以下;

(四)属于政府信息公开案件。

除前款规定以外的行政复议案件,当事人各方同意适用简易程序的,可以适用简易程序。

第五十四条 适用简易程序审理的行政复议案件,行政复议机构应当自受理行政复议申请之日起三日内,将行政复议申请书副本或者行政复议申请笔录复印件发送被申请人。被申请人应当自收到行政复议申请书副本或者行政复议申请笔录复印件之日起五日内,提出书面答复,并提交作出行政行为的证据、依据和其他有关材料。

适用简易程序审理的行政复议案件，可以书面审理。

第五十五条 适用简易程序审理的行政复议案件，行政复议机构认为不宜适用简易程序的，经行政复议机构的负责人批准，可以转为普通程序审理。

第五节 行政复议附带审查

第五十六条 申请人依照本法第十三条的规定提出对有关规范性文件的附带审查申请，行政复议机关有权处理的，应当在三十日内依法处理；无权处理的，应当在七日内转送有权处理的行政机关依法处理。

第五十七条 行政复议机关在对被申请人作出的行政行为进行审查时，认为其依据不合法，本机关有权处理的，应当在三十日内依法处理；无权处理的，应当在七日内转送有权处理的国家机关依法处理。

第五十八条 行政复议机关依照本法第五十六条、第五十七条的规定有权处理有关规范性文件或者依据的，行政复议机构应当自行政复议中止之日起三日内，书面通知规范性文件或者依据的制定机关就相关条款的合法性提出书面答复。制定机关应当自收到书面通知之日起十日内提交书面答复及相关材料。

行政复议机构认为必要时，可以要求规范性文件或者依据的制定机关当面说明理由，制定机关应当配合。

第五十九条 行政复议机关依照本法第五十六条、第五十七条的规定有权处理有关规范性文件或者依据，认为相关条款合法的，在行政复议决定书中一并告知；认为相关条款超越权限或者违反上位法的，决定停止该条款的执行，并责令制定机关予以纠正。

第六十条 依照本法第五十六条、第五十七条的规定接受转送的行政机关、国家机关应当自收到转送之日起六十日内，将处理意见回复转送的行政复议机关。

第五章 行政复议决定

第六十一条 行政复议机关依照本法审理行政复议案件，由行政复议机构对行政行为进行审查，提出意见，经行政复议机关的负责人同意或者集体讨论通过后，以行政复议机关的名义作出行政复议决定。

经过听证的行政复议案件，行政复议机关应当根据听证笔录、审查认定的事实和证据，依照本法作出行政复议决定。

提请行政复议委员会提出咨询意见的行政复议案件，行政复议机关应当将咨询意见作为作出行政复议决定的重要参考依据。

第六十二条　适用普通程序审理的行政复议案件，行政复议机关应当自受理申请之日起六十日内作出行政复议决定；但是法律规定的行政复议期限少于六十日的除外。情况复杂，不能在规定期限内作出行政复议决定的，经行政复议机构的负责人批准，可以适当延长，并书面告知当事人；但是延长期限最多不得超过三十日。

适用简易程序审理的行政复议案件，行政复议机关应当自受理申请之日起三十日内作出行政复议决定。

第六十三条　行政行为有下列情形之一的，行政复议机关决定变更该行政行为：

（一）事实清楚，证据确凿，适用依据正确，程序合法，但是内容不适当；

（二）事实清楚，证据确凿，程序合法，但是未正确适用依据；

（三）事实不清、证据不足，经行政复议机关查清事实和证据。

行政复议机关不得作出对申请人更为不利的变更决定，但是第三人提出相反请求的除外。

第六十四条　行政行为有下列情形之一的，行政复议机关决定撤销或者部分撤销该行政行为，并可以责令被申请人在一定期限内重新作出行政行为：

（一）主要事实不清、证据不足；

（二）违反法定程序；

（三）适用的依据不合法；

（四）超越职权或者滥用职权。

行政复议机关责令被申请人重新作出行政行为的，被申请人不得以同一事实和理由作出与被申请行政复议的行政行为相同或者基本相同的行政行为，但是行政复议机关以违反法定程序为由决定撤销或者部分撤销的除外。

第六十五条　行政行为有下列情形之一的，行政复议机关不撤销该行政行为，但是确认该行政行为违法：

（一）依法应予撤销，但是撤销会给国家利益、社会公共利益造成重大损害；

（二）程序轻微违法，但是对申请人权利不产生实际影响。

行政行为有下列情形之一，不需要撤销或者责令履行的，行政复议机关确认该行政行为违法：

（一）行政行为违法，但是不具有可撤销内容；

（二）被申请人改变原违法行政行为，申请人仍要求撤销或者确认该行政行为违法；

（三）被申请人不履行或者拖延履行法定职责，责令履行没有意义。

第六十六条　被申请人不履行法定职责的，行政复议机关决定被申请人在一定期限内履行。

第六十七条　行政行为有实施主体不具有行政主体资格或者没有依据等重大且明显违法情形，申请人申请确认行政行为无效的，行政复议机关确认该行政行为无效。

第六十八条　行政行为认定事实清楚，证据确凿，适用依据正确，程序合法，内容适当的，行政复议机关决定维持该行政行为。

第六十九条　行政复议机关受理申请人认为被申请人不履行法定职责的行政复议申请后，发现被申请人没有相应法定职责或者在受理前已经履行法定职责的，决定驳回申请人的行政复议请求。

第七十条　被申请人不按照本法第四十八条、第五十四条的规定提出书面答复、提交作出行政行为的证据、依据和其他有关材料的，视为该行政行为没有证据、依据，行政复议机关决定撤销、部分撤销该行政行为，确认该行政行为违法、无效或者决定被申请人在一定期限内履行，但是行政行为涉及第三人合法权益，第三人提供证据的除外。

第七十一条　被申请人不依法订立、不依法履行、未按照约定履行或者违法变更、解除行政协议的，行政复议机关决定被申请人承担依法订立、继续履行、采取补救措施或者赔偿损失等责任。

被申请人变更、解除行政协议合法，但是未依法给予补偿或者补偿不合理的，行政复议机关决定被申请人依法给予合理补偿。

第七十二条　申请人在申请行政复议时一并提出行政赔偿请求，行政复议机关对依照《中华人民共和国国家赔偿法》的有关规定应当不予赔偿的，在作出行政复议决定时，应当同时决定驳回行政赔偿请求；对符合《中华人民共和国国家赔偿法》的有关规定应当给予赔偿的，在决定撤销或者部分撤销、变更行政行为或者确认行政行为违法、无效时，应当同时决定被申请人依法给予赔偿；确认行政行为违法的，还可以同时责令被申请人采取补救措施。

申请人在申请行政复议时没有提出行政赔偿请求的，行政复议机关在依法决定撤销或者部分撤销、变更罚款，撤销或者部分撤销违法集资、没收财物、征收征用、摊派费用以及对财产的查封、扣押、冻结等行政行为时，应当同时责令被申请人返还财产，解除对财产的查封、扣押、冻结措施，或者赔偿相应的价款。

第七十三条　当事人经调解达成协议的，行政复议机关应当制作行政复议调解书，经各方当事人签字或者签章，并加盖行政复议机关印章，即具有法律效力。

调解未达成协议或者调解书生效前一方反悔的，行政复议机关应当依法审查或者及时作出行政复议决定。

第七十四条 当事人在行政复议决定作出前可以自愿达成和解，和解内容不得损害国家利益、社会公共利益和他人合法权益，不得违反法律、法规的强制性规定。

当事人达成和解后，由申请人向行政复议机构撤回行政复议申请。行政复议机构准予撤回行政复议申请、行政复议机关决定终止行政复议的，申请人不得再以同一事实和理由提出行政复议申请。但是，申请人能够证明撤回行政复议申请违背其真实意愿的除外。

第七十五条 行政复议机关作出行政复议决定，应当制作行政复议决定书，并加盖行政复议机关印章。

行政复议决定书一经送达，即发生法律效力。

第七十六条 行政复议机关在办理行政复议案件过程中，发现被申请人或者其他下级行政机关的有关行政行为违法或者不当的，可以向其制发行政复议意见书。有关机关应当自收到行政复议意见书之日起六十日内，将纠正相关违法或者不当行政行为的情况报送行政复议机关。

第七十七条 被申请人应当履行行政复议决定书、调解书、意见书。

被申请人不履行或者无正当理由拖延履行行政复议决定书、调解书、意见书的，行政复议机关或者有关上级行政机关应当责令其限期履行，并可以约谈被申请人的有关负责人或者予以通报批评。

第七十八条 申请人、第三人逾期不起诉又不履行行政复议决定书、调解书的，或者不履行最终裁决的行政复议决定的，按照下列规定分别处理：

（一）维持行政行为的行政复议决定书，由作出行政行为的行政机关依法强制执行，或者申请人民法院强制执行；

（二）变更行政行为的行政复议决定书，由行政复议机关依法强制执行，或者申请人民法院强制执行；

（三）行政复议调解书，由行政复议机关依法强制执行，或者申请人民法院强制执行。

第七十九条 行政复议机关根据被申请行政复议的行政行为的公开情况，按照国家有关规定将行政复议决定书向社会公开。

县级以上地方各级人民政府办理以本级人民政府工作部门为被申请人的行政复议案件，应当将发生法律效力的行政复议决定书、意见书同时抄告被申请人的上一级主管部门。

第六章 法律责任

第八十条 行政复议机关不依照本法规定履行行政复议职责,对负有责任的领导人员和直接责任人员依法给予警告、记过、记大过的处分;经有权监督的机关督促仍不改正或者造成严重后果的,依法给予降级、撤职、开除的处分。

第八十一条 行政复议机关工作人员在行政复议活动中,徇私舞弊或者有其他渎职、失职行为的,依法给予警告、记过、记大过的处分;情节严重的,依法给予降级、撤职、开除的处分;构成犯罪的,依法追究刑事责任。

第八十二条 被申请人违反本法规定,不提出书面答复或者不提交作出行政行为的证据、依据和其他有关材料,或者阻挠、变相阻挠公民、法人或者其他组织依法申请行政复议的,对负有责任的领导人员和直接责任人员依法给予警告、记过、记大过的处分;进行报复陷害的,依法给予降级、撤职、开除的处分;构成犯罪的,依法追究刑事责任。

第八十三条 被申请人不履行或者无正当理由拖延履行行政复议决定书、调解书、意见书的,对负有责任的领导人员和直接责任人员依法给予警告、记过、记大过的处分;经责令履行仍拒不履行的,依法给予降级、撤职、开除的处分。

第八十四条 拒绝、阻挠行政复议人员调查取证,故意扰乱行政复议工作秩序的,依法给予处分、治安管理处罚;构成犯罪的,依法追究刑事责任。

第八十五条 行政机关及其工作人员违反本法规定的,行政复议机关可以向监察机关或者公职人员任免机关、单位移送有关人员违法的事实材料,接受移送的监察机关或者公职人员任免机关、单位应当依法处理。

第八十六条 行政复议机关在办理行政复议案件过程中,发现公职人员涉嫌贪污贿赂、失职渎职等职务违法或者职务犯罪的问题线索,应当依照有关规定移送监察机关,由监察机关依法调查处置。

第七章 附 则

第八十七条 行政复议机关受理行政复议申请,不得向申请人收取任何费用。

第八十八条 行政复议期间的计算和行政复议文书的送达,本法没有规定的,依照《中华人民共和国民事诉讼法》关于期间、送达的规定执行。

本法关于行政复议期间有关"三日"、"五日"、"七日"、"十日"的规定是指工作日,不含法定休假日。

第八十九条 外国人、无国籍人、外国组织在中华人民共和国境内申请行政复议,适用本法。

第九十条 本法自2024年1月1日起施行。

实用附录

《中华人民共和国行政诉讼法》修正条文前后对照表[①]

（条文中黑体字部分是对原条文所作的修改或者补充内容、波浪线表示原条文删掉的内容）

修正前	修正后
第一章 总则	第一章 总则
第一条 为保证人民法院正确、及时审理行政案件，保护公民、法人和其他组织的合法权益，维护和监督行政机关依法行使行政职权，根据宪法制定本法。	第一条 为保证人民法院**公正**、及时审理行政案件，**解决行政争议**，保护公民、法人和其他组织的合法权益，**监督**行政机关依法行使职权，根据宪法，制定本法。
第二条 公民、法人或者其他组织认为行政机关和行政机关工作人员的具体行政行为侵犯其合法权益，有权依照本法向人民法院提起诉讼。	第二条 公民、法人或者其他组织认为行政机关和行政机关工作人员的**行政行为**侵犯其合法权益，有权依照本法向人民法院提起诉讼。 **前款所称行政行为，包括法律、法规、规章授权的组织作出的行政行为。**
	第三条 人民法院应当保障公民、法人和其他组织的起诉权利，对应当受理的行政案件依法受理。 **行政机关及其工作人员不得干预、阻碍人民法院受理行政案件。** **被诉行政机关负责人应当出庭应诉。不能出庭的，应当委托行政机关相应的工作人员出庭。**

---

① 本条文对照表为1990年10月1日施行的《行政诉讼法》与2014年、2017年两次修正的条文对照。

修　正　前	修　正　后
第三条　人民法院依法对行政案件独立行使审判权，不受行政机关、社会团体和个人的干涉。 　　人民法院设行政审判庭，审理行政案件。	**第四条**　人民法院依法对行政案件独立行使审判权，不受行政机关、社会团体和个人的干涉。 　　人民法院设行政审判庭，审理行政案件。
第四条　人民法院审理行政案件，以事实为根据，以法律为准绳。	**第五条**　人民法院审理行政案件，以事实为根据，以法律为准绳。
第五条　人民法院审理行政案件，对具体行政行为是否合法进行审查。	**第六条**　人民法院审理行政案件，对**行政行为**是否合法进行审查。
第六条　人民法院审理行政案件，依法实行合议、回避、公开审判和两审终审制度。	**第七条**　人民法院审理行政案件，依法实行合议、回避、公开审判和两审终审制度。
第七条　当事人在行政诉讼中的法律地位平等。	**第八条**　当事人在行政诉讼中的法律地位平等。
第八条　各民族公民都有用本民族语言、文字进行行政诉讼的权利。 　　在少数民族聚居或者多民族共同居住的地区，人民法院应当用当地民族通用的语言、文字进行审理和发布法律文书。 　　人民法院应当对不通晓当地民族通用的语言、文字的诉讼参与人提供翻译。	**第九条**　各民族公民都有用本民族语言、文字进行行政诉讼的权利。 　　在少数民族聚居或者多民族共同居住的地区，人民法院应当用当地民族通用的语言、文字进行审理和发布法律文书。 　　人民法院应当对不通晓当地民族通用的语言、文字的诉讼参与人提供翻译。
第九条　当事人在行政诉讼中有权进行辩论。	**第十条**　当事人在行政诉讼中有权进行辩论。

修　正　前	修　正　后
第十条　人民检察院有权对行政诉讼实行法律监督。	第十一条　人民检察院有权对行政诉讼实行法律监督。
第二章　受案范围	第二章　受案范围
第十一条　人民法院受理公民、法人和其他组织对下列具体行政行为不服提起的诉讼： 　　（一）对拘留、罚款、吊销许可证和执照、责令停产停业、没收财物等行政处罚不服的； 　　（二）对限制人身自由或者对财产的查封、扣押、冻结等行政强制措施不服的； 　　（三）认为行政机关侵犯法律规定的经营自主权的； 　　（四）认为符合法定条件申请行政机关颁发许可证和执照，行政机关拒绝颁发或者不予答复的； 　　（五）申请行政机关履行保护人身权、财产权的法定职责，行政机关拒绝履行或者不予答复的； 　　（六）认为行政机关没有依法发给抚恤金的； 　　（七）认为行政机关违法要求履行义务的； 　　（八）认为行政机关侵犯其他人身权、财产权的。 　　除前款规定外，人民法院受理法律、法规规定可以提起诉讼的其他行政案件。	第十二条　人民法院受理公民、法人或者其他组织提起的下列诉讼： 　　（一）对行政拘留、暂扣或者吊销许可证和执照、责令停产停业、没收违法所得、没收非法财物、罚款、警告等行政处罚不服的； 　　（二）对限制人身自由或者对财产的查封、扣押、冻结等行政强制措施和行政强制执行不服的； 　　（三）申请行政许可，行政机关拒绝或者在法定期限内不予答复，或者对行政机关作出的有关行政许可的其他决定不服的； 　　（四）对行政机关作出的关于确认土地、矿藏、水流、森林、山岭、草原、荒地、滩涂、海域等自然资源的所有权或者使用权的决定不服的； 　　（五）对征收、征用决定及其补偿决定不服的； 　　（六）申请行政机关履行保护人身权、财产权等合法权益的法定职责，行政机关拒绝履行或者不予答复的； 　　（七）认为行政机关侵犯其经营自主权或者农村土地承包经营权、农村土地经营权的；

修 正 前	修 正 后
	（八）认为行政机关**滥用行政权力排除或者限制竞争**的； （九）认为行政机关**违法集资、摊派费用或者违法要求履行其他义务**的； （十）认为行政机关没有依法支付**抚恤金、最低生活保障待遇或者社会保险待遇**的； （十一）认为行政机关不依法履行、未按照约定履行或者违法变更、解除政府特许经营协议、土地房屋征收补偿协议等协议的； （十二）认为行政机关侵犯其他人身权、财产权等**合法权益**的。 　　除前款规定外，人民法院受理法律、法规规定可以提起诉讼的其他行政案件。
第十二条　人民法院不受理公民、法人或者其他组织对下列事项提起的诉讼： 　　（一）国防、外交等国家行为； 　　（二）行政法规、规章或者行政机关制定、发布的具有普遍约束力的决定、命令； 　　（三）行政机关对行政机关工作人员的奖惩、任免等决定； 　　（四）法律规定由行政机关最终裁决的**具体行政行为**。	**第十三条**　人民法院不受理公民、法人或者其他组织对下列事项提起的诉讼： 　　（一）国防、外交等国家行为； 　　（二）行政法规、规章或者行政机关制定、发布的具有普遍约束力的决定、命令； 　　（三）行政机关对行政机关工作人员的奖惩、任免等决定； 　　（四）法律规定由行政机关最终裁决的**行政行为**。
第三章　管　辖	第三章　管　辖
第十三条　基层人民法院管辖第一审行政案件。	**第十四条**　基层人民法院管辖第一审行政案件。

修 正 前	修 正 后
第十四条　中级人民法院管辖下列第一审行政案件： （一）确认发明专利权的案件、海关处理的案件； （二）对国务院各部门或者省、自治区、直辖市人民政府所作的具体行政行为提起诉讼的案件； （三）本辖区内重大、复杂的案件。	第十五条　中级人民法院管辖下列第一审行政案件： （一）对国务院部门或者**县级以上**地方人民政府所作的**行政行为**提起诉讼的案件； （二）**海关处理的案件；** （三）本辖区内重大、复杂的案件。 （四）**其他法律规定由中级人民法院管辖的案件。**
第十五条　高级人民法院管辖本辖区内重大、复杂的第一审行政案件。	第十六条　高级人民法院管辖本辖区内重大、复杂的第一审行政案件。
第十六条　最高人民法院管辖全国范围内重大、复杂的第一审行政案件。	第十七条　最高人民法院管辖全国范围内重大、复杂的第一审行政案件。
第十七条　行政案件由最初作出具体行政行为的行政机关所在地人民法院管辖。经复议的案件，复议机关改变原具体行政行为的，也可以由复议机关所在地人民法院管辖。	第十八条　行政案件由最初作出**行政行为**的行政机关所在地人民法院管辖。经复议的案件，也可以由复议机关所在地人民法院管辖。 **经最高人民法院批准，高级人民法院可以根据审判工作的实际情况，确定若干人民法院跨行政区域管辖行政案件。**
第十八条　对限制人身自由的行政强制措施不服提起的诉讼，由被告所在地或者原告所在地人民法院管辖。	第十九条　对限制人身自由的行政强制措施不服提起的诉讼，由被告所在地或者原告所在地人民法院管辖。
第十九条　因不动产提起的行政诉讼，由不动产所在地人民法院管辖。	第二十条　因不动产提起的行政诉讼，由不动产所在地人民法院管辖。

修　正　前	修　正　后
第二十条　两个以上人民法院都有管辖权的案件，原告可以选择其中一个人民法院提起诉讼。原告向两个以上有管辖权的人民法院提起诉讼的，由最先收到起诉状的人民法院管辖。	第二十一条　两个以上人民法院都有管辖权的案件，原告可以选择其中一个人民法院提起诉讼。原告向两个以上有管辖权的人民法院提起诉讼的，由最先**立案**的人民法院管辖。
第二十一条　人民法院发现受理的案件不属于自己管辖时，应当移送有管辖权的人民法院。受移送的人民法院不得自行移送。	第二十二条　人民法院发现受理的案件不属于**本院**管辖的，应当移送有管辖权的人民法院，受移送的人民法院**应当受理。受移送的人民法院认为受移送的案件按照规定不属于本院管辖的，应当报请上级人民法院指定管辖，不得再自行移送**。
第二十二条　有管辖权的人民法院由于特殊原因不能行使管辖权的，由上级人民法院指定管辖。 　　人民法院对管辖权发生争议，由争议双方协商解决。协商不成的，报它们的共同上级人民法院指定管辖。	第二十三条　有管辖权的人民法院由于特殊原因不能行使管辖权的，由上级人民法院指定管辖。 　　人民法院对管辖权发生争议，由争议双方协商解决。协商不成的，报它们的共同上级人民法院指定管辖。
第二十三条　上级人民法院有权审判下级人民法院管辖的第一审行政案件，<u>也可以把自己管辖的第一审行政案件移交下级人民法院审判</u>。 　　下级人民法院对其管辖的第一审行政案件，认为需要由上级人民法院审判的，可以报请上级人民法院决定。	第二十四条　上级人民法院有权**审理**下级人民法院管辖的第一审行政案件。 　　下级人民法院对其管辖的第一审行政案件，认为需要由上级人民法院**审理或者指定管辖**的，可以报请上级人民法院决定。

修 正 前	修 正 后
第四章　诉讼参加人	第四章　诉讼参加人
第二十四条　依照本法提起诉讼的公民、法人或者其他组织是原告。 　　有权提起诉讼的公民死亡，其近亲属可以提起诉讼。 　　有权提起诉讼的法人或者其他组织终止，承受其权利的法人或者其他组织可以提起诉讼。	第二十五条　**行政行为的相对人以及其他与行政行为有利害关系的公民、法人或者其他组织，有权提起诉讼。** 　　有权提起诉讼的公民死亡，其近亲属可以提起诉讼。 　　有权提起诉讼的法人或者其他组织终止，承受其权利的法人或者其他组织可以提起诉讼。 　　**人民检察院在履行职责中发现生态环境和资源保护、食品药品安全、国有财产保护、国有土地使用权出让等领域负有监督管理职责的行政机关违法行使职权或者不作为，致使国家利益或者社会公共利益受到侵害的，应当向行政机关提出检察建议，督促其依法履行职责。行政机关不依法履行职责的，人民检察院依法向人民法院提起诉讼。**
第二十五条　公民、法人或者其他组织直接向人民法院提起诉讼的，作出具体行政行为的行政机关是被告。 　　经复议的案件，复议机关决定维持原具体行政行为的，作出原具体行政行为的行政机关是被告；复议机关改变原具体行政行为的，复议机关是被告。 　　两个以上行政机关作出同一具体行政行为的，共同作出具体行政行为的行政机关是共同被告。	第二十六条　公民、法人或者其他组织直接向人民法院提起诉讼的，作出**行政行为**的行政机关是被告。 　　经复议的案件，复议机关决定维持原**行政行为**的，作出原**行政行为**的行政机关**和复议机关是共同被告**；复议机关改变原**行政行为**的，复议机关是被告。 　　**复议机关在法定期限内未作出复议决定，公民、法人或者其他组织起诉原行政行为的，作出原行政**

269

修 正 前	修 正 后
由法律、法规授权的组织所作的具体行政行为，该组织是被告。由行政机关委托的组织所作的具体行政行为，委托的行政机关是被告。 　　行政机关被撤销的，继续行使其职权的行政机关是被告。	行为的行政机关是被告；起诉复议机关不作为的，复议机关是被告。 　　两个以上行政机关作出同一**行政行为**的，共同作出**行政行为**的行政机关是共同被告。 　　行政机关委托的组织所作的**行政行为**，委托的行政机关是被告。 　　行政机关被撤销**或者职权变更**的，继续行使其职权的行政机关是被告。
第二十六条　当事人一方或者双方为二人以上，因同一具体行政行为发生的行政案件，或者因同样的具体行政行为发生的行政案件、人民法院认为可以合并审理的，为共同诉讼。	**第二十七条**　当事人一方或者双方为二人以上，因同一**行政行为**发生的行政案件，或者因**同类行政行为**发生的行政案件、人民法院认为可以合并审理**并经当事人同意的**，为共同诉讼。
	第二十八条　当事人一方人数众多的共同诉讼，可以由当事人推选代表人进行诉讼。代表人的诉讼行为对其所代表的当事人发生效力，但代表人变更、放弃诉讼请求或者承认对方当事人的诉讼请求，应当经被代表的当事人同意。
第二十七条　同提起诉讼的具体行政行为有利害关系的其他公民、法人或者其他组织，可以作为第三人申请参加诉讼，或者由人民法院通知参加诉讼。	**第二十九条**　公民、法人或者其他组织同被诉行政行为有利害关系但没有提起诉讼，或者同案件处理结果有利害关系的，可以作为第三人申请参加诉讼，或者由人民法院通知参加诉讼。 　　人民法院判决第三人承担义务或者减损第三人权益的，第三人有权依法提起上诉。

修 正 前	修 正 后
第二十八条 没有诉讼行为能力的公民，由其法定代理人代为诉讼。法定代理人互相推诿代理责任的，由人民法院指定其中一人代为诉讼。	第三十条 没有诉讼行为能力的公民，由其法定代理人代为诉讼。法定代理人互相推诿代理责任的，由人民法院指定其中一人代为诉讼。
第二十九条 当事人、法定代理人，可以委托一至二人代为诉讼。 律师、社会团体、提起诉讼的公民的近亲属或者所在单位推荐的人，以及经人民法院许可的其他公民，可以受委托为诉讼代理人。	第三十一条 当事人、法定代理人，可以委托一至二人作为诉讼代理人。 下列人员可以被委托为诉讼代理人： （一）律师、**基层法律服务工作者**； （二）**当事人的近亲属或者工作人员**； （三）**当事人所在社区、单位以及有关社会团体推荐的公民**。
第三十条 代理诉讼的律师，可以依照规定查阅本案有关材料，可以向有关组织和公民调查，收集证据。对涉及国家秘密和个人隐私的材料，应当依照法律规定保密。 经人民法院许可，当事人和其他诉讼代理人可以查阅本案庭审材料，但涉及国家秘密和个人隐私的除外。	第三十二条 代理诉讼的律师，**有权按照**规定查阅、**复制**本案有关材料，**有权**向有关组织和公民调查，收集**与本案有关的**证据。对涉及国家秘密、**商业秘密**和个人隐私的材料，应当依照法律规定保密。 当事人和其他诉讼代理人**有权按照规定**查阅、**复制**本案庭审材料，但涉及国家秘密、商业秘密和个人隐私的内容除外。
第五章 证 据	第五章 证 据
第三十一条 证据有以下几种： （一）书证； （二）物证； （三）视听资料； （四）证人证言；	第三十三条 证据包括： （一）书证； （二）物证； （三）视听资料； （四）**电子数据**；

271

修 正 前	修 正 后
（五）当事人的陈述； （六）鉴定结论； （七）勘验笔录、现场笔录。 　以上证据经法庭审查属实，才能作为定案的根据。	（五）证人证言； （六）当事人的陈述； （七）鉴定意见； （八）勘验笔录、现场笔录。 　以上证据经法庭审查属实，才能作为**认定案件事实**的根据。
第三十二条　被告对作出的**具体行政行为**负有举证责任，应当提供作出该**具体行政行为**的证据和所依据的规范性文件。	第三十四条　被告对作出的**行政行为**负有举证责任，应当提供作出该**行政行为**的证据和所依据的规范性文件。 　**被告不提供或者无正当理由逾期提供证据，视为没有相应证据。但是，被诉行政行为涉及第三人合法权益，第三人提供证据的除外。**
第三十三条　在诉讼过程中，被告不得自行向原告和证人收集证据。	第三十五条　在诉讼过程中，被告**及其诉讼代理人**不得自行向原告、**第三人**和证人收集证据。
	第三十六条　被告在作出行政行为时已经收集了证据，但因不可抗力等正当事由不能提供的，经人民法院准许，可以延期提供。 　原告或者第三人提出了其在行政处理程序中没有提出的理由或者证据的，经人民法院准许，被告可以补充证据。
	第三十七条　原告可以提供证明行政行为违法的证据。原告提供的证据不成立的，不免除被告的举证责任。

修 正 前	修 正 后
	第三十八条 在起诉被告不履行法定职责的案件中，原告应当提供其向被告提出申请的证据。但有下列情形之一的除外： （一）被告应当依职权主动履行法定职责的； （二）原告因正当理由不能提供证据的。 在行政赔偿、补偿的案件中，原告应当对行政行为造成的损害提供证据。因被告的原因导致原告无法举证的，由被告承担举证责任。
第三十四条 人民法院有权要求当事人提供或者补充证据。 人民法院有权向有关行政机关以及其他组织、公民调取证据。	第三十九条 人民法院有权要求当事人提供或者补充证据。 第四十条 人民法院有权向有关行政机关以及其他组织、公民调取证据。**但是，不得为证明行政行为的合法性调取被告作出行政行为时未收集的证据。**
	第四十一条 与本案有关的下列证据，原告或者第三人不能自行收集的，可以申请人民法院调取： （一）由国家机关保存而须由人民法院调取的证据； （二）涉及国家秘密、商业秘密和个人隐私的证据； （三）确因客观原因不能自行收集的其他证据。

273

修　正　前	修　正　后
第三十五条　在诉讼过程中，人民法院认为对专门性问题需要鉴定的，应当交由法定鉴定部门鉴定；没有法定鉴定部门的，由人民法院指定的鉴定部门鉴定。	
第三十六条　在证据可能灭失或者以后难以取得的情况下，诉讼参加人可以向人民法院申请保全证据，人民法院也可以主动采取保全措施。	第四十二条　在证据可能灭失或者以后难以取得的情况下，诉讼参加人可以向人民法院申请保全证据，人民法院也可以主动采取保全措施。
	第四十三条　证据应当在法庭上出示，并由当事人互相质证。对涉及国家秘密、商业秘密和个人隐私的证据，不得在公开庭时出示。 　　人民法院应当按照法定程序，全面、客观地审查核实证据。对未采纳的证据应当在裁判文书中说明理由。 　　以非法手段取得的证据，不得作为认定案件事实的根据。
第六章　起诉和受理	第六章　起诉和受理
第三十七条　对属于人民法院受案范围的行政案件，公民、法人或者其他组织可以先向<u>上一级行政机关或者法律、法规规定的行政机关</u>申请复议，对复议不服的，再向人民法院提起诉讼；也可以直接向人民法院提起诉讼。 　　法律、法规规定应当先向行政机关申请复议，对复议不服再向人民法院提起诉讼的，依照法律、法规的规定。	第四十四条　对属于人民法院受案范围的行政案件，公民、法人或者其他组织可以先向行政机关申请复议，对复议**决定**不服的，再向人民法院提起诉讼；也可以直接向人民法院提起诉讼。 　　法律、法规规定应当先向行政机关申请复议，对复议**决定**不服再向人民法院提起诉讼的，依照法律、法规的规定。

修 正 前	修 正 后
第三十八条 公民、法人或者其他组织向行政机关申请复议的，复议机关应当在收到申请书之日两个月内作出决定。法律、法规另有规定的除外。 　　申请人不服复议决定的，可以在收到复议决定书之日起十五日内向人民法院提起诉讼。复议机关逾期不作决定的，申请人可以在复议期满之日起十五日内向人民法院提起诉讼。法律另有规定的除外。	第四十五条 公民、法人或者其他组织不服复议决定的，可以在收到复议决定书之日起十五日内向人民法院提起诉讼。复议机关逾期不作决定的，申请人可以在复议期满之日起十五日内向人民法院提起诉讼。法律另有规定的除外。
第三十九条 公民、法人或者其他组织直接向人民法院提起诉讼的，应当在知道作出具体行政行为之日起三个月内提出。法律另有规定的除外。	第四十六条 公民、法人或者其他组织直接向人民法院提起诉讼的，应当自知道或者应当知道作出行政行为之日起六个月内提出。法律另有规定的除外。 　　因不动产提起诉讼的案件自行政行为作出之日起超过二十年，其他案件自行政行为作出之日起超过五年提起诉讼的，人民法院不予受理。
	第四十七条 公民、法人或者其他组织申请行政机关履行保护其人身权、财产权等合法权益的法定职责，行政机关在接到申请之日起两个月内不履行的，公民、法人或者其他组织可以向人民法院提起诉讼。法律、法规对行政机关履行职责的期限另有规定的，从其规定。 　　公民、法人或者其他组织在紧急情况下请求行政机关履行保护其人身权、财产权等合法权益的法定职责，行政机关不履行的，提起诉讼不受前款规定期限的限制。

修 正 前	修 正 后
第四十条　公民、法人或者其他组织因不可抗力或者其他特殊情况耽误法定期限的，在障碍消除后的十日内，可以申请延长期限，由人民法院决定。	第四十八条　公民、法人或者其他组织因不可抗力或者其他**不属于其自身的原因**耽误起诉期限的，被耽误的时间不计算在起诉期限内。 公民、法人或者其他组织**因前款规定以外的其他特殊情况耽误起诉期限的**，在障碍消除后十日内，可以申请延长期限，**是否准许**由人民法院决定。
第四十一条　提起诉讼应当符合下列条件： （一）原告是认为具体行政行为侵犯其合法权益的公民、法人或者其他组织； （二）有明确的被告； （三）有具体的诉讼请求和事实根据； （四）属于人民法院受案范围和受诉人民法院管辖。	第四十九条　提起诉讼应当符合下列条件： （一）原告是**符合本法第二十五条规定**的公民、法人或者其他组织； （二）有明确的被告； （三）有具体的诉讼请求和事实根据； （四）属于人民法院受案范围和受诉人民法院管辖。
	第五十条　起诉应当向人民法院递交起诉状，并按照被告人数提出副本。 书写起诉状确有困难的，可以口头起诉，由人民法院记入笔录，出具注明日期的书面凭证，并告知对方当事人。
第四十二条　人民法院接到起诉状，经审查，应当在七日内立案或者作出裁定不予受理。原告对裁定不服的，可以提起上诉。	第五十一条　人民法院在接到起诉状时对符合本法规定的起诉条件的，应当登记立案。 对当场不能判定是否符合本法规定的起诉条件的，应当接收起诉状，出具注明收到日期的书面凭证，

修 正 前	修 正 后
	并在七日内决定是否立案。不符合起诉条件的，作出不予立案的裁定。裁定书应当载明不予立案的理由。原告对裁定不服的，可以提起上诉。 　　起诉状内容欠缺或者有其他错误的，应当给予指导和释明，并一次性告知当事人需要补正的内容。不得未经指导和释明即以起诉不符合条件为由不接收起诉状。 　　对于不接收起诉状、接收起诉状后不出具书面凭证，以及不一次性告知当事人需要补正的起诉状内容的，当事人可以向上级人民法院投诉，上级人民法院应当责令改正，并对直接负责的主管人员和其他直接责任人员依法给予处分。
	第五十二条　人民法院既不立案，又不作出不予立案裁定的，当事人可以向上一级人民法院起诉。上一级人民法院认为符合起诉条件的，应当立案、审理，也可以指定其他下级人民法院立案、审理。
	第五十三条　公民、法人或者其他组织认为行政行为所依据的国务院部门和地方人民政府及其部门制定的规范性文件不合法，在对行政行为提起诉讼时，可以一并请求对该规范性文件进行审查。 　　前款规定的规范性文件不含规章。

修 正 前	修 正 后
第七章　审理和判决	第七章　审理和判决
	第一节　一般规定
第四十五条　人民法院公开审理行政案件，但涉及国家秘密、个人隐私和法律另有规定的除外。	**第五十四条**　人民法院公开审理行政案件，但涉及国家秘密、个人隐私和法律另有规定的除外。 　　**涉及商业秘密的案件，当事人申请不公开审理的，可以不公开审理。**
第四十七条　当事人认为审判人员与本案有利害关系或者有其他关系可能影响公正审判，有权申请审判人员回避。 　　审判人员认为自己与本案有利害关系或者有其他关系，应当申请回避。 　　前两款规定，适用于书记员、翻译人员、鉴定人、勘验人。 　　院长担任审判长时的回避，由审判委员会决定；审判人员的回避，由院长决定；其他人员的回避，由审判长决定。当事人对决定不服的，可以申请复议。	**第五十五条**　当事人认为审判人员与本案有利害关系或者有其他关系可能影响公正审判，有权申请审判人员回避。 　　审判人员认为自己与本案有利害关系或者有其他关系，应当申请回避。 　　前两款规定，适用于书记员、翻译人员、鉴定人、勘验人。 　　院长担任审判长时的回避，由审判委员会决定；审判人员的回避，由院长决定；其他人员的回避，由审判长决定。当事人对决定不服的，可以申请复议**一次**。
第四十四条　诉讼期间，不停止具体行政行为的执行。但有下列情形之一的，停止具体行政行为的执行： 　　（一）被告认为需要停止执行的； 　　（二）原告申请停止执行，人民法院认为该具体行政行为的执行会造成难以弥补的损失，并且停止执	**第五十六条**　诉讼**期间**，不停止**行政行为**的执行。但有下列情形之一的，**裁定停止执行**： 　　（一）被告认为需要停止执行的； 　　（二）原告**或者利害关系人**申请停止执行，人民法院认为该**行政行为**的执行会造成难以弥补的损失，并且停止执行不损害**国家利益**、社

修 正 前	修 正 后
行不损害社会公共利益,<u>裁定停止执行的</u>; (三)法律、法规规定停止执行的。	会公共利益的; (三)人民法院认为该行政行为的执行会给国家利益、社会公共利益造成重大损害的; (四)法律、法规规定停止执行的。 当事人对停止执行或者不停止执行的裁定不服的,可以申请复议一次。
	第五十七条 人民法院对起诉行政机关没有依法支付抚恤金、最低生活保障金和工伤、医疗社会保险金的案件,权利义务关系明确、不先予执行将严重影响原告生活的,可以根据原告的申请,裁定先予执行。 当事人对先予执行裁定不服的,可以申请复议一次。复议期间不停止裁定的执行。
第四十八条 经人民法院两次合法传唤,原告无正当理由拒不到庭,视为申请撤诉;被告无正当理由拒不到庭的,可以缺席判决。	**第五十八条** 经人民法院传票传唤,原告无正当理由拒不到庭,**或者未经法庭许可中途退庭的**,可以按照撤诉处理;被告无正当理由拒不到庭,**或者未经法庭许可中途退庭的**,可以缺席判决。
第四十九条 诉讼参与人或者其他人有下列行为之一的,人民法院可以根据情节轻重,予以训诫、责令具结悔过或者处**一千元**以下的罚款、十五日以下的拘留;构成犯罪的,依法追究刑事责任:	**第五十九条** 诉讼参与人或者其他人有下列行为之一的,人民法院可以根据情节轻重,予以训诫、责令具结悔过或者处**一万元**以下的罚款、十五日以下的拘留;构成犯罪的,依法追究刑事责任:

修　正　前	修　正　后
（一）有义务协助执行的人，对人民法院的协助执行通知书，无故推拖、拒绝或者妨碍执行的； （二）伪造、隐藏、毁灭证据的； （三）指使、贿买、胁迫他人作伪证或者威胁、阻止证人作证的； （四）隐藏、转移、变卖、毁损已被查封、扣押、冻结的财产的； （五）以暴力、威胁或者其他方法阻碍人民法院工作人员执行职务或者扰乱人民法院工作秩序的； （六）对人民法院工作人员、诉讼参与人、协助执行人侮辱、诽谤、诬陷、殴打或者打击报复的。 　　罚款、拘留须经人民法院院长批准。当事人不服的，可以申请复议。	（一）有义务协助**调查**、执行的人，对人民法院的**协助调查决定**、协助执行通知书，无故推拖、拒绝或者妨碍**调查**、执行的； （二）伪造、隐藏、毁灭证据**或者提供虚假证明材料，妨碍人民法院审理案件**的； （三）指使、贿买、胁迫他人作伪证或者威胁、阻止证人作证的； （四）隐藏、转移、变卖、毁损已被查封、扣押、冻结的财产的； **（五）以欺骗、胁迫等非法手段使原告撤诉的；** （六）以暴力、威胁或者其他方法阻碍人民法院工作人员执行职务，或者**以哄闹、冲击法庭等方法**扰乱人民法院工作秩序的； （七）对人民法院**审判人员或者其他**工作人员、诉讼参与人、协助**调查**和执行的人员**恐吓**、侮辱、诽谤、诬陷、殴打、**围攻**或者打击报复的。 **人民法院对有前款规定的行为之一的单位，可以对其主要负责人或者直接责任人员依照前款规定予以罚款、拘留；构成犯罪的，依法追究刑事责任。** 　　罚款、拘留须经人民法院院长批准。当事人不服的，可以**向上一级人民法院**申请复议**一次。复议期间不停止执行**。

修 正 前	修 正 后
第五十条 人民法院审理行政案件，不适用调解。	第六十条 人民法院审理行政案件，不适用调解。但是，行政赔偿、补偿以及行政机关行使法律、法规规定的自由裁量权的案件可以调解。 调解应当遵循自愿、合法原则，不得损害国家利益、社会公共利益和他人合法权益。
	第六十一条 在涉及行政许可、登记、征收、征用和行政机关对民事争议所作的裁决的行政诉讼中，当事人申请一并解决相关民事争议的，人民法院可以一并审理。 在行政诉讼中，人民法院认为行政案件的审理需以民事诉讼的裁判为依据的，可以裁定中止行政诉讼。
第五十一条 人民法院对行政案件宣告判决或者裁定前，原告申请撤诉的，或者被告改变其所作的具体行政行为，原告同意并申请撤诉的，是否准许，由人民法院裁定。	第六十二条 人民法院对行政案件宣告判决或者裁定前，原告申请撤诉的，或者被告改变其所作的**行政行为**，原告同意并申请撤诉的，是否准许，由人民法院裁定。
第五十二条 人民法院审理行政案件，以法律和行政法规、地方性法规为依据。地方性法规适用于本行政区域内发生的行政案件。 人民法院审理民族自治地方的行政案件，并以该民族自治地方的自治条例和单行条例为依据。 第五十三条 人民法院审理行政案件，参照国务院部、委根据法律和国务院的行政法规、决定、命令制定、发布的规章以及省、自治区、直辖市和省、自治区的人民政	第六十三条 人民法院审理行政案件，以法律和行政法规、地方性法规为依据。地方性法规适用于本行政区域内发生的行政案件。 人民法院审理民族自治地方的行政案件，并以该民族自治地方的自治条例和单行条例为依据。 人民法院审理行政案件，参照规章。

修　正　前	修　正　后
府所在地的市和经国务院批准的较大的市的人民政府根据法律和国务院的行政法规制定、发布的规章。 　　人民法院认为地方人民政府制定、发布的规章与国务院部、委制定、发布的规章不一致的，以及国务院部、委制定、发布的规章之间不一致的，由最高人民法院送请国务院作出解释或者裁决。	
	第六十四条　人民法院在审理行政案件中，经审查认为本法第五十三条规定的规范性文件不合法的，不作为认定行政行为合法的依据，并向制定机关提出处理建议。
	第六十五条　人民法院应当公开发生法律效力的判决书、裁定书，供公众查阅，但涉及国家秘密、商业秘密和个人隐私的内容除外。
第五十六条　人民法院在审理行政案件中，认为行政机关的主管人员、直接责任人员违反政纪的，应当将有关材料移送该行政机关或者其上一级行政机关或者监察、人事机关；认为有犯罪行为的，应当将有关材料移送公安、检察机关。	第六十六条　人民法院在审理行政案件中，认为行政机关的主管人员、直接责任人员**违法违纪**的，应当将有关材料移送**监察机关**、该行政机关或者其上一级行政机关；认为有犯罪行为的，应当将有关材料移送公安、检察机关。 　　人民法院对被告经传票传唤无正当理由拒不到庭，或者未经法庭许可中途退庭的，可以将被告拒不到庭或者中途退庭的情况予以公告，并可以向监察机关或者被告的上一级行政机关提出依法给予其主要负责人或者直接责任人员处分的司法建议。

修 正 前	修 正 后
	第二节 第一审普通程序
第四十三条 人民法院应当在立案之日起五日内，将起诉状副本发送被告。被告应当在收到起诉状副本之日起十日内向人民法院提交作出具体行政行为的有关材料，并提出答辩状。人民法院应当在收到答辩状之日起五日内，将答辩状副本发送原告。 被告不提出答辩状的，不影响人民法院审理。	第六十七条 人民法院应当在立案之日起五日内，将起诉状副本发送被告。被告应当在收到起诉状副本之日起**十五日**内向人民法院提交作出**行政行为**的**证据和所依据的规范性文件**，并提出答辩状。人民法院应当在收到答辩状之日起五日内，将答辩状副本发送原告。 被告不提出答辩状的，不影响人民法院审理。
第四十六条 人民法院审理行政案件，由审判员组成合议庭，或者由审判员、陪审员组成合议庭。合议庭的成员，应当是三人以上的单数。	第六十八条 人民法院审理行政案件，由审判员组成合议庭，或者由审判员、陪审员组成合议庭。合议庭的成员，应当是三人以上的单数。
第五十四条 人民法院经过审理，根据不同情况，分别作出以下判决： （一）具体行政行为证据确凿，适用法律、法规正确，符合法定程序的，判决维持。 （二）具体行政行为有下列情形之一的，判决撤销或者部分撤销，并可以判决被告重新作出具体行政行为： 1. 主要证据不足的； 2. 适用法律、法规错误的； 3. 违反法定程序的； 4. 超越职权的； 5. 滥用职权的。	第六十九条 行政行为证据确凿，适用法律、法规正确，符合法定程序的，**或者原告申请被告履行法定职责或者给付义务理由不成立的，人民法院判决驳回原告的诉讼请求**。 第七十条 行政行为有下列情形之一的，**人民法院判决撤销或者部分撤销**，并可以判决被告重新作出**行政行为**： （一）主要证据不足的； （二）适用法律、法规错误的； （三）违反法定程序的； （四）超越职权的； （五）滥用职权的； （六）**明显不当的**。

283

修 正 前	修 正 后
（三）被告不履行或者拖延履行法定职责的，判决其在一定期限内履行。 （四）行政处罚显失公正的，可以判决变更。（本项对照修正后第七十七条）	
第五十五条 人民法院判决被告重新作出具体行政行为的，被告不得以同一的事实和理由作出与原具体行政行为基本相同的具体行政行为。	**第七十一条** 人民法院判决被告重新作出**行政行为**的，被告不得以同一的事实和理由作出与原**行政行为**基本相同的**行政行为**。
	第七十二条 人民法院经过审理，查明被告不履行法定职责的，判决被告在一定期限内履行。
	第七十三条 人民法院经过审理，查明被告依法负有给付义务的，判决被告履行给付义务。
	第七十四条 行政行为有下列情形之一的，人民法院判决确认违法，但不撤销行政行为： （一）行政行为依法应当撤销，但撤销会给国家利益、社会公共利益造成重大损害的； （二）行政行为程序轻微违法，但对原告权利不产生实际影响的。 行政行为有下列情形之一，不需要撤销或者判决履行的，人民法院判决确认违法： （一）行政行为违法，但不具有可撤销内容的； （二）被告改变原违法行政行为，原告仍要求确认原行政行为违法的；

修 正 前	修 正 后
	（三）被告不履行或者拖延履行法定职责，判决履行没有意义的。
	第七十五条 行政行为有实施主体不具有行政主体资格或者没有依据等重大且明显违法情形，原告申请确认行政行为无效的，人民法院判决确认无效。
	第七十六条 人民法院判决确认违法或者无效的，可以同时判决责令被告采取补救措施；给原告造成损失的，依法判决被告承担赔偿责任。
	第七十七条 行政处罚明显不当，或者其他行政行为涉及对款额的确定、认定确有错误的，人民法院可以判决变更。 人民法院判决变更，不得加重原告的义务或者减损原告的权益。但利害关系人同为原告，且诉讼请求相反的除外。
	第七十八条 被告不依法履行、未按照约定履行或者违法变更、解除本法第十二条第一款第十一项规定的协议的，人民法院判决被告承担继续履行、采取补救措施或者赔偿损失等责任。 被告变更、解除本法第十二条第一款第十一项规定的协议合法，但未依法给予补偿的，人民法院判决给予补偿。

修 正 前	修 正 后
	第七十九条　复议机关与作出原行政行为的行政机关为共同被告的案件，人民法院应当对复议决定和原行政行为一并作出裁判。
	第八十条　人民法院对公开审理和不公开审理的案件，一律公开宣告判决。 　　当庭宣判的，应当在十日内发送判决书；定期宣判的，宣判后立即发给判决书。 　　宣告判决时，必须告知当事人上诉权利、上诉期限和上诉的人民法院。
第五十七条　人民法院应当在立案之日起三个月内作出第一审判决。有特殊情况需要延长的，由高级人民法院批准，高级人民法院审理第一审案件需要延长的，由最高人民法院批准。	第八十一条　人民法院应当在立案之日起六个月内作出第一审判决。有特殊情况需要延长的，由高级人民法院批准，高级人民法院审理第一审案件需要延长的，由最高人民法院批准。
	第三节　简易程序
	第八十二条　人民法院审理下列第一审行政案件，认为事实清楚、权利义务关系明确、争议不大的，可以适用简易程序： 　　（一）被诉行政行为是依法当场作出的； 　　（二）案件涉及款额二千元以下的； 　　（三）属于政府信息公开案件的。 　　除前款规定以外的第一审行政案件，当事人各方同意适用简易程序的，可以适用简易程序。

修 正 前	修 正 后
	发回重审、按照审判监督程序再审的案件不适用简易程序。
	第八十三条　适用简易程序审理的行政案件，由审判员一人独任审理，并应当在立案之日起四十五日内审结。
	第八十四条　人民法院在审理过程中，发现案件不宜适用简易程序的，裁定转为普通程序。
	第四节　第二审程序
第五十八条　当事人不服人民法院第一审判决的，有权在判决书送达之日起十五日内向上一级人民法院提起上诉。当事人不服人民法院第一审裁定的，有权在裁定书送达之日起十日内向上一级人民法院提起上诉。逾期不提起上诉的，人民法院的第一审判决或者裁定发生法律效力。	第八十五条　当事人不服人民法院第一审判决的，有权在判决书送达之日起十五日内向上一级人民法院提起上诉。当事人不服人民法院第一审裁定的，有权在裁定书送达之日起十日内向上一级人民法院提起上诉。逾期不提起上诉的，人民法院的第一审判决或者裁定发生法律效力。
第五十九条　人民法院对上诉案件，认为事实清楚的，可以实行书面审理。	第八十六条　人民法院对上诉案件，应当组成合议庭，开庭审理。经过阅卷、调查和询问当事人，对没有提出新的事实、证据或者理由，合议庭认为不需要开庭审理的，也可以不开庭审理。
	第八十七条　人民法院审理上诉案件，应当对原审人民法院的判决、裁定和被诉行政行为进行全面审查。

修 正 前	修 正 后
第六十条　人民法院审理上诉案件,应当在收到上诉状之日起两个月内作出终审判决。有特殊情况需要延长的,由高级人民法院批准,高级人民法院审理上诉案件需要延长的,由最高人民法院批准。	第八十八条　人民法院审理上诉案件,应当在收到上诉状之日起三个月内作出终审判决。有特殊情况需要延长的,由高级人民法院批准,高级人民法院审理上诉案件需要延长的,由最高人民法院批准。
第六十一条　人民法院审理上诉案件,按照下列情形,分别处理: (一)原判决认定事实清楚,适用法律、法规正确的,判决驳回上诉,维持原判; (二)原判决认定事实清楚,但适用法律、法规错误的,依法改判; (三)原判决认定事实不清,证据不足,或者由于违反法定程序可能影响案件正确判决的,裁定撤销原判,发回原审人民法院重审,也可以查清事实后改判。当事人对重审案件的判决、裁定,可以上诉。	第八十九条　人民法院审理上诉案件,按照下列情形,分别处理: (一)原判决、**裁定**认定事实清楚,适用法律、法规正确的,判决**或者裁定**驳回上诉,维持原判**决、裁定**; (二)原判决、**裁定**认定事实错误或者适用法律、法规错误的,依法改判、**撤销或者变更**; (三)原判决认定**基本**事实不清,证据不足的,发回原审人民法院重审,或者查清事实后改判; (四)原判决遗漏当事人或者违法缺席判决等严重违反法定程序的,裁定撤销原判决,发回原审人民法院重审。 原审人民法院对发回重审的案件作出判决后,当事人提起上诉的,第二审人民法院不得再次发回重审。 人民法院审理上诉案件,需要改变原审判决的,应当同时对被诉行政行为作出判决。

修 正 前	修 正 后
	第五节　审判监督程序
第六十二条　当事人对已经发生法律效力的判决、裁定，认为确有错误的，可以向原审人民法院或者上一级人民法院提出申诉，但判决、裁定不停止执行。	第九十条　当事人对已经发生法律效力的判决、裁定，认为确有错误的，可以向上一级人民法院**申请再审**，但判决、裁定不停止执行。
	第九十一条　当事人的申请符合下列情形之一的，人民法院应当再审： 　　（一）不予立案或者驳回起诉确有错误的； 　　（二）有新的证据，足以推翻原判决、裁定的； 　　（三）原判决、裁定认定事实的主要证据不足、未经质证或者系伪造的； 　　（四）原判决、裁定适用法律、法规确有错误的； 　　（五）违反法律规定的诉讼程序，可能影响公正审判的； 　　（六）原判决、裁定遗漏诉讼请求的； 　　（七）据以作出原判决、裁定的法律文书被撤销或者变更的； 　　（八）审判人员在审理该案件时有贪污受贿、徇私舞弊、枉法裁判行为的。

修 正 前	修 正 后
第六十三条　人民法院院长对本院已经发生法律效力的判决、裁定，发现违反法律、法规规定认为需要再审的，应当提交审判委员会决定是否再审。 上级人民法院对下级人民法院已经发生法律效力的判决、裁定，发现违反法律、法规规定的，有权提审或者指令下级人民法院再审。	第九十二条　各级人民法院院长对本院已经发生法律效力的判决、裁定，发现有本法第九十一条规定情形之一，或者发现调解违反自愿原则或者调解书内容违法，认为需要再审的，应当提交审判委员会讨论决定。 最高人民法院对地方各级人民法院已经发生法律效力的判决、裁定，上级人民法院对下级人民法院已经发生法律效力的判决、裁定，发现有本法第九十一条规定情形之一，或者发现调解违反自愿原则或者调解书内容违法的，有权提审或者指令下级人民法院再审。
第六十四条　人民检察院对人民法院已经发生法律效力的判决、裁定，发现违反法律、法规规定的，有权按照审判监督程序提出抗诉。	第九十三条　最高人民检察院对各级人民法院已经发生法律效力的判决、裁定，上级人民检察院对下级人民法院已经发生法律效力的判决、裁定，发现有本法第九十一条规定情形之一，或者发现调解书损害国家利益、社会公共利益的，应当提出抗诉。 地方各级人民检察院对同级人民法院已经发生法律效力的判决、裁定，发现有本法第九十一条规定情形之一，或者发现调解书损害国家利益、社会公共利益的，可以向同级人民法院提出检察建议，并报上级人民检察院备案；也可以提请上级人民检察院向同级人民法院提出抗诉。

修 正 前	修 正 后
	各级人民检察院对审判监督程序以外的其他审判程序中审判人员的违法行为，有权向同级人民法院提出检察建议。
第八章 执 行	第八章 执 行
第六十五条 当事人必须履行人民法院发生法律效力的判决、裁定。 公民、法人或者其他组织拒绝履行判决、裁定的，行政机关可以向第一审人民法院申请强制执行，或者依法强制执行。 行政机关拒绝履行判决、裁定的，第一审人民法院可以采取以下措施： （一）对应当归还的罚款或者应当给付的赔偿金，通知银行从该行政机关的账户内划拨； （二）在规定期限内不履行的，从期满之日起，对该行政机关按日处五十元至一百元的罚款； （三）向该行政机关的上一级行政机关或者监察、人事机关提出司法建议。接受司法建议的机关，根据有关规定进行处理，并将处理情况告知人民法院。 （四）拒不履行判决、裁定，情节严重构成犯罪的，依法追究主管人员和直接责任人员的刑事责任。	第九十四条 当事人必须履行人民法院发生法律效力的判决、裁定、**调解书**。 第九十五条 公民、法人或者其他组织拒绝履行判决、裁定、**调解书**的，行政机关**或者**第三人可以向第一审人民法院申请强制执行，或者**由行政机关**依法强制执行。 第九十六条 行政机关拒绝履行判决、裁定、**调解书**的，第一审人民法院可以采取下列措施： （一）对应当归还的罚款或者应当给付的**款额**，通知银行从该行政机关的账户内划拨； （二）在规定期限内不履行的，从期满之日起，对该行政机关**负责人**按日处五十元至一百元的罚款； （三）**将行政机关拒绝履行的情况予以公告**； （四）向**监察机关或者该行政机关的上一级行政机关**提出司法建议。接受司法建议的机关，根据有关规定进行处理，并将处理情况告知人民法院； （五）拒不履行判决、裁定、**调解书，社会影响恶劣的，可以对该**

291

修 正 前	修 正 后
	行政机关直接负责的主管人员和其他直接责任人员予以拘留；情节严重，构成犯罪的，依法追究刑事责任。
第六十六条 公民、法人或者其他组织对具体行政行为在法定期限内不提起诉讼又不履行的，行政机关可以申请人民法院强制执行，或者依法强制执行。	**第九十七条** 公民、法人或者其他组织对**行政行为**在法定期限内不提起诉讼又不履行的，行政机关可以申请人民法院强制执行，或者依法强制执行。
第九章 侵权赔偿责任	
第六十七条 公民、法人或者其他组织的合法权益受到行政机关或者行政机关工作人员作出的具体行政行为侵犯造成损害的，有权请求赔偿。 公民、法人或者其他组织单独就损害赔偿提出请求，应当先由行政机关解决。对行政机关的处理不服，可以向人民法院提起诉讼。 赔偿诉讼可以适用调解。	
第六十八条 行政机关或者行政机关工作人员作出的具体行政行为侵犯公民、法人或者其他组织的合法权益造成损害的，由该行政机关或者该行政机关工作人员所在的行政机关负责赔偿。 行政机关赔偿损失后，应当责令有故意或者重大过失的行政机关工作人员承担部分或者全部赔偿费用。	

修 正 前	修 正 后
第六十九条　赔偿费用，从各级财政列支。各级人民政府可以责令有责任的行政机关支付部分或者全部赔偿费用。具体办法由国务院规定。	
第十章　涉外行政诉讼	第九章　涉外行政诉讼
第七十条　外国人、无国籍人、外国组织在中华人民共和国进行行政诉讼，适用本法。法律另有规定的除外。	第九十八条　外国人、无国籍人、外国组织在中华人民共和国进行行政诉讼，适用本法。法律另有规定的除外。
第七十一条　外国人、无国籍人、外国组织在中华人民共和国进行行政诉讼，同中华人民共和国公民、组织有同等的诉讼权利和义务。 外国法院对中华人民共和国公民、组织的行政诉讼权利加以限制的，人民法院对该国公民、组织的行政诉讼权利，实行对等原则。	第九十九条　外国人、无国籍人、外国组织在中华人民共和国进行行政诉讼，同中华人民共和国公民、组织有同等的诉讼权利和义务。 外国法院对中华人民共和国公民、组织的行政诉讼权利加以限制的，人民法院对该国公民、组织的行政诉讼权利，实行对等原则。
第七十二条　中华人民共和国缔结或者参加的国际条约同本法有不同规定的，适用该国际条约的规定。中华人民共和国声明保留的条款除外。	
第七十三条　外国人、无国籍人、外国组织在中华人民共和国进行行政诉讼，委托律师代理诉讼的，应当委托中华人民共和国律师机构的律师。	第一百条　外国人、无国籍人、外国组织在中华人民共和国进行行政诉讼，委托律师代理诉讼的，应当委托中华人民共和国律师机构的律师。

修 正 前	修 正 后
第十一章 附 则	第十章 附 则
	第一百零一条 人民法院审理行政案件，关于期间、送达、财产保全、开庭审理、调解、中止诉讼、终结诉讼、简易程序、执行等，以及人民检察院对行政案件受理、审理、裁判、执行的监督，本法没有规定的，适用《中华人民共和国民事诉讼法》的相关规定。
第七十四条 人民法院审理行政案件，应当收取诉讼费用。诉讼费用由败诉方承担，双方都有责任的由双方分担。收取诉讼费用的具体办法另行规定。	第一百零二条 人民法院审理行政案件，应当收取诉讼费用。诉讼费用由败诉方承担，双方都有责任的由双方分担。收取诉讼费用的具体办法另行规定。
第七十五条 本法自1990年10月1日起施行。	第一百零三条 本法自1990年10月1日起施行。

行政诉讼文书样式[1]

1. 行政诉讼起诉状

行政起诉状

原告×××,……(自然人写明姓名、性别、工作单位、住址、有效身份证件号码、联系方式等基本信息;法人或其他组织写明名称、地址、联系电话、法定代表人或负责人等基本信息)。

委托代理人×××,……(写明姓名、工作单位等基本信息)。

被告×××,……(写明名称、地址、法定代表人等基本信息)。

其他当事人×××,……(参照原告的身份写法,没有其他当事人,此项可不写)。

诉讼请求:……(应写明具体、明确的诉讼请求)。

事实和理由:……(写明起诉的理由及相关事实依据,尽量逐条列明)。

此致

××××人民法院

原告:×××(签名盖章)

[法人:×××(盖章)]

××××年××月××日

(写明递交起诉状之日)

---

[1] 本部分文书式样来源于2015年4月30日最高人民法院公布的《行政诉讼文书样式(试行)》。

295

附：

1. 起诉状副本××份
2. 被诉行政行为××份
3. 其他材料××份

【说明】

一、根据立案登记制，行政起诉采取书面主义，即起诉人除确实存在困难外，必须递交行政起诉状，且起诉状必须具备法定的基本要素和要求，能初步证明符合《中华人民共和国行政诉讼法》第四十九条等规定的起诉条件。

二、公民、法人或者其他组织提起行政诉讼，可以根据《中华人民共和国行政诉讼法》第四十九条第（三）项的规定提出下列具体的诉讼请求：

（1）请求判决撤销、变更行政行为；
（2）请求判决行政机关履行法定职责或者给付义务；
（3）请求判决确认行政行为违法；
（4）请求判决行政机关予以赔偿或者补偿；
（5）请求解决行政协议争议；
（6）请求一并审查规章以下规范性文件；
（7）请求一并解决相关民事争议。
（8）其他诉讼请求。

诉讼请求不明确的，人民法院应当予以释明。

2. 行政诉讼答辩状

行政诉讼答辩状

答辩人×××,……(写明名称、地址、法定代表人等基本信息)。
法定代表人×××,……(写明姓名、职务等基本信息)。
委托代理人×××,……(写明姓名、工作单位等基本信息)。
因×××诉我单位……(写明案由或起因)一案,现答辩如下:
答辩请求:
事实和理由:……(写明答辩的观点、事实与理由)。
此致
××××人民法院

答辩人:×××(盖章)
××××年××月××日
(写明递交答辩状之日)

附:
1. 答辩状副本×份
2. 其他文件×份
3. 证物或书证×件

【说明】

行政答辩状是行政诉讼中的被告(或被上诉人)针对原告(或上诉人)在行政起诉状(或上诉状)中提出的诉讼请求、事实与理由,向人民法院作出的书面答复,适用《中华人民共和国行政诉讼法》第六十七条的规定。

图书在版编目（CIP）数据

中华人民共和国行政诉讼法：实用版 / 中国法制出版社编 . —北京：中国法制出版社，2023.9（2025.9 重印）
ISBN 978-7-5216-3835-6

Ⅰ. ①中… Ⅱ. ①中… Ⅲ. ①行政诉讼法-中国 Ⅳ. ①D925.3

中国国家版本馆 CIP 数据核字（2023）第 156573 号

责任编辑：刘晓霞　　　　　　　　　　　封面设计：杨泽江

中华人民共和国行政诉讼法：实用版
ZHONGHUA RENMIN GONGHEGUO XINGZHENG SUSONGFA：SHIYONGBAN

经销/新华书店
印刷/三河市紫恒印装有限公司
开本/850 毫米×1168 毫米　32 开　　　　印张/ 10.25　字数/ 245 千
版次/2023 年 9 月第 1 版　　　　　　　　2025 年 9 月第 5 次印刷

中国法制出版社出版
书号 ISBN 978-7-5216-3835-6　　　　　　　　　　　定价：29.00 元

北京市西城区西便门西里甲 16 号西便门办公区
邮政编码：100053　　　　　　　　　　　传真：010-63141600
网址：http://www.zgfzs.com　　　　　　编辑部电话：010-63141675
市场营销部电话：010-63141612　　　　印务部电话：010-63141606

（如有印装质量问题，请与本社印务部联系。）